FRED VARGAS
Klimawandel – ein Appell

Fred Vargas

Klimawandel – ein Appell

Aus dem Französischen von Waltraud Schwarze,
unter Mitwirkung von Claudia Marquardt

LIMES

Die Originalausgabe erschien unter dem Titel »L'humanité en péril«
bei Flammarion, Paris.

Penguin Random House Verlagsgruppe FSC® N001967

Informationen zur klimaneutralen Produktion dieses Buches finden Sie auf Seite 253

1. Auflage 2021
Copyright © der Originalausgabe Fred Vargas and Flammarion, Paris 2019
Copyright © der deutschsprachigen Ausgabe 2021 by Limes Verlag
in der Penguin Random House Verlagsgruppe GmbH,
Neumarkter Straße 28, 81673 München
Redaktion: Ilse Wagner
Umschlaggestaltung: www.buerosued.de
JB Herstellung: sam
Satz: Buch-Werkstatt GmbH, Bad Aibling
Druck und Einband: GGP Media GmbH, Pößneck
Printed in Germany
ISBN: 978–3–8090–2725–6

www.limes-verlag.de

Verdammt, was, um Himmels willen, habe ich mir da eingebrockt? Wie löse ich diese Wahnsinnsaufgabe? Die Vorstellung, mich mit euch über die Zukunft der heutigen Welt zu unterhalten? Wie schaffe ich das bloß? Ich habe nicht die leiseste Ahnung, und ihr auch nicht.

Ich weiß nur, wie alles angefangen hat. Und jetzt, wo die Sache in Gang gekommen ist, läuft sie mit solcher Macht, dass ich die Bewegung nicht mehr aufhalten kann. Es ist wie ein Strudel, der mich mit sich reißt, etwas, das mich rigoros drängt fortzufahren, ohne mich nach meiner Meinung zu fragen. Obwohl ich mir ja durchaus vorstellen kann, dass ihr viel lieber einen unterhaltsamen kleinen Krimi von mir hättet. Später, versprochen. Aber nicht jetzt, ich kann nicht. Eine Art gnadenlose Notwendigkeit zwingt mich, erst dieses Buch zu schreiben.

Ja, ich weiß noch, wie es angefangen hat – mit einer Kleinigkeit. Ich hatte vor zehn Jahren einen ganz kurzen Text zum Umweltschutz geschrieben. Kaum der Rede wert. Von Freunden erfuhr ich wenig später, dass Auszüge daraus in China und in Brasilien auf T-Shirts gedruckt worden waren, ja sogar als Vorlage für Theaterstücke gedient hatten. Das hatte mich verwundert und auch amüsiert. Aber dabei blieb es nicht. Als ich in tiefer, stiller Nacht – o Pardon, ich bin im falschen Satz gelandet, also noch mal. Als man mich Tag für Tag von allen Seiten informierte, dass dieser erstaunlich unverwüstliche Text sich mittlerweile auf Facebook herumtrieb und durch die ganze Welt wanderte … Also bitte! Ich hatte nichts damit zu tun, das könnt ihr mir glauben. Dann teilte man mir schließlich mit, dass er auf der Weltklimakonferenz im Dezember 2018 von Charlotte Gainsbourg gelesen werden würde. Ein zehn Jahre alter Text! Immerhin, bei dem Tempo, in dem die UN-Klimakonferenzen aufeinander folgen, ohne einen einzigen Fortschritt zu erbringen, waren meine schlichten Sätze noch immer aktuell. Und da fasste ich in tiefer Nacht (diesmal stimmt es) den Plan (welcher Teufel hatte mich bloß geritten?), einen Text der gleichen Art zu verfassen, nur ein bisschen länger, so an die fünfzig Seiten, nicht mehr, um den Leser nicht zu erschlagen, über die Zukunft unseres Planeten, der lebenden Welt, der Menschheit. Nicht mehr.

Hier unterbreche ich die Entstehungsgeschichte dieses unmöglichen Buches und füge jenen kleinen Text mit dem so merkwürdigen Schicksal ein, damit ihr auch begreift, wie unscheinbar der Anfang war, von dem alles ausging, und bei welcher Ungeheuerlichkeit ich gelandet bin. Der Text trägt das Datum des 7. November 2008:

Da sind wir nun, da sind wir angekommen.

Seit fünfzig Jahren lauert diese Katastrophe in den Hochöfen der Sorglosigkeit der Menschheit, jetzt ist sie da. Wir sind gegen die Wand gefahren, wir stehen am Rande des Abgrunds, das haben wir mit einer Bravour hingekriegt, zu der einzig der

Mensch in der Lage ist, der die Wirklichkeit erst dann wahrnimmt, wenn sie ihm weh tut.

Wie die gute alte Grille aus der Fabel von La Fontaine, der wir so gern unsere Unbekümmertheit zuschreiben: Wir haben gesungen, getanzt. »Wir«, damit meine ich ein Viertel der Menschheit, während der Rest sich abrackern musste.

Wir haben uns das bessere Leben geschaffen, wir haben unsere Pestizide in die Flüsse und ins Meer geleitet, unseren Qualm in die Luft geblasen, wir sind drei Autos gefahren, haben die Minen ausgebeutet, wir haben Erdbeeren vom anderen Ende der Welt gegessen, wir sind kreuz und quer über den Globus gereist, wir haben die Nächte hell gemacht, wir tragen Turnschuhe, die bei jedem Schritt blinken, wir sind dick geworden, wir haben die Wüste unter Wasser gesetzt, den Regen sauer gemacht, Klone gezüchtet, ehrlich, wir haben uns echt amüsiert.

Wir haben einfach fantastische und dabei ziemlich komplizierte Sachen vollbracht wie das Packeis zum Schmelzen zu bringen, genetisch veränderte Tierchen in die Erde zu buddeln, den Golfstrom in seinem Lauf zu verändern, ein Drittel aller lebenden Arten zu vernichten, das Atom zu spalten, unseren radioaktiven Müll still und leise in der Erde zu vergraben. Weiß Gott, wir haben uns amüsiert. Wir haben es voll ausgekostet. Und wir würden gern so weitermachen, denn es leuchtet ja ein, mit blinkenden Turnschuhen in ein Flugzeug zu steigen ist entschieden lustiger als Kartoffeln zu hacken. Das auf jeden Fall.

Aber nun sind wir angekommen.

Bei der Dritten Revolution. Die sich insofern sehr von den beiden ersten (der Neolithischen und der Industriellen

Revolution, falls ihr's vergessen habt) unterscheidet, als wir sie uns nicht ausgesucht haben.

»Sind wir denn gezwungen, diese Dritte Revolution zu machen?«, werden jetzt ein paar unwillige, missmutige Gemüter fragen.

Ja. Wir haben keine Wahl, sie hat schon begonnen, sie hat uns nicht nach unserer Meinung gefragt. Mutter Natur hat es so entschieden, nachdem sie uns freundlicherweise jahrzehntelang mit ihr hat spielen lassen. Mutter Natur, inzwischen erschöpft, beschmutzt und blutleer, dreht uns den Hahn zu. Kein Erdöl, kein Gas, kein Uran, keine Luft, kein Wasser mehr.

Ihr Ultimatum ist eindeutig und gnadenlos: Rettet mich, oder ihr geht gemeinsam mit mir unter (mit Ausnahme der Ameisen und der Spinnen, die uns überleben werden, weil sie sehr widerstandsfähig und außerdem nicht sonderlich erpicht sind aufs Tanzen).

Rettet mich oder geht mit mir unter. So nüchtern ausgesprochen, versteht man natürlich, dass man keine Wahl hat, man macht sich unverzüglich ans Werk, und falls noch Zeit ist, entschuldigt man sich sogar erschrocken und beschämt. Auch wenn es ein paar Traumtänzer gibt, die versuchen, einen Aufschub auszuhandeln, um sich mit dem Wachstum noch ein Weilchen zu amüsieren.

Verlorene Mühe. Es wartet ein Haufen Arbeit auf uns, mehr als die Menschheit je hatte. Den Himmel aufräumen, das Wasser reinigen, den Dreck von der Erde schrubben, sein Auto abschaffen, die Atomkraftwerke abschalten, die Eisbären einsammeln, das Licht ausmachen, wenn man aus dem Haus geht, über den Frieden wachen, die Gier einschränken, Erdbeeren in seiner Nähe pflücken, nicht auch noch in der Nacht rausgehen, um sie alle zu sammeln, auch dem Nachbarn noch welche lassen, die Segelschifffahrt wiederbeleben, die Kohle da lassen, wo sie ist – Achtung, die Versuchung liegt nahe, aber lassen wir die Kohle in Ruhe –, Pferdeäpfel sammeln, auf die Felder pinkeln (des Phosphors wegen, der knapp geworden ist, wir haben alle Phosphatminen ausgebeutet und uns trotzdem gut dabei amüsiert).

Uns anstrengen. Sogar nachdenken. Ja, selbst auf die Gefahr hin, euch mit einem altmodischen Begriff zu nerven: solidarisch sein.

Solidarisch mit dem Nachbarn, mit Europa, mit der Welt.

Ein gewaltiges Programm, diese Dritte Revolution. Und kein Ausweg, machen wir uns also an die Arbeit. Wobei Pferdeäpfel sammeln – und jeder, der's mal gemacht hat, weiß es – ist eine zutiefst befriedigende Tätigkeit. Die einen nicht mal hindert, abends auch noch tanzen zu gehen, beides ist durchaus nicht unvereinbar. Vorausgesetzt, es herrscht Frieden, vorausgesetzt, wir verhindern die Rückkehr der Barbarei, eine andere große Spezialität des Menschen, und jene vermutlich, in der er es am weitesten gebracht hat.

Zu diesem Preis wird uns die Dritte Revolution gelingen. Zu diesem Preis werden wir am Ende auch wieder tanzen, sicherlich anders, aber wir werden tanzen.

Ihr seht, nichts Besonderes, dieser kleine Text, nichts, was einen vom Hocker reißt. Und so kam mir in tiefer Nacht der Gedanke eines Büchleins von gleicher Art und erschien mir als durchaus machbar, vergnüglich, ja sogar als erregende Aufgabe, wenn es noch dazu irgendwie nützlich sein könnte. Machbar insofern, weil ich mich in Umweltfragen ja auszukennen meinte, denn schon im Alter von zwanzig Jahren hatte ich mich damit beschäftigt. Natürlich war mir klar, dass ich noch ein paar Dinge würde recherchieren müssen, aber als Forscherin hatte ich darin ja Erfahrung, es beunruhigte mich nicht. Und vom Schreiben verstand ich schließlich auch ein bisschen was.

Gleich am nächsten Tag stürzte ich mich frisch-fröhlich und ein wenig aufgeregt in die Phase der Dokumentation, für die ich naiverweise eine Woche veranschlagte. Aber eine Woche nach der anderen verging, ein Sujet ergab das nächste, ein Thema das andere, alle waren sie unentbehrlich, von der Sardine bis zum Lachgas über das Erdgas und die Packeisschmelze. Ich arbeitete wie besessen, vergaß die Uhrzeit, das Einkaufen, das Wäschewaschen *e tutti quanti*, nicht allerdings das Essen, das ich hastig und spät runterschlang. Fieberhafte Wochen, in denen mir klar wurde, dass ich in Wahrheit fast nichts wusste außer, wie jedermann, die oberflächliche Erscheinung der Dinge. Die Umwelt, Tier- und Pflanzenwelt, die Menschheit, sie offenbarten sich mir unter gänzlich neuen, düsteren Aspekten, mit vielfältigen, sehr komplexen und miteinander verwobenen Facetten, die ich so weit wie möglich erforschte – denn das ist meine Archäologen-Natur. Und in diesen Höhlen, das kann ich euch sagen, habe ich oft schlimme Augenblicke erlebt, *sturmumbraust und leichenblass, das Haar zerwühlt* (ein Zitat des großen Victor Hugo, kann nie schaden, so was), oder nüchterner ausgedrückt, ich saß verloren auf meinem Küchenstuhl und starrte entgeistert vor mich hin. Aber Achtung, selbst in solchen Augenblicken habe ich keine Sekunde aufgehört, gleichzeitig wie wild – ja geradezu neurotisch, nennen wir es ruhig so – nach *Aktionen* zu suchen, die schon in Gang waren oder angestoßen werden konnten oder sich doch als Möglichkeit am Horizont abzeichneten. Denn auch das ist meine Natur, immer energisch *Lösungen* anzustreben. Im Kriminalroman ist nichts einfacher als das, denn da schummele ich, ich kenne das Verbrechen ja schon, es fällt mir also nicht schwer, die Lösung zu finden. Aber was alles Lebende auf dieser Erde angeht, stand ich auf einmal fassungslos vor dem gigantischsten Verbrechen, das man sich je hat ausdenken können. Noch wage ich nicht, es zu nennen, noch schrecke ich davor zurück, denn – wie mein Vater sehr zu Recht sagte – *nichts existiert, bevor es nicht benannt wurde.* Nachdem ich euch also die dreihundert Tentakel dieses entsetzlichen Verbrechens beschrieben und *benannt* haben werde, werdet ihr sie nicht mehr vergessen, denn dann existieren sie, und knallhart vermutlich. Doch als Gegenstück werde ich euch auch alle uns möglichen Aktionen beschreiben und sie benennen, und auch die werdet ihr nicht vergessen. Die existieren dann ebenfalls, und fortan werden wir uns im Winter nicht mehr auf die pestizidverseuchten Erdbeeren stürzen, die unter großem Treibstoffverbrauch vom anderen Ende der Welt zu uns geflogen werden.

Und, verdammt, wir werden es nicht zulassen, dass dieses ungeheuerliche Verbrechen geschieht! Jedenfalls nicht in dem Ausmaß, das alle Wissenschaftler voraussehen angesichts der *unglaublichen Tatenlosigkeit unserer Regierenden,* die seit vierzig Jahren genauestens darüber informiert sind, welche Katastrophe auf die Erde zurollt. Und sie sind besser darüber informiert als wir. Laut dem Kyoto-Protokoll von

1997 haben die Kämpfe der letzten dreißig Jahre gegen die Klimaerwärmung nicht mal bewirkt, die Kurve der Treibhausgas-Emissionen umzukehren! Ja, sie nicht mal zu stabilisieren! Von COP zu COP, von Gipfel zu Gipfel, von einer Konferenz zur nächsten sind eine Menge Versprechen geleistet und (unverbindliche!) Verpflichtungen eingegangen worden, während die Temperatur weiter unaufhörlich stieg und die Lebensbedingungen von Tier- und Pflanzenwelt sich in zunehmendem Tempo verschlechterten! Reden wir doch mal ein bisschen über diese unglaubliche und rätselhafte Tatenlosigkeit unserer Regierenden.

Viel zu lange haben wir geglaubt, dass sie in Bewegung geraten sind, dass sie sich bemühen. Viel zu lange haben wir ihnen vertraut. Viel zu lange haben wir geglaubt, »dass SIE etwas tun würden« und dass unsere Angelegenheiten schon irgendwie in Ordnung kämen. Viel zu lange haben wir unser Schicksal in ihre untätigen Hände gelegt. Ihre Hände?

Genau. Vergessen wir nicht, dass die Regierenden Hand in Hand mit den multinationalen Konzernen vorgehen – von ihnen gelähmt werden? – und mit den mächtigsten Lobbys der Welt, der Lobby der Lebensmittelindustrie, der Lobby der Verkehrswirtschaft, der Agrochemie, der Textilindustrie und so weiter, ihr kennt sie nur zu gut. Die sich gegen jeden Angriff auf ihre ungeheure Macht wehren, das heißt, und das ist das Schlüsselwort der Katastrophe, gegen jeden Angriff auf das GELD, auf immer mehr GELD. Ihres, nicht unseres. Und damit das Geld weiter in ihre Kassen strömt und ihre Milliarden und Abermilliarden mehrt, die nahezu steuerfrei oder in Steueroasen gut gebunkert sind, braucht es das WACHSTUM, und das ist der zweite Schlüsselbegriff. Damit dieses Wachstum anhält und zunimmt, müssen die Leute kaufen, müssen sie konsumieren, alles und egal, wie, doch immer mehr.

Ich trenne klar zwischen »IHNEN« (»SIE«, »Die da oben«) – dazu gehören unsere scheinbar machtlosen Regierenden und die milliardenschweren Industriellen an der Spitze der Lobbys, die sie unter ihrer Fuchtel halten –, zwischen IHNEN und UNS, den LEUTEN, den kleinen Leuten wie den größeren, den mittleren, den Bourgeois, den Linken, den Rechten, egal, also uns, den Leuten. Und für SIE (»Die da oben«) scheinen die LEUTE so etwas wie eine anonyme Masse darzustellen und nicht das, was wir wirklich sind: die Summe von Milliarden verschiedener und denkender Individuen. Seit vierzig Jahren und obwohl sie sehr wohl wissen, was auf dem Spiel steht, verheimlichen SIE uns, was wir hätten wissen *müssen*, sodass wir weiterhin blindlings, ahnungslos und vertrauensselig durchs Leben gelaufen sind.

Sie verheimlichen es uns, sie behalten die vielfältigen Details vom Zustand der Welt für sich, und ich weiß, ehrlich gesagt, nicht, ob sie es wissentlich tun, um keine Angst (oder Panik?) zu schüren, die ein Schrumpfen des Marktes und einen Bankencrash auslösen würde, oder ob es das Ergebnis einer Unbeweglichkeit, einer Lähmung, einer Art Anästhesie ist, wie sie einem weltkapitalistischen System eigen ist, von dem sie sich nicht loszureißen wissen. Beides vermutlich. Jedenfalls ist diese – willentliche oder passive – Desinformation der Leute überall in der Welt ein schwerer Fehler. Oder finden wir etwa in unseren Briefkästen oder in unserer Mailbox vom Staat herausgegebene Broschüren, die uns warnend auf diesen oder jenen Aspekt der Weltsituation hinweisen und uns zu bestimmtem Verhalten raten? Nie, und dieses unglaubliche Schweigen ist unhaltbar.

Gewiss, der französische Premierminister Édouard Philippe hat in aller Öffentlichkeit (2017 vor der Nationalversammlung) und mehrfach auch 2018 (am 28. Juni in Châlons-en-Champagne oder am 4. Juli im Museum für Naturgeschichte) von einem seiner Lieblingsbücher gesprochen, keinem geringeren als *Kollaps* von Jared Diamond[1], das die Frage nach der Veränderung der Welt stellt. Dasselbe Thema wird von Präsident Emmanuel Macron am 24. März 2018 in einem Video auf YouTube angesprochen. Doch wenn unsere Regierenden (in Frankreich) ganz offensichtlich von den Problemen wissen, von ihnen betroffen und sogar beunruhigt sind und dies auch aussprechen (obwohl man solche Äußerungen im Netz suchen muss)[2], haben sie keinen Plan, keine Maßnahmen genannt, um diese Veränderung einzuleiten, die so schnell wie möglich erfolgen muss – sodass der Eindruck entsteht, bis jetzt läuft alles weiter wie bisher …

Natürlich könnten die Leute stundenlang das Internet durchforsten oder sich durch Fachzeitschriften oder populärwissenschaftliche Literatur wühlen, bei Vereinigungen, Instituten, Universitäten nachfragen, die solche Daten veröffentlichen. Aber wer macht das? Und wo nähmen sie auch die Zeit dafür her?

Gewiss, wenn man lange genug gräbt, und auch gerechtigkeitshalber sei gesagt, auf den Websites des Gesundheitsministeriums und des Ministeriums für Umwelt und nachhaltige Entwicklung findet man Informationen, die sich häufig auf schon ältere Daten beziehen und wiedergeben, welche Beschlüsse seitdem gefasst wurden. Beispielsweise folgendes Resümee zum Thema Treibhausgas-Emissionen: »Der Treibhauseffekt, ein Phänomen natürlichen Ursprungs, hat sich seit Beginn des Industriezeitalters verstärkt durch die Verbrennung fossiler Energien (die CO_2 freisetzen), die intensive Tierhaltung (Quelle von Methan und Nitraten), die Produktion von Halogenkohlenwasserstoffen für die Kältetechnik ... Die Konvention orientiert die Vereinten Nationen auf den Klimawandel, das Kyoto-Protokoll, den europäischen Emissionshandel, den nationalen Klimaplan, der darauf abzielt, die Treibhausgas-Emissionen auf dem gegenwärtigen Stand zu halten oder zu reduzieren.«[3] Voilà, das ist alles. Danach muss man sich die Mühe machen, sich in den auf der Website angebotenen Unterthemen wie »Schlüsselzahlen zum Klima in Frankreich, in Europa, in der Welt« genauere Informationen zu suchen. Nun gut, man hofft. Beispiele: »Wie weltweit, so zeigt die Entwicklung der Jahresdurchschnittstemperaturen auch im französischen Mutterland seit 1900 eindeutig eine Erwärmung. Diese Erwärmung verlief in wechselndem Rhythmus, mit einer auffälligen Steigerung seit den achtziger Jahren. 2016 ist erneut ein warmes Jahr, das mit 0,5 °C über dem Durchschnitt der Zeitspanne von 1981 bis 2010 liegt, dennoch aber im nationalen Maßstab nichts Ungewöhnliches darstellt und auf Platz 10 und damit weit hinter dem Wert von 1914 rangiert.«[4] Ein wenig Selbstbefriedigung und vor allem keine Panikmache, findet ihr nicht? Die Sorge, die Leute könnten beunruhigt werden, scheint diese Darlegungen zu prägen. Es folgt eine ziemlich platte Erinnerung an die Prognosen des IPCC, des Intergouvernmental Panel on Climate Change (datiert von 2014!, *in einem ministeriellen Dokument von 2018!*), wo es heißt: »Diese Profile ergeben sich aus den mehr oder weniger großen Anstrengungen, die weltweit zur Reduzierung der Treibhausgas-Emissionen unternommen wurden. Ausgehend von Letzteren wurden Klimasimulationen und sozioökonomische Szenarien ausgearbeitet.« Ja, das wussten wir schon. Aber was für Szenarien, und mit welchen Daten? Über die Gletscherschmelze findet man eine Schlussfolgerung, die ausweichender nicht sein könnte: »Trotz zahlreicher Fortschritte in den letzten Jahren weisen die Prognosen der Eisschmelze noch immer große Unsicherheitsspannen auf.« Wir aber werden sehen, verlasst euch drauf, was es mit diesen vermeintlichen »Unsicherheiten« auf sich hat.[5]

In diesem langen ministeriellen Dokument – dessen Lektüre die meisten von uns in Anbetracht seiner Gehaltlosigkeit bald abbrechen würden –, in dem im Wesentlichen von den Treibhausgasen die Rede ist, finden sich nur zwei, drei Zeilen über industrielle Landwirtschaft, keinerlei Darstellung der Gesamtheit aller Treibhausgase und vor allem keine Angaben zum Erwärmungsfaktor jedes einzelnen noch ihrer Verweildauer auf der Erde! Letztlich also Texte von erstaunlicher Leere, aus denen wir rein gar nichts über die ungeheuren Risiken erfahren, die auf die lebende Welt in naher Zukunft zukommen. Nichtssagende Fakten und Kurven ohne alle Bedrohlichkeit (*alerte*), ohne den mindesten konkreten Hinweis auf die *Auswirkungen* der pessimistischsten Zukunftsszenarien des Weltklimarats.

Es ist einfach nicht zu glauben. Aber noch gebe ich nicht auf, ich mache einen Abstecher in den so maßgeblichen Bereich der Viehzucht und der Landwirtschaft: nichts. Verblüffend, was? Ich gebe »Ministerium« und »Methan« ein: auch hier nichts außer einer einzigen Website, auf der die Vorzüge der Methanisierung gerühmt werden.[6] Ein letzter Blick auf die schrecklichen Fluorgase. Ah, hier ein Dokument, das immerhin (wenn auch sehr kurz) auf ihre Gefährlichkeit hinweist und eine Zahl nennt: Die fluorierten Treibhausgase, für die wir uns interessieren (PFC, SF_6 und HFC), sind verantwortlich für die Klimaerwärmung. Beispiel: »Die Verklappung von einem Kilo HFC-134 in der Atmosphäre hat den gleichen Einfluss auf das Klima wie 1300 Kilo CO_2 oder eine Autofahrt über eine Strecke von 10 000 km.« Und schon geht es weiter zu internationalen und nationalen Regelungen und zum »Ersatz von Fluorkohlenwasserstoffen«. Wieder hofft man, sucht weiter, aber wird mehr als enttäuscht: »Es gibt schon zahlreiche Alternativen, einschließlich seit Langem bekannter Fluide wie Kohlenstoffdioxid (CO_2), Kohlenwasserstoff, Ammoniak (NH_3) …« Diese bedeutsamen Auslassungspunkte stammen nicht von mir, und die erwähnten Substanzen sind durchaus nicht ökologisch. Das ist alles. Ein Rat wird dennoch gegeben (wenn man auch noch weitergraben muss, bevor man ihn findet): »Das Umweltministerium hat eine Broschüre herausgegeben, um die Besitzer von Kühl-/Klimatisierungsanlagen zu informieren und Hersteller auf geeignete

Alternativmöglichkeiten hinzuweisen.«[7] Sehr gut, das mache ich, ich bin ja eine brave Staatsbürgerin. (Aber wer, frage ich mich, wer wird sich die ganze Mühe machen, wenn er am Ende keinerlei konkrete Zukunftsvision erhält? Wer wird sich auf die Suche nach diesen Websites begeben und das ganze Zeug lesen? Ich finde ein langes, ziemlich hermetisches Dokument, aus dem ich erfahre, dass »die F-Gas-Verordnung für die EU zwangsläufig zur Annahme umweltfreundlicher Technologien bei der Herstellung neuer Ausrüstungen und Produkte bis 2030 führen wird«, dass »die schrittweise Beschränkung der Verwendung von Fluorkohlenwasserstoffen einen fast vollständigen Übergang zu neuen Anlagen ohne HFC in fast allen Bereichen bis 2030 zur Folge haben wird« und dass »die Entscheidungen über die weitere Reduzierung ab 2030 weit vor dem Jahr 2030 fallen werden«.[8] Das ist alles. Keine einzige konkrete Angabe zu diesen »neuen Ausrüstungen und Produkten«, und wieder einmal nichts über die Auswirkung dieser Gase auf die Zukunft unserer Welt.

Ich fasse es nicht. Pardon für diese langen und überaus langweiligen Auszüge aus ministeriellen Dokumenten, aber ich musste es redlicherweise tun. Ich habe auch Begriffe wie »Ministerium / Dringlichkeit / Ökologischer Übergang / Gefahren Umwelt« usw. eingegeben. Resultat: null. Und wir stehen da wie blöd. Ich hatte nicht ganz unrecht, wenn ich von »Desinformation« sprach, von der ich, wie gesagt, nicht weiß, ob sie Absicht ist oder einer Funktionsweise immanent, gegen die man nichts vermag. Ich muss sagen, ich war ziemlich niedergeschmettert nach der Lektüre dieser

offiziellen Websites und bin verblüfft über den dort prakti-
zierten Umgang mit Präzision auf der einen Seite und Ver-
schwommenheit auf der anderen.

Zu dieser Desinformation kommt der enorme Druck einer
aufdringlichen, ununterbrochenen Werbung, der niemand
entgeht. Die Werbung bombardiert uns, sie belagert uns,
sie erschlägt uns. Und was wiederholt sie in einem fort?
Kauft dies, kauft jenes, und ihr werdet glücklich sein. Sagt,
habt ihr in den letzten vierzig Jahren jemals auch nur eine
Werbung gesehen, die uns zur Mäßigung aufgefordert
hätte? Habt ihr ein einziges Mal gelesen: »Geht sparsam
mit dem Wasser um«, »Esst weniger Fleisch«, »Benutzt
nicht so viel Plastik«? Nie! Ein Schluck Kaffee dagegen ent-
führt euch auf der Stelle in ein feenhaftes Reich, in dem
es goldene Pailletten regnet; ein Tropfen Parfum verwandelt euch in eine begehrenswerte Schönheit, der die Männer zu Füßen liegen. Und der Typ da in seinem schicken
Auto? Den kennt ihr doch auch, er taucht in ein Univer-
sum der Glückseligkeit ein, sobald er am Steuer sitzt. Und
ihr werdet bemerkt haben, er fährt immer allein auf leerer
Straße, in einer traumhaften Landschaft, und steht keineswegs seit zwei Stunden in irgendeinem Stau. So geht es mit
allen Werbungen, sie verkaufen uns einen unwirklichen,
unerreichbaren Traum. Nicht dass wir daran glaubten. Wir
sind ja denkende Wesen. Doch im Übermaß gesättigt von
diesen Bildern, versuchen wir diesem Traum nahezukom-
men, indem wir kaufen und kaufen und dabei hoffen, dass
dieses bestimmte Shampoo unser Haar fülliger und glän-
zender macht (gebt mir Bescheid, wenn euch das gelungen

ist), dass jene Frühstücksflocken uns den Morgen versüßen – während sie in Wahrheit schadstoffbelastet sind, aber das wissen wir nicht, und offensichtlich sollen wir es auch um keinen Preis erfahren. Verblödet, wie wir sind. Denn die Werbebotschaft hat bekanntlich eine perverse Seite, die bewirkt, dass wir unbewusst das Glück mit den angepriesenen materiellen Gütern verwechseln, dass einer sich »lächerlich«, »deklassiert« oder sogar als »Versager« fühlt, der ein bestimmtes Auto, ein Parfum, das neueste Smartphone nicht besitzt. So werden wir desinformiert, dumm und zu leichtgläubigen, willigen Automaten, und indem sie uns einreden, wie nötig dieses sakrosankte Wachstum ist, bringen sie unser Leben – Milliarden von Leben – in Gefahr, und sie wissen es.

Mit »Desinformation« will ich nicht sagen, dass wir nichts wissen. Jeder weiß heute, dass es der Erde schlecht geht, und während die »Ökofreaks« vor Kurzem noch häufig belächelt wurden, gibt es heute kaum noch Klimaskeptiker mehr (ausgenommen Donald Trump, der hartnäckig auf seiner aberwitzigen Leugnung des Klimawandels beharrt). Wir wissen alle, dass die globale Temperatur steigt, dass das Eis schmilzt, die Ozeane verdreckt sind, die Umweltverschmutzung uns über den Kopf wächst, Arten sterben, dass Pestizide und Schwermetalle unsere Nahrung belasten und unseren Organismus schädigen. Doch über dieses allgemeine und sehr undifferenzierte Wissen hinaus, was wissen wir noch? Wirklich nicht viel, das könnt ihr mir glauben. Das heißt, nichts Genaues. Was uns in den hochentwickelten Ländern und sogar in den Entwicklungsländern erlaubt, weiterhin sehr gelassen durchs Leben zu gehen, als ob nichts wäre. Als ob alles sich am Ende arrangieren würde. Und gegen diese unverantwortliche Desinformation möchte ich mit meinen bescheidenen Mitteln kämpfen. So werdet ihr *endlich* Bescheid wissen über die Zukunft, die uns sehr bald erwartet, und zwar genau. Glaubt nicht, ich hätte mehr gewusst als ihr. Ich habe nur gesucht, ich habe gearbeitet, und am Ende habe ich erreicht, was ich erreichen musste: *Ich habe erfahren.* Und was ich erfahren habe, das muss ich mit euch teilen, denn nur *gemeinsam* können wir den Schock mildern, auf den unsere Erde und alles Leben auf ihr zutreiben.

Ich will, wenn ich »SIE« von »UNS« trenne, nicht in den klassischen Fehler des Menschen verfallen, der bei einer Tragödie die Verantwortung dafür auf andere schiebt. Wir hätten sehr viel wachsamer sein können, sein müssen, WIR, in Wirklichkeit haben wir einen Mangel an Urteilsvermögen und eine maßlose Leichtgläubigkeit bewiesen, aber auch – und eines erklärt hier das andere – einen eindeutigen Hang zur Verdrängung, zu dem unbestimmten Wunsch, nicht zu viel wissen zu wollen, womit wir instinktiv unsere Psyche vor einer Angst schützen, die uns verunsichern könnte. Was ich nicht weiß, macht mich nicht heiß. Ein Schutz, der uns erlaubt hat, weiterzuarbeiten, unsere Kinder zu erziehen, einfach – zu leben. Und wir haben uns lieber an die Hoffnung geklammert, die von dieser dichten Folge von UN-Klimakonferenzen und Gipfeln ausging, eine Hoffnung, von der wir heute wissen, wie vergeblich sie war. Dennoch sind SIE, die zwar informiert, aber einem gewinnorientierten Gesellschaftsmodell verhaftet sind, an das sie nicht rühren wollen – oder können –, da auch sie einer Art Verweigerung erliegen, sind SIE in all den zurückliegenden Jahrzehnten die Hauptverantwortlichen der Situation gewesen, in der wir uns heute befinden. Verantwortlich, da sie von uns just dafür *gewählt* wurden und die Verantwortung schlicht die Basis ihres Amtes ist. Ihre Aufgabe war es also seit Langem, an eine Veränderung unserer Produktions- und Konsumptionsmodelle heranzugehen, selbst auf die Gefahr hin, damit einen Sturm der Entrüstung unter den Lobbys auszulösen, die uns die Hände binden.

Wen ich ausschließen möchte, zwar nicht von »uns LEUTEN« schlechthin, doch von den vertrauensseligen Leuten, die wir gewesen sind, das sind die Forscher, die ja unentwegt ackern. Die Menge der Innovationen der letzten Jahre ist beeindruckend, seien sie nun von Bestand gewesen oder nicht. Sicher, die meisten dieser Forschungen waren durch Geld motiviert, nicht für die Forscher selbst, doch für die Konzerne oder Labore, für die sie arbeiten: Das erste Unternehmen, das eine leistungsstarke und umweltschonende Batterie, ein System für die Speicherung erneuerbarer Energien, einen effizienten CO_2-Messfühler usw. entwickeln wird, dem gehören die Märkte dieser Welt. Das ist nicht wenig. Aber die Forscher, sie seien gegrüßt, die brauchen wir wie das liebe Brot. Es gibt auch unabhängige Forscher, Männer und Frauen, die aus eigenem Antrieb erfinden. Auch sie seien gegrüßt.

Trotz der massiven Desinformation sind wir uns schon seit Jahren in zunehmendem Maß bewusst, dass eine schreckliche Gefahr auf uns zukommt. Und heute sind wir es noch mehr. Denn das große Geheimnis sickert auf dem

Weg über die Medien endlich durch und verbreitet sich jeden Tag mehr. Aber da wir formbar wie Brotteig geworden sind, lassen wir auch jetzt wieder voll Fatalismus die Arme sinken, und erfüllt von einem lähmenden Gefühl der Ohnmacht, sagen wir uns von vornherein: »›DIE‹ werden schon etwas finden.« Nein, glauben wir vor allem das nicht mehr.

Und ich, ich sage: WIR, die LEUTE, sollten ohnmächtig sein? Aber mitnichten. Denn wie viele sind sie denn schließlich in der Welt, die Regierenden und die Multimilliardäre? Ein paar tausend? Zweitausend? Und WIR, die LEUTE, wie viele sind wir? Über siebeneinhalb Milliarden. Ich glaube, ich behaupte nicht zu viel, wenn ich feststelle, dass das Kräfteverhältnis eindeutig zu unseren Gunsten ausfällt, also nutzen wir es, stürzen wir uns drauf. Und da SIE nichts tun, denn auch die letzte UN-Klimakonferenz ist, wie vorauszusehen war, gescheitert, ist es an uns, den LEUTEN, mit Unterstützung von NGOs und anderen Vereinigungen, die Dinge in die Hand zu nehmen und *vor* IHNEN zu handeln.

Dieses neuerliche Scheitern der Weltklimakonferenz hat dazu geführt, dass erstmals in der Geschichte dieses laufenden Verbrechens Umweltschützer eine Petition an die Adresse des französischen Staates gerichtet haben, in der sie gerichtlich Klage erheben gegen dessen Untätigkeit angesichts des Klimawandels, eine Petition mit dem Titel *Die Jahrhundertaffäre*, die in wenigen Tagen und bis zu dem Moment, wo ich dies schreibe, von zwei Millionen Menschen unterzeichnet wurde. Verdammt, das nenne ich gewachsene Stärke, so was hat's noch nicht gegeben. Und wir sind nicht allein. Überall in der Welt kommt es zu Manifestationen:

Die Leute haben aufgehört, an *die da oben* zu glauben, das Zeitalter des Gehorsams der Völker geht zu Ende. Jetzt werdet ihr mir sagen: »Aber außer Petitionen unterzeichnen können wir eh nichts tun!« Doch. Wir können sogar *so viel* tun, dass wir in der Lage sind, wir allein, manches Gleichgewicht in der Welt zu erschüttern und manche mächtige Lobby in die Knie zu zwingen. Schon morgen. Oder, wenn euch das lieber ist, schon nächsten Monat. Ich sage zu euch nicht, dass wir in unserer Garage eine grüne Batterie oder einen CO_2-Messfühler basteln können, aber wir haben die Möglichkeit, ihr werdet es sehen, in vielen anderen Bereichen in *entscheidendem* Maß tätig zu werden. Wir haben eine Menge Arbeit vor uns. WIR, die LEUTE.

Wartet, das ist noch nicht alles: 82 Prozent des Reichtums in der Welt konzentrierten sich im vergangenen Jahr in den Händen von 1 Prozent der Weltbevölkerung, während die ärmere Hälfte (genau 3,7 Milliarden Menschen) nichts davon erhielt. Und das Vermögen dieser Multimilliardäre ist in zehn Jahren um 13 Prozent gestiegen! Für die Entwicklungsländer bedeutet die Steuerflucht einen jährlichen Verlust von 170 Milliarden Dollar![9] Glaubt ihr nicht, dass dieser Geldsegen ausreichen würde, in einigen afrikanischen Ländern die Gebäude zu isolieren, den Landwirten finanzielle Hilfen zukommen zu lassen, die Infrastruktur des Wasserleitungssystems zu erneuern, das so veraltet ist, dass 70 Prozent des Wassers im Boden versickern? Die Bewohner mit Trinkwasser zu versorgen? In diesen sonnigen Ländern riesige Solarenergieparks anzulegen? Die Forschung noch weiter zu fördern? (Ah, ich vergaß, Bill Gates ein paar

Minuspunkte zu verpassen. Man weiß um sein Engagement für das Klima, das darüber hinaus andere große Vermögen nach sich zieht. Dennoch hat die »Bill & Melinda Gates Foundation«, die größte Privat-Stiftung der Welt mit einem Budget von 43 Milliarden Dollar, im Jahr 2013 für 1,4 Milliarden Dollar in Unternehmen investiert, die fossile Brennstoffe abbauen.[10] Ein eklatanter Widerspruch.)

Und weiter: Allein auf Ebene der 28 Mitgliedstaaten der Europäischen Union »gehen jährlich etwa 1 000 Milliarden Euro durch Steuerflucht und Steuerhinterziehung verloren«, so schätzt das Europaparlament.[11] *Habt ihr eine Vorstellung, was man damit alles unternehmen könnte?* Im Kontrast dazu die schockierende Festellung der COP24: »Auf Finanzierungsebene sind wir erst bei der Hälfte der im Jahr 2010 von den Industrieländern versprochenen 100 Milliarden für die Unterstützung der schwächsten Länder, wobei diese Summe erst noch aufgetrieben werden und ab 2020 einsatzbereit sein muss.«[12] Wir hätten also nur 50 Milliarden Hilfsgelder zu unserer Verfügung – während Europa jährlich 1 000 Milliarden durch Steuerflucht verloren gehen! Ihr werdet mit mir einer Meinung sein, wenn ich sage, das Ding geht nicht, aber ganz und gar nicht!

Außerdem, laut Europäischer Kommission beträgt der Steuersatz auf die Gewinne der größten Technologiekonzerne in Europa (Steuerbetrug nicht einbegriffen) im Schnitt 9 Prozent.[13] Zahlt ihr, ihr kleinen oder auch großen bürgerlichen Haushalte, 9 Prozent Steuern? Glaube ich nicht, nein. Für Staaten aber ist es lebenswichtig, dass sie dieses unterschlagene Geld bekommen. Dann nämlich wird die Welt in der Lage sein, die Wende zu finanzieren.

Was heißt »Wende«? Es geht um eine radikale und zügige Veränderung. Eine Veränderung unseres Denkens, unseres Verhaltens, unserer Lebensweise. Eine *dringend gebotene.*

Noch immer, ich weiß, habe ich die tragischen Worte nicht ausgesprochen, die uns auf direktem Weg zu diesem Umbruch führen werden. Ich schiebe den Moment noch ein wenig hinaus, aber ich komme dahin.

Ich sehe, ich habe schon gut zwanzig Seiten geschrieben, und angesichts der Dokumentation, die ich angelegt habe und die über fünfhundert Seiten umfasst, fürchte ich, die fünfzig Seiten zu überschreiten, die ich mir vorgestellt hatte. Okay, ich riskiere, ein wenig darüber hinauszugehen, um euch alles sagen zu können, *denn wir müssen wissen, wenn wir handeln wollen.* Außerdem habe ich schon gar keine Wahl mehr. Doch als Erstes werde ich einen kleinen diktatorischen Apparat an meinen Rechner anschließen, der mir helfen wird, die Abschweifungen zu vermeiden, zu denen ich für gewöhnlich neige. Es handelt sich um einen Integrierten Schreibzensor (ISZ), der jede Zeile überwacht, die ich eingebe. Vorher muss ich ihn programmieren: *Nichts, was nicht zum Thema gehört; Vorsicht mit allzu vielen Fachausdrücken; Quellenangaben nicht vergessen und umgangssprachliches Vokabular nur im Rahmen des allgemein Zulässigen.* So, ich schalte ihn ein. Und nun sage ich euch die unsagbaren Dinge. Es wird hart werden, ich sagte es. Aber vergesst bei alledem nicht, dass es die Möglichkeit zum *Handeln* gibt, und vergesst auch diesen finanziellen Segen nicht, den wir um jeden Preis für uns zurückgewinnen müssen.

Los geht's.

Die UNO nennt ja die Dinge beim Namen. Ich beginne mit dem alarmierenden Appell, den ihr Generalsekretär António Guterres auf dem Weltwirtschaftsforum von Davos im Januar 2019 an die dreitausend Mächtigen aus Wirtschaft und Politik gerichtet hat. »Der Klimawandel läuft uns davon [...], das könnte zu einer Katastrophe für den Planeten werden.« »Der politische Wille ist nicht da [...], obwohl der Klimawandel das allerwichtigste Problem ist, mit dem die Menschheit konfrontiert ist.« »Die Realität ist schlimmer, als vorauszusehen war [...], weshalb es absolut zwingend geworden ist, dass wir die Tendenz umkehren.« »Wir subventionieren weiterhin fossile Energien, was überhaupt keinen Sinn macht.«[14] Bereits auf der COP24, der Klimakonferenz im Dezember 2018 in Katowice, hatte er die Weltöffentlichkeit alarmiert: »Schon ist es für viele Menschen eine Frage von Leben oder Tod, und darum ist es schwer verständlich, warum wir, und zwar kollektiv, noch immer nur so langsam vorankommen, und sogar in der falschen Richtung.«[15]

So viel, damit ihr sicher seid, dass ich euch nicht irgendeinen Quark einer hysterischen Umweltaktivistin erzähle, o nein.

»Von Leben oder Tod.« Die Worte sind ausgesprochen. Von der UNO.

Die mittlere Erdtemperatur ist bereits um 1 °C gegenüber dem vorindustriellen Zeitalter gestiegen und steigt weiterhin. *Wenn nichts geschieht,* »*dürften sich die Temperaturen im Lauf des Jahrhunderts um durchschnittlich 4 bis 5 °C erhöhen.*« (Zitat aus der Zeitschrift *Proceedings of the National Academy of Sciences*).[16] Einige Leute sprechen sogar von 7 oder 8 °C.

Ah, mein Schreibzensor meldet sich schon mit einem Piepton und weist mich darauf hin, dass der Begriff »Quark« zwar nicht den Rahmen des umgangssprachlichen Vokabulars sprengt, aber doch ausgesprochen vulgär ist. Okay, ich habe es zur Kenntnis genommen.

Das Schlimmste ist noch nicht gesagt, denn all das haben »SIE« uns verbrecherischerweise verschwiegen, das kann ich nur unaufhörlich wiederholen. *Und wenn »SIE« sich vor vierzig Jahren, oder auch noch vor fünfundzwanzig Jahren, an dieses Problem herangemacht hätten, dann wären wir heute gut gerüstet.* Genau das sind wir nicht, aber ganz und gar nicht. Und das bringt mich dermaßen in Rage …

Biep: Ihre »Rage« hat hier nichts zu suchen. Hat mit dem Thema nichts zu tun. Kommen Sie wieder zur Sache.

Jaja, schon gut.

Jetzt aber – schnallt euch an und haltet euch fest. Es schrillen die Alarmglocken: Eine neue Studie der Universität Hawaii bestätigt die Ergebnisse einer gleichen Untersuchung des Weltklimarats, wonach, wenn die CO_2-Emissionen nicht drastisch gesenkt werden, 75 Prozent der Bewohner unseres Planeten bis zum Jahr 2100 Opfer mörderischer Hitzewellen geworden sein könnten, da wir dann eine Steigerung von + 3,7 °C (IPCC) bis + 4,8 °C im Vergleich zum Zeitraum 1986–2005 erreichen könnten.[17] Das heißt, im Klartext gesprochen: dass sie umgekommen sein könnten. 75 Prozent, begreift ihr, was das bedeutet? Drei Viertel der

Menschheit ... Und da erschauern wir noch bei dem Gedanken an das Gespenst der Pest im Mittelalter, die bei ihrem ersten Ausbruch »nur« ein Drittel der damaligen Menschheit forderte. Drei Viertel aller Menschen in Lebensgefahr – das ist es, worauf wir heute zusteuern. Und seit mindestens vierzig Jahren lassen die Regierenden es zu, dass dieses tödliche Rennen sich ungebremst fortsetzt. Wobei man wissen muss, dass + 4 °C Lufttemperatur + *10 °C auf dem Festland bedeuten*,[18] und eine derart karge, ausgedörrte und aufgeheizte Erde unbewohnbar für alle geworden sein wird.

Nach einer anderen neueren Studie[19] sind schon jetzt 30 Prozent der Weltbevölkerung zwanzig Tage im Jahr oder länger potenziell tödlichen Hitzewellen ausgesetzt. Solche gefährlichen »Hundstage« sind sehr viel häufiger, als wir denken, und töten jedes Jahr Menschen in über sechzig Regionen des Globus. In Indien und Pakistan haben die Temperaturen vorletztes Jahr eine Rekordhöhe von 53,5 °C erreicht. 2019 haben sie in Australien die 50-°C-Marke gestreift.[20]

Eine internationale Forschergruppe hat über dreißigtausend Publikationen analysiert, nach denen in 1949 Städten oder Regionen die Todesfälle festgehalten wurden, die durch einen starken Temperaturanstieg ausgelöst worden waren. Mörderische Hitzewellen hatte es in New York, Washington, Los Angeles, Chicago, Toronto, London, Peking, Tokio, Sydney und São Paulo gegeben. Und siebzigtausend Tote in Europa im Jahr 2003, zehntausend in Moskau 2010, siebenhundert in Chicago im Jahr 1995.[21]

Die südlichen Länder werden am stärksten betroffen

sein, in feuchten tropischen Gebieten kann schon ein geringer Anstieg der Temperaturen *und* der Feuchtigkeit sich mörderisch auswirken, selbst bei Temperaturen unter 30 °C.[22] Und in subtropischen Zonen kann die Hitze noch höhere Spitzenwerte erreichen.

Laut dem Weltklimarat IPCC gibt es zwei Optionen für die Zukunft. Im ersten Fall, wenn der CO_2-Ausstoß in den kommenden Jahren ganz gewaltig reduziert werden sollte (und, ehrlich gesagt, bei dem Rhythmus – nämlich null –, in dem er sich gegenwärtig vollzieht, zweifle ich sehr daran!), würde das unbewohnbar werdende Gebiet ein Viertel des Globus ausmachen und die halbe Menschheit betreffen. Die Wissenschaft ist noch pessimistischer und schätzt, dass die zweite Option, wonach die Treibhausgas-Emissionen noch zunehmen werden, die wahrscheinlichere ist. In dem Fall, das sahen wir schon, wird der halbe Erdball betroffen[23] und werden 75 Prozent der Weltbevölkerung in Lebensgefahr sein. Dazu muss man wissen, dass, sogar wenn die Treibhausgas-Emissionen sich bis Ende dieses Jahrhunderts verringern sollten, dennoch 48 Prozent der Weltbevölkerung betroffen sein[24] und es auch weiterhin bleiben würden, da CO_2 in der Atmosphäre eine »Lebensdauer« von hundert bis zweihundert Jahren hat. Allein das CO_2, das unaufhörlich zunimmt, hatte im Jahr 2017 405,5 ppm erreicht (»Anteile pro Million« oder, anders ausgedrückt, Anzahl von Milligramm CO_2 pro Kilogramm Luft) und war im April 2018 bereits auf 410 ppm gestiegen[25]. Nach anderen Forschern ist die ppm-Quote (der Gegenwert von CO_2) in der Atmosphäre schon bei 490 bis 535 angekommen und wird gegen Ende des Jahrhunderts 855 bis 1130 ppm CO_2 erreichen.[26]

Die Zeit drängt also, gelinde gesagt, *dass wir unsere Treibhausgas-Emissionen so schnell wie möglich und definitiv stoppen, wenn wir wollen, dass die Menschheit überlebt.*

Hier muss ich mal unterbrechen, doch keine Sorge, nicht für lange; ich muss etwas sagen zu dieser »Lebensdauer« eines Gases, ein Ausdruck, der sich überall findet. Es ist eine falsche Angabe, und ich weiß nicht, warum sie verwendet wird, sicher aus Gründen der Vereinfachung. Ich werde euch die Sache kurz erklären, und damit genug. Ein Gas ist kein Lebewesen, klar, und folglich wird das ausgestoßene CO_2 nicht nach hundert oder zweihundert Jahren schlagartig sterben. Es wird in der Atmosphäre allmählich weniger werden, indem es sich in andere Milieus (Ozeane, Boden, Pflanzen) integriert, also im Grunde im Übergang begriffen ist. Die Dauer seiner »Reise« außerhalb der Atmosphäre hängt von vielen Augenblicksfaktoren ab, mit deren Aufzählung ich euch gern verschone.[27] Tut mir leid, aber ich kann euch nicht genau sagen, in welcher Zeit ein Gas umgewandelt ist. Sagen wir der Einfachheit halber (die Chemie war während meines Studiums nicht meine größte Stärke), dass ...

Biep. Ihre persönlichen Leistungen in Chemie interessieren niemanden. Kommen Sie wieder zur Sache.

Mein Schreibzensor ist echt gnadenlos, nicht wahr? Einen Moment, ich will ihm nur mal antworten.

»Ich wollte dem Leser damit nur sagen, dass ich bin wie er, ich gehöre zu ›Uns, den Leuten‹.«

Ich fahre fort. Sagen wir der Einfachheit halber, man spricht besser von »Halbwertzeit« oder vielmehr »Verweildauer«. Könnt ihr mir folgen? Aber nicht alle Gase »gehen über in etwas« oder »verschwinden« auf die gleiche Weise, das wäre ja viel zu einfach: Methan, zum Beispiel, verschwindet durch Oxidation in der Atmosphäre oder der Stratosphäre[28] und ergibt am Ende … CO_2, aber auch Wasser. Bei den fluorierten Gasen (zu denen kommen wir noch, es ist unvermeidlich …) bewirken die von der Sonne ausgehenden elektromagnetischen Strahlungen sowie die kosmische Strahlung, dass ihre Moleküle in der oberen Atmosphäre zerstört werden. Ein Teil der fluorierten Gase verschwindet auf diese Weise.[29]

Dennoch sei darauf hingewiesen, dass wenn ich von »Verweildauer« eines Treibhausgases sprechen werde, der Begriff mit Vorsicht zu genießen ist, denn die Zeit, in der ein Gas verschwindet oder das, was von ihm bleibt, umwandelt, ist bei jedem von ihnen eine andere. Und um noch weiter zu vereinfachen, sei gesagt, dass wir auch nach ihrer »Verweildauer« diese Gase nicht auf einen Schlag los sind. Wäre ja auch zu schön. Insgesamt, muss ich sagen, habe ich mich mit dieser Chemie-Passage doch ganz wacker geschlagen und atme erst einmal tief durch. Immerhin hat sie mich so viel Konzentration gekostet, dass ich darüber vergessen habe, meine Wäsche aufzuhängen. Seid so nett und wartet einen Moment, ich komme gleich wieder.

Biep. Absolut deplatziert, diese Bemerkung. Unpassend, ja sogar etwas vulgär.

Dieser Zensor geht mir allmählich auf den Geist, ich begreife nicht, wieso Wäscheaufhängen etwas Vulgäres hat. Der Typ muss ein Asket sein oder etwas ähnlich Unangenehmes.

Ah, ich sehe, ihr habt auf mich gewartet, habt Dank für eure Engelsgeduld, und nun geht es weiter mit unserer gemeinsamen Reise um die Welt.

In Asien könnte die zu erwartende, extrem feuchte Hitze einen Teil des Südens bis zum Ende des Jahrhunderts unbewohnbar machen, immer vorausgesetzt, es geschieht bis dahin nichts (*Science Advances*). In einigen Regionen Indiens, Pakistans und Bangladeschs, einschließlich der fruchtbaren Becken von Indus und Ganges, könnten sich diese tödlichen Hitzewellen schon in einigen Jahrzehnten ereignen.[30, 31] Steppe und Wüste im Norden Chinas könnten zur heißesten Zone der Welt werden.[32] In der Golfregion werden Spitzenwerte der Feuchtluft die kritische Schwelle fast erreichen oder überschreiten.

Der afrikanische Kontinent wäre in zahlreichen Ländern der Subsahara am härtesten betroffen, gefolgt von Mittel- und Südamerika. Und glaubt ja nicht, weil ihr Europäer seid, dass die Nordhälfte der Erde verschont bleiben wird. Die Vereinigten Staaten und Westeuropa werden gewaltige Hitzewellen erleben, während Nordeuropa und vier Länder Mitteleuropas annähernd verschont bleiben. In Südfrankreich aber, in Italien, auf dem Balkan und vor allem in

Osteuropa wird die Situation wenig beneidenswert sein.[33] Niemand wird vor extremen Wetterereignissen noch vor gegenwärtig nur in den heißen Ländern bekannten Epidemien geschützt sein (zum Beispiel dem Dengue-Fieber; ihr alle wisst, dass die Asiatische Tigermücke, ihr potenzieller Überträger, aber auch die das Chikungunya-Fieber auslösende Stechmücke bereits in Europa angekommen sind und 2015 schon in zwanzig französischen Departements nachgewiesen wurden).[34] Und da haben wir noch nicht einmal vom Anstieg des Meeresspiegels gesprochen. (Wenn ihr davon geträumt habt, euch dereinst in einer sonnigen Küstenregion niederzulassen, muss ich euch sagen, dass ihr auf diesen Traum besser verzichten solltet ...)

Und da ich dieses Buch von französischer Warte aus schreibe, will ich erwähnen, dass 2018 das heißeste Jahr seit 1900 war.[35] Seit dem Pariser Abkommen vor fünf Jahren, das so sehr begrüßt wurde, hat Frankreich es fertiggebracht, seine Treibhausgas-Emissionen weiter zu erhöhen. Bravo.

Naturkatastrophen werden vermutlich noch zahlreicher werden und Migrationsströme ganzer Bevölkerungsgruppen auslösen. Schon in einem 2012 veröffentlichten Bericht sagte die UNO für das Jahr 2050 über zweihundert Millionen Migranten in der Welt voraus.[36] Und möglicherweise könnten bis zum Jahr 2080 Milliarden Menschen unter Unterernährung leiden.

Der letzte schockierende Bericht des Weltklimarats (der unanfechtbar ist, ich wiederhole es) stellt das Pariser Abkommen vom Dezember 2015 infrage: Es könne nicht mehr darum gehen, eine Erderwärmung von 2 °C zu akzeptieren, *sondern sie auf 1,5 °C zu begrenzen. »Über einen*

Anstieg von 1,5 °C hinaus wird der gesamte Planet sein Antlitz verändern [...] Und beim gegenwärtigen Rhythmus könnten diese 1,5 °C zwischen 2030 und 2052 erreicht sein.«[37] Die erste Maßnahme, immer noch laut Weltklimarat, müsste die Senkung der CO_2-Emissionen bis 2030 (in zehn Jahren!) um 45 Prozent gegenüber 2010 sein. *Um danach einen Null-Ausstoß bis zum Jahr 2050 zu erreichen.* Was die erneuerbaren Energien angeht, so sollten sie bis zur Mitte des Jahrhunderts von 20 Prozent auf 70 Prozent der Elektroproduktion steigen, die Transportmittel bis zu diesem Datum mit 35 bis 65 Prozent dekarbonisierter Energie betrieben werden und die Industrien ihren CO_2-Ausstoß um 75 bis 90 Prozent reduzieren. Die UN-Klimakonferenz COP24 in Katowice *wäre darum verpflichtet gewesen, die Ziele der COP21 zu korrigieren. Und das hat sie nicht getan,* sondern sich an das Ziel +2 °C geklammert.[38] Zur Präzisierung sei hinzugefügt, dass der IPCC-Bericht die Auswirkung der tauenden Permafrostböden auf das Klima sowie der gewaltigen Mengen an Methan, die dabei freigesetzt werden, zwar erwähnt, aber nicht mit in seine Berechnungen zum Temperaturanstieg einbezieht. Das Pariser Abkommen und die COP24, so traurig es zu sagen ist, räumen explizit ein, dass man sich dafür entschieden hat, das gesteckte Ziel zunächst in Richtung 2 °C zu »überschreiten«, um sich später zu bemühen, zu 1,5 °C zurückzukehren. Diese Strategie eines »Überschreitens« ist äußerst riskant, denn es wird fast unmöglich sein, in der Folge auf ein niedrigeres Niveau umzusteigen und die Phänomene unter Kontrolle zu behalten, die ein Temperaturanstieg von +2 °C, und das heißt von +5 °C auf dem Festland, nach sich ziehen werden. Diese Entscheidung bedeutet – nicht »vorsätzlich«, aber doch implizit –, das Risiko in Kauf zu nehmen, dass drei Viertel der Menschheit dabei umkommen könnten. Eine unfassbare und wahnsinnig leichtfertige Entscheidung für das Sterben. Wenn bis 2030 nichts Grundsätzliches unternommen wird und dieser träge Kurs der kleinen Schritte sich bis 2050 fortsetzt, wird die ganze Menschheit untergehen. Genau dahin führt uns das unglaubliche Verhalten der Regierenden der reichen und die Umwelt verschmutzenden Länder des Planeten. *0 Prozent Kohlenstoff-Emissionen bis zum Jahr 2050 zu erreichen ist ein lebenswichtiges Gebot.*

Sehen wir uns an, was in der Welt von heute die Auswirkungen dieser Erderwärmung und die Schädigung der Erde und ihrer Schöpfung sein werden:

In Afrika »sind Ländereien von etwa 500 000 km² (was ungefähr der Größe Spaniens entspricht) bereits durch Abholzung, nicht nachhaltige Landwirtschaft, Überweidung, Bergbau oder die Erderwärmung geschädigt. Und dies, obwohl in ländlichen Gegenden der Lebensunterhalt von über 62 Prozent der Bewohner von einem intakten natürlichen Umfeld abhängt«. Zum Ende des Jahrhunderts könnten einige Arten von Säugetieren und Vögeln ihren Bestand um mehr als die Hälfte verringert haben, und der Fischreichtum der Seen könnte um 20 bis 30 Prozent gesunken sein.[39]

Beängstigend ist die Situation auch im Asien-Pazifik-Raum, wo die Biodiversität in großer Gefahr ist, »was von extremen Wetterphänomenen und dem Steigen des Meeresspiegels bis zum Auftauchen invasiver exotischer Arten, der Intensivierung der Landwirtschaft, der Überfischung und der Zunahme von Plastikmüll und Umweltverschmutzung reicht«.[40] All das stimmt uns nicht gerade froh, aber ich bin leider noch nicht am Ende meiner Rundumschau: Über die Hälfte der asiatischen Steppen sind verödet, ein Viertel aller endemischen Arten ist vom Aussterben bedroht, und 80 Prozent der Flüsse in Asien sind die von Plastikmüll am stärksten verschmutzten in der Welt … Stellt euch vor … Wenn die derzeitigen Fischfangmethoden unverändert fortgesetzt werden (und keiner weiß so wenig darüber wie die Fischer selbst), wird es in dreißig Jahren keine ausbeutbaren Fischbestände mehr geben. Das Schicksal der Korallen kennen wir schon: 90 Prozent von ihnen werden noch vor der Jahrhundertmitte gebleicht oder bereits abgestorben sein. Und über eine Million Tiere und Pflanzen haben ihren Lebensraum in den Korallenriffen, die mehr als 25 Prozent aller im Meer lebenden Arten Schutz und Nahrung bieten.[41]

Schauen wir nach Amerika, wo, *wenn nichts geschieht,* die Auswirkungen des Klimawandels auf die Biodiversität sich in den nächsten dreißig Jahren verstärken werden. Das wird ein ebenso mächtiger Faktor des Untergangs sein wie die veränderte Landnutzung: Fast die gesamte Hochgrasprärie Nordamerikas, die Hälfte der tropischen Savanne und 20 Prozent des Amazonas-Regenwaldes werden heute vom Menschen dominiert. Der ihnen nichts Gutes will. Alle diese gewaltigen Veränderungen werden sich natürlich auf den weltweiten Handel auswirken, und die gegenwärtige Weltwirtschaft wird unvermeidlich davon erschüttert werden. Aber Donald Trump ist das egal, er hält Amerika für unverwundbar und sorgt sich um den Bau seiner riesigen Mauer zwischen Mexiko und den USA, während Bolsonaro in Brasilien damit beschäftigt ist, die Indianer zu vertreiben und das Amazonas-Gebiet wirtschaftlich zu nutzen.

In Europa und Zentralasien sieht es nicht besser aus, wo 42 Prozent aller Tiere und Pflanzen im Lauf der letzten zehn Jahre verschwunden sind (und Gott weiß, dass »Sie« es *wussten*!), ebenso 71 Prozent der Fische und 60 Prozent der Amphibien.[42] Die Hauptursache dieses Massensterbens liegt in der *Intensivierung der Landwirtschaft* (ich schreibe es bewusst kursiv, es ist wesentlich) und der Forstwirtschaft wie im exzessiven Einsatz von Pestiziden, Düngemitteln usw. Resultat: Die Region verbraucht mehr erneuerbare natürliche Ressourcen, als sie produziert, was sie zwingt, sie massiv aus anderen Gegenden der Welt zu importieren.[43]

Diese Berichte bestätigen, dass die Erde im Begriff ist, das sechste massenhafte Artensterben zu erleben. Die Wissenschaft meint, dass sich das Verschwinden ganzer Arten seit 1900 verhundertfacht hat, in einem seit dem Aussterben der Dinosaurier vor 66 Millionen Jahren unvergleichlichen Tempo (beiläufig sei erwähnt, dass Japan den Walfang wiedereröffnet hat[44], und wir sagen: Bravo!).

Das also haben wir geschafft, wir Menschen. Uns in den Abgrund zu stürzen, ganz allein, wie die Großen. WIR, die LEUTE, mit geschlossenen Augen, gefühllos und desinformiert, *SIE, die Regierenden,* mit offenen Augen, aber als Geiseln des KAPITALS und des WACHSTUMS krankhaft machtlos, und im Übrigen nach dem Motto: Komme, was da wolle. Schon steigt die Wut wieder in mir hoch, aber ich sage nichts, sonst fährt mir mein Zensor erneut über den Mund, und wir verlieren nur Zeit.

Die Wissenschaftler glauben, dass es noch möglich ist, diesen Untergang aufzuhalten. Sie fordern wahllos durcheinander dazu auf, geschützte Zonen zu entwickeln, die geschädigten Ökosysteme (vor allem die Wälder) zu regenerieren, die Subventionen für Intensiv-Land- und Forstwirtschaft einzuschränken, den Schutz der Biodiversität zum politischen Programm zu machen, ein größeres Publikum für alle diese Fragen zu sensibilisieren (recht haben sie, es wäre höchste Zeit!) oder auch versuchen zu bewahren, was noch nicht zerstört ist.[45] Werden unsere Regierenden das tun?

Ihr seid deprimiert, entsetzt? Ich auch. Das ist normal. Aber wartet, hofft, ich bin noch nicht am Ende mit meinem Buch. Und ich kann es nicht oft genug wiederholen: *Wir haben einiges zu tun, und zwar ganz entscheidende Dinge.* Damit meine ich nicht nur, das viele Plastikzeug im Alltag zu vermeiden, sondern auf *direkte* Weise auf den Klimawandel und die Umweltverschmutzung einzuwirken, indem wir die Industrielobbys, *die deren Ursache sind,* mitten ins Herz treffen. WIR allein, die nicht beachteten, namenlosen kleinen Leute, wir haben viele Waffen in der Hand, und ich hege die feste Hoffnung, dass, *wenn wir alle gemeinsam handelten,* wir sie auch unverzüglich einsetzen würden. Und wenn wir einfach anfangen würden, könnte man davon träumen, dass das Beispiel sich über Europa und die ganze Welt verbreitet. Aber wir müssen bald damit anfangen, sehr bald, wie der ehemalige fran-

zösische Umweltminister, Nicolas Hulot, nach seiner Demission erklärte. (Er hat übrigens auch unlängst wieder in
aller Entschiedenheit darauf hingewiesen, dass die »Aktivität der Lobbyisten eine echte Umweltpolitik *behindert*, die
aber die maßgebliche Voraussetzung für den Schutz unseres
Planeten ist«.[46] Und wer, wenn nicht er, musste es wissen?
Ihr seht also, ich schwafele kein dummes Zeug.) Nicolas
Hulot fuhr fort: »Wir erleben die größte Tragödie, die die
Menschheit je gesehen hat. Und wie Martin Luther King
sagte, als es um die Sache der Schwarzen ging: ›Wir sind
dazu verurteilt, gemeinsam zu handeln oder alle wie die
Trottel unterzugehen.‹ Der Soziologe und Philosoph Edgar
Morin formulierte es so: ›Da wir alle verloren sind, seien
wir Brüder.‹«[47] Klare Sätze, aus denen deutlich wird, dass
wir zu globaler Solidarität absolut verpflichtet sind. Man
könnte es auch anders sagen: *Da wir nicht verloren sein wollen, seien wir Brüder.*

Ich will euch, getrennt nach Wirtschaftsbereichen, ein paar
sehr beredte Zahlen über die Treibhausgas-Emissionen in
der Welt geben, wie sie der IPCC-Report vom Oktober
2018 nennt (und diese Berichte vermitteln unwiderlegbare
Daten, bestimmt für die UN-Klimakonferenzen): An der
Spitze steht die Industrie mit einem Anteil von 32 Prozent,
gefolgt von, ihr werdet es nicht glauben, Viehzucht, Landwirtschaft und der mit ihr verbundenen Entwaldung mit
einem Anteil von 25 Prozent, danach dem Bauwesen mit
18,5 Prozent (Bau, Unterhaltung, Heizung), dem Transport
mit 14 Prozent und weiteren Energien mit 9,6 Prozent –
das wäre es im Wesentlichen.[48] Da also die Klimaerwär-

mung gänzlich von menschlicher Aktivität hervorgerufen wird, müssen wir uns wohl unverzüglich ein wenig mit diesen scheußlichen Gasen beschäftigen.

Man zitiert immer das CO_2, das bei der Verbrennung fossiler Energien (Erdöl, Kohle, Gas), aber auch von Holz, entsteht. Das gute alte Holz, aber das kennen wir doch, wir reden so oft von ihm, dass es uns mit der Zeit ganz vertraut geworden ist, fast wie ein alter Kumpel. Irrtum! Es trägt zu 70 Prozent zu den Treibhausgas-Emissionen bei! Und die Länder mit dem größten Ausstoß sind, weit vor allen anderen, China, danach die USA, Indien, Russland, Japan und Deutschland.[49]

Aber es ist nicht das einzige Gas, wie man mal glaubte! Und damit sind wir beim Lachgas. Ich muss zugeben, ich kannte es gar nicht. Was uns schon wieder die ganze Macht der Desinformation vor Augen führt, in der wir gehalten wurden. Es gibt ja auch keine etwas weniger abstoßende Bezeichnung als dieses »Distickstoffmonoxid«, die uns den Umgang mit ihm erleichtern würde. Wenn man es zum Beispiel »Monoxo« nennen würde? Perfekt, schon angenommen. Aber Vorsicht! Es ist verantwortlich für 16 Prozent der Treibhausgase und – seht ihr, wie schnell wir wieder bei denen sind – rührt zu zwei Dritteln oder drei Vierteln *aus den Aktivitäten der industriellen Landwirtschaft und Viehzucht* (übermäßigem Einsatz von Mineraldünger, Mist, Gülle sowie Ernterückständen), aus chemischen Produkten wie Salpetersäure und dem Schadstoffausstoß der Autos;[50] außerdem produziert dieses »Monoxo« Ammoniak, das zu 94 Prozent aus ebendiesem Sektor Viehzucht und Landwirtschaft stammt, es verursacht

Übersäuerung und erhöht die Feinstaubbelastung. Man kennt es kaum, es wird wenig darüber geredet, aber sein Erwärmungspotenzial ist 300-mal stärker als das von CO_2, was ja nicht gerade wenig ist, und seine Verweildauer in der Atmosphäre beträgt hundertzwanzig Jahre. Außer seinem Einfluss auf die Erderwärmung *ist es zum Feind Nummer 1 der Ozonschicht geworden.* Die Länder, die das meiste Distickstoffmonoxid freisetzen, waren im Jahr 2015 China, die Vereinigten Staaten, Indien, Brasilien.[51] Die Reisfelder allein geben so viel davon ab wie zweihundert Kohlekraftwerke, weil die Praxis, sie im Wechsel zu fluten und trockenzulegen, ihre Emissionen hochschraubt. Darauf, ihr kennt mich ja inzwischen, ein Vorschlag zu möglicher Aktion: Den Wasserstand auf etwa fünf bis sieben Zentimeter unterhalb oder auch oberhalb des Bodens in den Feldern begrenzen. Was gleichzeitig die Methan-Emissionen reduzieren würde. Ach, das Methan, dazu kommen wir gleich noch.

Mit Reis ist ein anderes ernstes Problem verbunden: Er nimmt leicht Arsen auf. Seit dreißig Jahren werden zu seiner Bewässerung artesische Brunnen von geringer Tiefe gebaut, die sich aus kontaminiertem Grundwasser speisen: Arsen ist also im Reis selbst. In Bangladesch kommen jährlich eine Million Kilo Arsen neu in die kultivierten Böden des Landes! Aber nennen wir auch gleich eine Handlungsmöglichkeit: Reissetzlinge auf erhöhten Beeten stecken, etwa fünfzehn Zentimeter über dem Boden.[52]

Das Ideal wäre natürlich, die Reisfelder in ihrer Größe zu reduzieren, aber Reis ist nun mal das Grundnahrungsmittel der Hälfte der Erdbevölkerung.[53] Was also tun? Wenigstens könnten wir in den Ländern, die nicht von ihm abhängig sind, unseren Reiskonsum ein wenig einschränken.

Und mit den Reisfeldern kommt das berüchtigte Gas Methan, uns allen bekannt durch die zahlreichen Witze über die »Kuhfürze«. Witze reißen ist gut, das soll unbedingt auch so bleiben, und trotzdem muss gesagt werden, dass dieses Methan durchaus nichts Amüsantes hat. Es ist vor allem der Viehzucht, dem Abbau und der Verbrennung fossiler Energien (wieder einmal) sowie den Reisfeldern geschuldet, und sein Einfluss auf die Erderwärmung ist 25-mal stärker als der von CO_2! Ebenso ist es sehr schädlich für die Ozonschicht. Seine Verweildauer in der Erdatmosphäre ist zum Glück sehr viel kürzer, sie beträgt etwa ein Dutzend Jahre (allerdings erinnere ich daran, selbst wenn ich uns damit auf den Keks gehe, dass ein Kilo Methan sechs bis sieben Kilo CO_2 aufwiegt)[54]. Und dieses Drecksgas ist verantwortlich für 13 Prozent der Treibhausgas-Emissionen.[55, 56] Die Hälfte dieser Emissionen kommt aus dem tropischen Südamerika (die Viehzucht, immer wieder diese verdammte Massentierhaltung und die daran angeschlossene Landwirtschaft), aus Südostasien und China.[57] Da sieht man, dass dieses Methan gar nicht so lustig ist wie ein Kuhfurz. Und sofort stürze ich mich auf Handlungsmöglichkeiten, die ich genauso dringend erfahren möchte wie ihr. Ihr werdet sagen: Und wie kann man eine Kuh daran hindern, Blähungen zu haben? Gute Frage! Aber seid unbesorgt, dazu komme ich noch, und zwar sehr bald, verlasst euch drauf.

Und die Aktion? Die Methanisierung, die außerdem die Produktion von Stickstoffdünger reduzieren würde.[58] Die

Methanisierung ist ein natürlicher Vorgang, der es erlaubt, organische Materie für die Erzeugung von Biogas zu verwerten. Uff, man atmet gleich ein wenig leichter (obgleich manche Nutzungen dieses »Biogases« mich beunruhigen, doch dazu später). Darüber hinaus wird die eingefüllte organische Materie in geruchsfreies (!) Düngemittel verwandelt, das ähnlich dem Kompost direkt auf die Kulturen ausgebracht werden kann.[59]

Eine andere mögliche Aktion gegen dieses Scheißmethan (ihr seht, ich habe noch mehr Tricks auf Lager. Aber nein, jetzt gebe ich an! Es sind die Tricks der Forscher!) wäre es, die Ernährung der Tiere umzustellen, um ihre Fürze und Rülpser, die man höflich als »enterogene Fermentation« bezeichnet, zu reduzieren. Zum Beispiel durch Beigabe einer Mischung aus Knoblauch und Orangenschale,[60] die 2018 auf den Markt kommen sollte. Wie weit es heute damit ist, weiß ich nicht. Oder indem man Leinsamen in ihr Futter gibt. Oder auch durch einen Inhibitor genannten Enzymhemmer, der die Methanproduktion im Magen drosselt (aber fragt mich nicht nach Einzelheiten). All das würde erlauben, ihre Emissionen um 37 Prozent zu verringern, was schon nicht schlecht wäre.[61] Ja sogar unumgänglich, denn die Methanproduktion der Wiederkäuer ist dreimal höher als die der Reisfelder!

Aber die wirklich entscheidende Konsequenz wäre, unseren wahnsinnigen Fleischkonsum einzuschränken. Und darüber möchte ich unbedingt mit euch reden, auch wenn uns das ein bisschen betrübt, vielleicht sogar sehr. Nur noch ein paar Seiten, dann komme ich zu diesem Problem.

Zu eurem, meinem und dem Unglück der Erde (wir gehören ja alle zusammen) gibt es noch eine Gruppe weiterer, sehr gefährlicher Gase, die ich ebenfalls nicht kannte und die die harmlose Bezeichnung »fluorierte Gase« tragen. Ich sprach schon mal kurz von ihnen. Kanntet ihr sie, diese schrecklichen verborgenen Feinde? Für diejenigen, die es unbedingt noch genauer wissen wollen: Es handelt sich um die Fluorkohlenwasserstoffe (FKW), die zwar nur eine recht kurze Verweildauer in der Atmosphäre haben (aber Achtung, was diese Verweildauer angeht …), und die perfluorierten Kohlenwasserstoffe (PFC), deren Laufzeit Tausende von Jahren beträgt! Aber wir dürfen mal wieder kurz aufatmen: Ihre Emissionen nehmen seit 1990 ab. Und um eure unersättliche Neugier zu befriedigen, füge ich noch das Schwefelhexafluorid (SF_6) hinzu, dessen Zeitdauer in der Luft 3 200 Jahre beträgt! So viel hatten wir gar nicht von ihm verlangt, aber so ist es nun mal. Diese drei Gase zusammen sind verantwortlich für 2 Prozent aller Emissionen.[62] Ihr werdet mir sagen, na, das geht doch, was sind schon 2 Prozent, nicht weiter gefährlich. Achtung, denn ihr Aufheizeffekt ist enorm! Ein Kilo dieser Gase hat die 1 300-fache bis 24 000-fache Wirkung von einem Kilo unseres guten alten CO_2! Unauffällig, okay, so gut wie unbekannt, okay, aber verdammt viel giftiger als die anderen Gase …

Diese Gase (nennen wir sie unter uns doch einfach die »Fluos«) hat der Mensch selbst hervorgebracht (und wieder mal: Bravo!). Und sie sind alle in Verbindung mit der Kühltechnik entstanden – was man nicht ahnte, wenn man seine Butter in den Kühlschrank stellte oder ihr eure Klimaanlage einschaltet (ich sage »eure«, denn ich habe keine), oder wenn man einen Kühltransporter durch die Straßen fahren oder den Fleischer in seine Kühlkammer gehen sah. Genau so ist es aber. Schlimme Nachricht. Außerdem werden diese Gase in Form von Isolierschäumen im Bauwesen verwendet, den Rest erspare ich euch. Das Problem ist, dass sie da sind und wir sie wieder loswerden müssen! Womit wir, laut amerikanischer Regierung, die Emission von hundert Milliarden Tonnen CO_2 bzw. ihrem Gegenwert bis zum Jahr 2050 einsparen würden.[63] Aber das war, *bevor* Donald Trump an die Macht kam, einem weiteren Verhängnis für die Umwelt!

Damit sind wir noch nicht am Ende, bitte entschuldigt: Es kamen noch weitere »Fluos« hinzu, die FCKW (oder Fluorchlorkohlenwasserstoffe für alle, die es gern etwas komplexer mögen, das fühle ich doch), und die kennt ihr in der Tat alle: Es waren die in Aerosol-Produkten verwendeten Gase. Sie wurden 1987 verboten und verschwanden 2009 gänzlich vom Markt. Und zur allgemeinen Erleichterung begann sich die Ozonschicht zu erholen. Doch seit 2012 verschlechtert sich ihr Zustand erneut. Und man zeigt mit dem Finger auf China, das die alten »Fluos« insgeheim weiter produziert. Es ist also höchste Zeit, da es ja Alternativen gibt, dass die Chinesen (die chinesischen »Leute«) über die Gefährlichkeit dieser geheimen Aktivität informiert werden.

Bleiben wir noch einen Moment bei dem »Fluo« SF_6, denn ich will euch alles sagen, auch, dass es sich dabei laut Weltklimarat um das Gas mit dem allerhöchsten Treibhauseffekt handelt. Der 23 900-mal höher ist als der von CO_2 (oder 22 800-mal höher nach anderen Quellen)! Genial, was? Wenigstens sollt ihr wissen (den Rest erspare ich euch), dass es in der Elektrotechnik gleichfalls als Isoliergas und zur Kühlung in Hochspannungsanlagen verwendet wird. Im *Normalfall* wird es ständig überwacht, sodass nichts ausströmt, und seine Konzentration ist äußerst gering, sie liegt unter 0,1 Prozent des Gesamteffektes der Gase. Ein australisches Unternehmen hat ein ökoeffizientes Recycling-Verfahren von SF_6 »durch Kryogenisierung« entwickelt. […] »Das recycelte SF_6 hat eine Reinheit von annähernd 99,99 Prozent. [...] Diese Innovation wird dazu beitragen, die fluorierten Treibhausgase zu reduzieren.«[64]

Ich kann euch nicht verheimlichen, dass es noch ein letztes Treibhausgas gibt, NF_3 (Stickstofftrifluorid für die Bildungsbeflissenen unter euch), das 17 000-mal stärker wirkt als CO_2. Also wirklich … Und haltet euch fest, es wird nicht nur für die Herstellung von Sonnenmodulen der neuen Generation verwendet (aber hier gibt es auch Alternativen, ich sage euch gleich mehr dazu), sondern auch für unsere Fernseher mit Flachbildschirm und alle unsere Touchscreens (warum, so wage ich anzuregen, kehren wir eigentlich nicht zu unseren guten alten Röhrenfernsehern zurück?), kurz, in der Mikroelektronik. Immerhin schätzt man, dass die Digitaltechnik (von ihrer Fabrikation bis zu ihrer intensiven Nutzung) ebenso viel Treibhausgas emittiert wie der Flugverkehr, und das will schon was heißen.[65] Und wieder einmal wussten wir es nicht. Wir haben unsere Computer und unsere Smartphones wie gute kleine Genies benutzt (ich nicht, ich habe kein Smartphone!), ohne auch nur das Geringste zu ahnen.

Biep. Dem Leser ist es wurscht, ob Sie ein Smartphone haben oder nicht. Jede Anspielung auf Ihr Privatleben hat mit dem Thema nichts zu tun, kommen Sie augenblicklich wieder zur Sache.

Sieh an, mein Zensor ist aufgewacht. Dass ich euch die ganze Zeit pausenlos mit den Gasen auf den Sack gegangen bin, hat ihm offensichtlich nichts ausgemacht.

Biep. »Auf den Sack gehen« ist kein umgangssprachliches Vokabular, es ist einfach vulgär.

Mir wäre es lieber gewesen, er hätte weitergepennt. Bei Ausdrücken wie »Monoxo« oder »Fluo« hat er nicht mit der Wimper gezuckt. Dennoch habe ich, verdammt, das Recht, euch zu sagen, dass ich mein gutes altes Mobiltelefon noch immer benutze, schon um mir zu ersparen, dass ich den ganzen Tag von E-Mails überschwemmt werde. Aber es stimmt natürlich, das ist von keinerlei allgemeinem Interesse.

Zurück zum Thema.

Da also der Markt für Informationstechnologie unaufhörlich größer wird, steigt auch die Konzentration von NF$_3$ in der Atmosphäre, *und zwar um jährlich 11 Prozent.*[66] Aber während wir noch darauf warten, dass eine Alternative zu diesem Gas gefunden wird, können wir schon mal anfangen, uns zu sagen (es ist wie beim Sport, man muss sich ganz allmählich steigern), dass mehrere Fernsehgeräte für eine einzige Familie in keiner Weise unerlässlich sind, noch gar ein zusätzlicher Fernseher im Schlafzimmer, und auch kein Tablet pro Person. Dasselbe gilt für Computer, es ist durchaus nicht nötig, vier Stück davon im Haus zu haben, und ebenso wenig muss man ständig sein Smartphone wechseln, um sich den neuesten Prototyp zu kaufen, den uns die Werbung dringend empfiehlt. Und da die ganze Elektronik in Asien zusammengebaut wird, reisen die Bauteile eines Telefons dreimal um die Welt, bevor sie bei uns ankommen. Was uns verdammt nachdenklich machen sollte, bevor wir uns auf ein neues Modell stürzen, findet ihr nicht?

Ihr fürchtet die Reaktion eurer Kinder? Aber die Jungen, die sich weit mehr, als wir denken, um die Zerstörung unserer lebenden Umwelt sorgen, obwohl sie genauso desinformiert sind wie wir, werden sich schneller, als ihr euch vorstellen könnt, dafür entscheiden, die Anzahl der Bildschirme im Haus zu reduzieren. Denn sie sind es, die den Konsequenzen des Klimawandels mit voller Wucht ausgesetzt sein werden, und das wissen sie.

Und um euch ein paar kleine Verhaltensmaßregeln – obwohl mir so was eigentlich gar nicht liegt – zum Umgang mit der Kältetechnik zu geben (nun haltet das auch noch aus, wir sind gleich fertig), so schaltet eure Klimaanlage nur bei äußerster Hitze ein und stellt sie eher auf 25 °C als auf 19 °C ein. Was die Tiefkühltruhe oder einen Riesengefrierschrank angeht, fragt euch, ob ihr nicht auf ihn verzichten könnt (obwohl es natürlich stimmt, dass solche Möbel einem die unaufhörlich wiederkehrenden Einkaufswege ersparen). Und da ich gerade bei Haushaltsdingen bin: Waschen wir unsere Wäsche und unser schmutziges Geschirr bei niedrigen Temperaturen, um Energie zu sparen – bei 40 °C statt bei 90 °C, das spart 70 Prozent Energie. Und das ist eine Menge!

Jetzt also, wo wir endlich Bescheid wissen über diese versteckten Gase, die dennoch unser Überleben bedrohen, sollten wir anfangen zu handeln oder doch wenigstens nachzudenken. Jetzt können wir schon mal (wartet, ich erzähle euch auch gleich noch was über die Lithium-Batterien, ohne die unsere Rechner, Tablets und Telefone nicht funktionieren würden) an unser Gewissen appellieren und uns sagen, dass unser ganzer elektronisch hochgerüsteter Haushalt uns in Gefahr bringt. Alles ist eine Frage des Übermaßes, und wie unser großer Diplomat Talleyrand sagte, *alles Exzessive ist bedeutungslos.* Wir werden sehen, dass viele unserer Probleme von exzessivem Gebrauch herrühren.

Dennoch, es fällt einem schwer, sich bei dem Gedanken an diese fluorierten Gase zu entspannen. Gewiss, seit dem 1. Januar 2015 (ach, die berühmten Entschlüsse vom Neujahrstag …!) ist eine neue EU-Verordnung über die Treibhausgase prinzipiell in Kraft, mit dem Ziel, diese »schrittweise« zu reduzieren. Ich erwähnte es weiter oben. »Schrittweise«, ich mag dieses Wort nicht sonderlich, ich gebe zu, ich vertraue ihm nicht. Immerhin wird in diesem Text darauf hingewiesen, »dass sichere und energieeffiziente alternative Technologien mit niedrigen oder keinen Klimaauswirkungen schon verfügbar oder in der Entwicklung sind«. Also auch ein bisschen Hoffnung. Die europäische Verordnung peilt an, »den Einsatz dieser Techniken und Ersatzgase zu beschleunigen«.[67] Das ist schon mal eine gute

Nachricht. Aber es gelingt mir nicht, neuere Beschlüsse zum Thema aus anderen Weltgegenden zu finden. Außer der Tatsache, dass 2016 ein weltweit gültiges Abkommen über die Reduzierung von Fluorkohlenwasserstoff, FKW, unterzeichnet wurde.[68]

Natürlich würde man gern wissen, welches diese »alternativen Technologien« für die »Fluos« sind, die die Europäische Union erwähnt. Also *ich* würde es gern wissen. Aber da kommen wir bald auf ein Gebiet, wo Begriffe und Zusammenhänge noch sehr viel komplexer werden. Greenpeace spricht im Jahr 2016 von Kühlmitteln wie Kohlenwasserstoffen, Ammoniak, Wasser und Luft. Andererseits weiß man, dass die ADEME (die französische Agentur für Umwelt und Kontrolle des Energieverbrauchs) 2015 eine Studie über Alternativen zu den kühlenden »Fluos« veröffentlicht hat. »Alle Arten von Kältemitteln, synthetische (FKW, HFO) [*genau jenes HFO, gegen das Greenpeace zu Felde zieht*] und nicht halogenierte, sogenannte »*natürliche*« wie Ammoniak und CO_2, können dabei in Betracht gezogen werden.« Dennoch sei zu den Vorschlägen von Greenpeace wie zu denen der ADEME bemerkt, dass Ammoniak ein Umweltgift ist![69] Ich hatte Einblick in den Jahresbericht 2016 der ADEME, der, muss ich zugeben, mich darüber auch nicht aufklären konnte.[70] Und da ich nicht Wissenschaftlerin bin, lasse ich es dabei bewenden, es ist besser so für uns alle.

Halten wir aus dieser Studie die immerhin etwas ermutigende Tatsache fest, dass die Reduzierung der Treibhausgase auf dem Programm steht und die Forschung, so unvollkommen sie noch ist, wirklich im Gange ist.

Fügen wir unseren Untaten auf der Erde, durch die wir die Luft verschmutzt und das Klima aufgeheizt haben, noch alle weiteren hinzu: die Verödung ganzer Landstriche, den Wassermangel, die Eisschmelze in der Arktis und der Antarktis, das Schmelzen der Gletscher, das Tauen der Permafrostböden, das Steigen des Meeresspiegels, die geradezu *erschreckenden* Auswirkungen von Viehzucht und Bodenkultur zur Ernährung des Viehs (das hat mich umgehauen, und auch ihr werdet verblüfft sein), die Abholzung der Wälder, insbesondere der großen, so lebensnotwendigen Urwälder am Amazonas, in Indonesien und in der Demokratischen Republik Kongo, der Verlust natürlicher Kohlenstoffreduzierer, den sauren Regen, die Versalzung der Böden, ihre Verarmung, die Verschmutzung der Gewässer – der Quellen, des Grundwassers und des Meeres –, die Verschmutzung der Böden, die Pestizide, Unkraut- und Pilzbekämpfungsmittel, die Schadstoffbelastung von Obst, Gemüse und Getreide durch diese Pestizide, die Belastung von Fischen mit Schwermetallen (Blei, Quecksilber, Arsen, Strontium), die Vermüllung der Meere durch Plastikabfälle, an denen Fische und Vögel sterben, die aber auch in unseren Organismus eindringen, die Erschöpfung der Phosphatminen und das Ende zahlreicher anderer Rohstoffe, und so weiter und so fort.

Das klingt hart, ich weiß, mich hat es genauso schockiert wie euch. Aber bei allem, was folgen wird, werde ich beharrlich wie der Zugochse, der stur seine Furchen zieht, immer auch nach den Handlungsmöglichkeiten Ausschau halten, das verspreche ich euch.

Da ich gerade vom Phosphor sprach, dessen Vorkommen sich allmählich erschöpfen, muss ich auch gleich auf ein Thema zu sprechen kommen, das uns ebenso unbekannt ist (mir war es das auf jeden Fall!): Dass uns nämlich im Lauf dieses Jahrhunderts, und bei einigen Rohstoffen schon sehr bald, die nicht erneuerbaren Ressourcen ausgehen werden. An erster Stelle das Wasser: »Die Hälfte bis zwei Drittel der Menschheit dürften im Jahr 2025, der von der UNO festgehaltenen Alarmschwelle, in einer Situation sein, die man als *water stress* bezeichnet. Der Mangel an Süßwasser ist somit eine reale Gefahr.«[71] Verantwortlich dafür: die Klimaerwärmung, die intensive Landwirtschaft und Viehzucht, *die 70 Prozent des verfügbaren Wassers (!) verbrauchen*, die Industrie (mit ungefähr 20 Prozent) und die Privathaushalte (10 Prozent). Klar, dass ich darauf noch zurückkommen werde.

Was Rohstoff- und Kohlenwasserstoffreserven angeht, so werden 16 von ihnen zwischen 2021 und 2040 vollständig abgebaut sein:

2021 und 2022, das heißt, in den nächsten zwei, drei Jahren die Silbervorkommen (verwendet in der Kernphysik, der Solartechnologie und Photovoltaik, für Touchscreens, Wasserreinigung …) und Antimon.

In den darauffolgenden Jahren 2023 bis 2025 dann Chrom, Gold, Zink (in der Elektronik verwendet), Indium (unter anderem gebraucht für feinschichtige Solarmodule und Flachbildschirme, die folglich in vier bis sechs Jahren auslaufen könnten; man erwägt, es durch Graphen zu ersetzen,[72] aber Graphen verändert sich unter dem Einfluss von Feuchtigkeit), danach Neodym (verwendet für Magnete) und Strontium (gleichfalls Magnete).

Zwischen 2028 und 2039 werden die Vorkommen von Zinn, Blei, Diamant, Helium (Magnete, Bildschirme, bildgebende Verfahren in der Medizin, Kühlkreisläufe in Atomkraftwerken) und Kupfer (Elektroindustrie!) erschöpft sein.

2040 läuft Uran aus (Atomenergie natürlich, das weiß jeder) sowie Cadmium; gegen 2047 Tritium (Atomwaffen: eine ausgezeichnete Nachricht!) und Scandium (unentbehrlich als Legierungszusatz für Aluminium); 2048 dann Nickel (Computerbatterien), 2050 Erdöl und Lithium (Batterien).

Zwischen 2052 und 2062 werden die Vorkommen von Niob (Verstärkung des Stahls für den Bau von Pipelines) zu Ende gehen, von Beryllium (Atomreaktoren, aber es gibt dann ja ohnehin kein Uran mehr!), von Quecksilber und Graphit (Lithium-Ionen-Batterien).

2064 sind Platin (Elektronik und Elektrik) sowie Mangan zu Ende, dann, Achtung!, gegen 2072 Erdgas und gegen 2087 Eisen! Zwischen 2110 und 2350 der lebensnotwendige Phosphor (ja, die Zeitspanne ist lang … denn alles hängt von seinem Raubbau für die Düngemittel-Herstellung ab … Andere Quellen sprechen von einem Zeitraum von 2050 bis 2110), um 2120 Kobalt (Flugzeuge, Kraftwerke), um 2139 Aluminium und 2158 Kohle (auch das eine gute Nachricht, aber noch sehr weit weg).[73]

Man wird also voll und ganz auf Messfühler setzen müssen, die das auch weiterhin von den Kohlekraftwerken ausgestoßene CO_2 zu hundert Prozent erfassen, es sei denn, es gelingt endlich, auf Kohle zu verzichten, und dasselbe bei Erdöl. Letzteres hat seinen Spitzenwert in der Förderung im Jahr 2006 erreicht, seine unwiderrufliche Abwärtsentwicklung hat also schon begonnen. Sicher, selbst wenn der Höhepunkt überschritten ist, »verbleibt in tieferen Erdschichten noch immer die Hälfte des einmal entdeckten Erdöls«. Aber dieses Erdöl werden wir nie fördern können, denn dazu braucht es … Energie, und zwar weit mehr als bisher. Denn »man muss immer tiefer graben und immer weiter ins Meer hinausgehen«. Sodass der Energiegewinn im Verhältnis zu der für die Förderung verbrauchten Energie keinen Sinn mehr macht. Und was ist, sagen sich die Optimisten, mit den »unkonventionellen« Erdölen, mit Teersand, Schiefergas und Schieferöl, um das konventionelle zu ersetzen? In der Realität sieht es so aus, »dass solche Bohrunternehmen […] katastrophale finanzielle Bilanzen aufweisen«. Dieser Weg – der verhängnisvoll für die Umwelt wäre – wird also nicht durchführbar sein.[74]

Ich bitte um Verzeihung für diese lange Liste. Aber sie hilft uns zu begreifen, *dass der Umbau unserer gesamten Produktionssysteme in der ersten Hälfte dieses Jahrhunderts unvermeidlich geworden ist!* Die Welt wird nicht mehr wie vorher sein, sie kann es nicht sein. In sieben Jahren wird die elektronische Industrie in große Schwierigkeiten geraten, in einundzwanzig Jahren die Magnetherstellung (Batterien für erneuerbare Energieträger), die bildgebenden Verfahren in der Medizin (die letzten Reste von Helium werden für sie reserviert bleiben, ergänzt durch neue Verfahren, die den Bedarf der Maschinen stark reduzieren werden), die elektrische Industrie und die Kernenergie, mit der es dann zu Ende gehen wird. Und wenn 2087 die Eisenvorräte erschöpft sind, kann man auch nichts mehr bauen, und schon gar keine Autos!

Es ist wichtig, diese Daten im Kopf zu haben, wenn ihr dieses Buch lest, damit ihr euch voll bewusst werdet, warum wir verpflichtet sind, den erneuerbaren Sektor zu entwickeln (allerdings ohne Energiespeichersysteme, weder magnetischer noch lithiumbasierter Natur).

Angesichts dieser Lawine von Themen frage ich mich ratlos: Aber womit fange ich an?

Mein Zensor unterbricht mich:
Biep. Ihre Unsicherheiten und Probleme interessieren uns nicht. Kehren Sie um und machen Sie weiter.

Sehr gut. Wenn Sie es so sehen.

Und wenn ich nun, nach Methan und Lachgas, mit dem Auffangen des CO_2-Austoßes beginnen würde, angefangen bei den Techniken, die absolut zu verurteilen sind, bis hin zu den ermutigenden Innovationen?

Kein einfaches Thema, aber versuchen wir's. Es ist ziemlich öde, ich warne euch, aber von grundsätzlicher Bedeutung, wir kommen nicht drum herum.

Zunächst muss man wissen, dass von allen bisher vorgeschlagenen Techniken, um dieses verfluchte CO_2 aus der Atmosphäre zu fischen, der Weltklimarat Vorstellungen nicht billigt (und ich ganz entschieden auch nicht), die darauf hinauslaufen, *das Klima zu manipulieren.* »Geo-Engineering« nennt sich diese neue Idee, darunter vor allem Methoden, die die Sonnenstrahlung beeinflussen wollen (das »Solar Radiation Management«, SRM). Diese haarsträubenden Projekte planen, über Versuchsballons oder auch Flugzeuge reflektierende Partikel in der Atmosphäre zu verstreuen, die einen Teil der Sonnenstrahlung von der Erde fernhalten, sie also kühlen sollten! Und damit wäre die Sache geritzt! Ohne dass man *auch nur die geringste* Ahnung von den Auswirkungen dieser Gleichgewichtsverschiebung im Weltraum hat! So was sollte man absolut verbieten – ich weiß nicht, was ihr davon haltet, aber ist es nicht geradezu unheimlich? Die Begeisterung für die Techniken des Geo-Engineering erklärt sich aus politischen Präferenzen und nicht aus ökologischer Notwendigkeit.[75] Hopp, man pustet ein paar Schwefelpartikel zu den Sternen hoch, und schon kann man das Problem vergessen: Geste eines Irren.

Ebenfalls im Rahmen solcher Techniken schlägt man vor, eine Eisenlösung in die Ozeane zu schütten, die ja arm an Biomasse sind, um ihre biologische Funktion als Kohlenstoffpumpe zu stimulieren, sodass es gelänge – ich erspare euch die einzelnen Etappen des chemischen Vorgangs –, CO_2 am Meeresboden abzulagern.[76] Aber auch die Auswirkungen dieser »brillanten Idee« auf die Umwelt sind unbekannt, bis auf die Tatsache, dass sie ein *tödliches Nervengift* hervorbringen kann.[77] Na toll. Die internationale Gemeinschaft hat darum 2008 diese Art Eingriff untersagt (uff, immerhin das).

Eine Variante davon wäre es, Gesteinsmehl aus Kalkstein und Baukalk auf den Grund der Ozeane zu kippen, um ihre Übersäuerung zu verringern. Dann könnten sie wachsende Mengen von CO_2 binden und eine globale Störung des Meeres-Ökosystems verhindern. Aber das bedeutet wiederum Veränderungen im chemischen und biologischen Gleichgewicht, deren Konsequenzen nicht absehbar sind![78] Es sollte also auch verboten werden, vergessen wir es.

Eine Technik des Abfangens von Kohlenstoffdioxid, wie es das Geo-Engineering vorsieht, scheint allerdings die Zustimmung des Weltklimarats gefunden zu haben: Sie würde darin bestehen, das von stationären Industrieanlagen wie Kohlekraftwerken ausgestoßene CO_2 aufzufangen, um es in unterirdische Speicher zu pressen.[79] Gut, warum nicht? Freilich muss man es erst mal aufgefangen haben, nicht wahr?

Und wie? Die bisher entwickelten »Filtermembranen« sind nicht sehr effektiv, und ihr Preis ist hoch. Sehr interessant dagegen ist die Innovation einer Gruppe von Forschern aus Albuquerque, New Mexico, die eine ultrafeine, von Nanoporen durchzogene Membran entwickelt haben, und diese Nanoporen sind ihrerseits mit einem Wasser gefüllt, das ein biologisches Enzym enthält (mehr dürft ihr mich dazu nicht fragen!). Dieses Enzym *verwandelt CO_2 in Hydrogenkarbonat-Ionen.* Bilanz des Verfahrens: *90 Prozent des ausgestoßenen Kohlendioxids können gespeichert werden.* Ich muss sagen, das beeindruckt mich. Diese Technik würde nur vierzig Dollar pro aufgefangener Tonne CO_2 kosten.[80] Und die gleiche Membran könnte auch bei Methan eingesetzt werden, wodurch das Gas in Methanol umgewandelt würde.

Ein weiteres innovatives Verfahren haben sich zwei indische Studenten ausgedacht (sie sind ganz schön aktiv, diese jungen Leute, was? Ich habe immer meine Hoffnung auf sie gesetzt, und ich hatte recht). Es gibt kleinen Unternehmen die Möglichkeit, ihre CO_2-Emissionen zu noch geringeren Kosten aufzufangen: ein Lösungsmittel, basierend auf denaturiertem Alkohol, das für dreißig Dollar eine Tonne CO_2 in Natriumhydrogenkarbonat (Natron) verwandelt. Und so sieht es in der Praxis aus: Ihre Firma (die es verdient, namentlich genannt zu werden: »Carbon Clean Solutions Limited«) hat ihr Verfahren bei ihrem ersten Kunden, einem Kohlekraftwerk in Indien, installiert, *das damit das erste Unternehmen wurde, das seine Emissionen zu 100 Prozent abfängt* (nämlich eine Menge von sechzigtausend Tonnen jährlich). Carbon Clean Actions schätzt, dass sie die Emissionen weltweit um 5 bis 10 Prozent reduzieren könnten. Das ist wenig, aber sie sind auf dem richtigen Weg.[81] Worauf wartet man, um diese Technik weiterzuentwickeln und alle kleinen Unternehmen damit auszustatten?

Das System »Direct Air Capture«, eine weitere erstaunliche Initiative, saugt das CO_2 direkt aus der Atmosphäre. Es ist fast unglaublich. Das kanadische Unternehmen Carbon Engineering erklärt, dass ihre Technik »das Kohlendioxid auf die gleiche Weise absorbiert wie Bäume, aber noch Hunderte Male mehr auf einer entsprechend größeren Fläche abfangen kann«. Enorm, was? Das Unternehmen setzt sich das Ziel, CO_2 in industriellem Maßstab abzufangen, um es unterirdisch zu lagern, als jederzeit zugänglichen reinen Rohstoff oder für die Herstellung CO_2-neutraler Brennstoffe (0 Prozent Emissionen). Das System funktioniert über riesige Ventilatoren, die die Luft ansaugen und mit einer wässrigen Lösung in Kontakt bringen, die das CO_2 auffängt und bindet. Carbon Engineering hat 2017 sein erstes Werk in Betrieb genommen, man hofft dort, in Zukunft eine Million Tonnen CO_2 jährlich auffangen zu können.[82] Aber man müsste Hunderttausende solcher Werke bauen, wenn wir das ganze CO_2 abfangen wollten, das wir jedes Jahr ausstoßen[83] ... Und man würde auch gern den CO_2-Fußabdruck kennen, den der Bau solcher Fabriken und ihrer Ventilatoren hinterlässt, und erfahren, mit welcher Energie sie betrieben werden.

Wieder eine andere Erfindung zielt darauf ab, die unterirdische Lagerung des CO_2 zu verbessern. Die gegenwärtigen Speichermethoden haben einen großen Nachteil: Das Gas kann in die Atmosphäre entweichen. Schlecht, so was. Die Idee des Projekts »Carbfix« besteht darin, diese Gase abzufangen, sie im Wasser aufzulösen und sie dann in die Basaltschicht in einer Tiefe von über vierhundert Metern zu pumpen. Das CO_2 wird dabei in festes Carbonat umgewandelt, in ein Gestein sozusagen. Die Carbfix-Methode kann in Kohlekraftwerken angewandt werden, wenn sie sich in einer Gegend mit reichen Basaltvorkommen befinden, einer Ressource, mit der unser Planet gesegnet ist.[84]

Ich finde solche Nachrichten sehr ermutigend, schließlich stehen wir ja auch erst am Anfang, und ich bin voller Hoffnung, dass all das sich ausweiten wird. Ihr findet, ich sei zu optimistisch? Vielleicht, aber wenn ich sehe, wie viele Initiativen da im Gange sind, fühle ich mich gleich entspannter.

Der Energieversorgungskonzern Engie in Frankreich meint, sich an seine letzten vier Kohlekraftwerke klammern zu können, indem er ihre Funktionsweise ändert: Er will die Kohle nach und nach durch »grüne« Abfälle ersetzen und das von den Kraftwerken freigesetzte CO_2 abfangen. Bei den in Cordemais (Pays de la Loire) unternommenen Versuchen konnte das Kraftwerk mit 80 Prozent vor Ort produzierter »Pellets« – das sind Holzpresslinge aus Sägemehl, Hobelspänen, Baumrinde und Abfällen der holzverarbeitenden Betriebe – und 20 Prozent Kohle betrieben werden, ja sogar mit einem Anteil von bis zu 87 Prozent Pellets. Ich frage mich wie ihr, wie es um den CO_2-Ausstoß bei der Verbrennung dieser Pellets aussieht, denn natürlich wird welches ausgestoßen. Aber alle Quellen geben an, dass die Bilanz »klimaneutral« sei: »Die Pellets verbrennen auf neutrale Weise zu CO_2. Wenn bei ihrer Verbrennung in der Tat CO_2 freigesetzt wird, so wurde dieses schon im Vorfeld durch die Bäume kompensiert, die es im Lauf ihres Wachstums absorbiert und in Sauerstoff umgewandelt haben. Es gibt also keine zusätzliche Belastung für die Luft und das Klima.«[85] Ich bin perplex, wenn ich so etwas lese, und möchte nun umso mehr wissen, wie hoch die CO_2-Emissionen bei einem derartigen Verbrennungsprozess sind. Und auf die Pellets komme ich später noch einmal zurück.

Man findet noch andere überraschende Initiativen: In Xi'an in China steht seit 2016 ein sechzig Meter hoher Turm (oder, nach anderen Quellen, hundert Meter hoch), der mittels Sonnenenergie funktioniert und durch aufeinanderfolgende Filterprozesse 19 Prozent des Feinstaubs von weniger als 2,5 Mikrometer Durchmesser absorbiert. Ein solcher Turm kann bis zu zehn Millionen m³ Luft pro Tag auf einer Fläche von zehn Quadratkilometern in seiner Umgebung filtern.[86] Aber auch da fragt man sich, wie groß der CO_2-Fußabdruck beim Bau des Turms ist.

Eine ähnliche Frage stellt sich bei dem »Smog Free Tower« in Rotterdam, dem Prototyp eines sieben Meter hohen Turms mit Lamellenfassade, aufgestellt 2015, dessen Funktionsweise auf der Ionisierung der Luft beruht. Er arbeitet gleichfalls mit Solarenergie und reinigt pro Stunde dreißigtausend Kubikmeter Luft von Feinstaub, indem er zwei Typen davon (deren Bezeichnung ich euch erspare) zu 50 bis 70 Prozent herausfiltert. Erste vergleichbare Konstruktionen wurden in Polen (Krakau) und China (Peking, Shanghai und Tianjin) errichtet. Kolumbien und Mexiko sollen folgen.[87]

Das Problem bei diesen Türmen ist, dass sie die Luft nur in ihrer unmittelbaren Nachbarschaft reinigen. Darum hat ein Ingenieurbüro mit Sitz in Dubai unlängst ein Projekt von hundert Meter hohen »umweltreinigenden« Türmen vorgestellt (das »Smog Project«), die schon bis zum Jahr 2020 den Bedarf ganzer Städte in Indien abdecken könnten.[88] Betrieben mit Wasserstoffbatterien und Solarpaneelen, könnte der so gewonnene Kohlenstoff »verwendet werden, um daraus Graphen, Beton, ja sogar Tinte herzustellen«.[89]

Da wir nun schon in diesen Wolken aus Gas versunken sind, die uns die Luft zum Atmen nehmen, müssen wir uns wohl oder übel auch mit der Welt des Verkehrs beschäftigen, die ja ein großer Verursacher von CO_2 ist, und prüfen, wie es um die Alternativlösung mit den Elektroautos und ihrer noch unsicheren Zukunft aussieht. Zunächst einmal: Wir müssen, so weit es irgend möglich ist, den Gebrauch unserer Autos einschränken, was mehr als problematisch ist in Gesellschaften, wo alles auf sie ausgerichtet ist. In den Dörfern gibt es keine nahegelegenen Einkaufsmöglichkeiten mehr – die man unbedingt wieder einrichten müsste, selbst mit der Konsequenz, dass der Handel sie subventioniert. Eisenbahnlinien, die Kleinstädte, ja sogar Dörfer an das große Netz anschlossen, sind stillgelegt – sie müssten zwingend wieder in Betrieb genommen werden. Und da die Bahnhöfe des RER-Netzes oft weit von der Arbeitsstelle entfernt sind, fehlt es an Busverbindungen, die uns näher heranbringen. Kurz, alles *zwingt* uns, ob wir wollen oder nicht, dieses umweltschädigende Vehikel zu benutzen, und sei es, auf dem Land, um schlicht unsere Einkäufe erledigen zu können.

Aber darüber hinaus sei gesagt, dass wir unser Auto auch benutzen *möchten*, so sehr sind wir schon von ihm abhängig, sodass selbst in der Stadt viele von uns für eine Strecke, die man mit öffentlichen Verkehrsmitteln in einer überschaubaren Zeit zurücklegen könnte, lieber das Auto nehmen, auch, wenn das teurer ist und sie sich am Abend dann durch verstopfte Straßen heimwärts quälen müssen. Aus Gewohnheit, aus dem Bedürfnis, ihre Ruhe zu haben, auch aus Faulheit. So verbringen die Erwerbstätigen in den sitzenden Berufen bereits ihren Arbeitstag in sitzender Haltung, wogegen die Benutzung öffentlicher Verkehrsmittel sie zwingen würde, immerhin ein paar Schritte zu laufen, ein Minimum an Bewegung zu absolvieren, ja sogar die bescheidene Anstrengung, ein paar Treppen rauf- und runterzugehen, bescheiden zwar, aber auch sehr willkommen angesichts der Notwendigkeit, dass wir uns jeden Tag ein bisschen bewegen sollten.

O wie gut kann ich alle verstehen, die am Wochenende in ihr Häuschen auf dem Land fahren, um mal wieder frische Luft zu atmen. Wenn sie es können, wenn sie den Mut dazu aufbringen, wäre es gut, sie würden dieses wöchentliche Hin und Her etwas einschränken, dessen Auswirkungen man in den riesigen Staus jeden Freitag- und Sonntagabend beobachten kann. Oder aber den Zug nehmen statt Auto oder Flugzeug: Für eine vergleichbare Entfernung verbraucht das Flugzeug sechsmal mehr Energie als der Zug. Und in Frankreich bleiben 40 Prozent aller Flugreisen bei Entfernungen unterhalb von achthundert Kilometern, für die der TGV entschieden praktischer wäre. (Die SNCF sollte ihre Tarife für die Benutzung des Hochgeschwindigkeitszuges senken, damit sie ebenso wettbewerbsfähig wird wie die Billigfluggesellschaften!) Für die Strecke Paris–Marseille beträgt der CO_2-Ausstoß pro Reisendem im Zug zehn Kilo, im Flugzeug hundertfünfzehn und hundertsechsunddreißig Kilo im Auto, wenn einer allein reist. Und wenn wir schon den Flieger nehmen, dann sollten wir versuchen, mit leichtem Gepäck auszukommen: Laut einem UNO-Dokument »könnte die Welt zwei Millionen Tonnen CO_2 jährlich einsparen, wenn jeder Passagier sich auf ein Gepäck von maximal zwanzig Kilo beschränken würde«.[90] Buchen wir nach Möglichkeit auch Flüge ohne Zwischenlandung, denn gerade beim Start ist der CO_2-Ausstoß sehr hoch.

Also fangen wir an, nehmen wir unseren Mut in beide Hände und, mit dem steten Gedanken an die Treibhausgas-Emissionen, bemühen wir uns, mit öffentlichen Verkehrsmitteln zu fahren, unsere Beine zu gebrauchen und es mit der Promiskuität in diesen Verkehrsmitteln aufzunehmen, die zwar nervig sein kann, aber, wenn auch ungewollt, unsere Neugier anregt.

Und natürlich bleibt die Hoffnung darauf, dass der flächendeckende Einsatz elektrisch betriebener Fahrzeuge zumindest zu einem Teil das Problem des CO_2-Ausstoßes regeln wird.

Die Wissenschaft hat die komplette CO_2-Bilanz aller Elektrofahrzeuge in Europa analysiert. Allein bis zum Jahr 2030 werden die Elektroautos 66 Prozent weniger CO_2 ausstoßen als ein Dieselfahrzeug, und bis 2050 sogar 80 Prozent weniger. Ihre Umweltbilanz wird also sehr positiv sein, aber nicht wirklich neutral ...,[91] während man doch annimmt, dass E-Autos die absolut saubere Alternative sind. Und die meisten negativen Umwelteinflüsse ergeben sich in der Phase ihrer Fabrikation, für die sehr viel Elektrizität gebraucht wird. Alles kommt folglich auf die Quelle an, die diesen Strom liefert: In Polen stammt er zu 80 Prozent aus Kohlekraftwerken. In diesem Fall beträgt der CO_2-Ausstoß bei der Herstellung eines E-Autos nur 25 Prozent weniger als bei der eines Diesels.[92] Ebenso kritisch ist die Lage in China, dem Leitmarkt der E-Mobilität, wo die Elektrizität zu 73 Prozent aus Kohlekraftwerken bezogen wird. In Frankreich ist die Situation wieder eine andere. Hier stammt der Strom zu 77 Prozent aus Kernreaktoren (mit denen es in zwanzig Jahren zu Ende gehen wird), sodass ein E-Auto in der Herstellung 80 Prozent weniger CO_2 ausstößt als ein Dieselauto.

Und selbst ohne Auspuff bleiben Elektrofahrzeuge Autos, die, sobald sie fahren, Feinstaub erzeugen, der vom

Abrieb der Reifen auf der Straße und den Bremsbelägen herrührt. Jedes Mal, wenn wir aufs Bremspedal treten, wird durch die Reibung zwischen Belägen und Bremsscheiben ein feiner Staub erzeugt (man denke nur an den täglichen Stau auf unseren Straßen), der vor allem aus Ruß und unterschiedlich giftigen Elementen wie Kupfer, Cadmium, Barium, Nickel, Chrom, Mangan, Blei und Zink besteht. Und die daraus resultierende Umweltbelastung ist durchaus nicht belanglos: Sie ist verantwortlich für 41 Prozent der Feinstaub-Emissionen PM10 im Bereich des Straßenverkehrs im Jahr 2012,[93] und das sind 11 Prozent sämtlicher Emissionen in der Region Île-de-France.[94] Das ist viel! Ich muss sagen, das ahnte ich überhaupt nicht. Und ihr?

Aber ein gutes Zeichen: Die Reifenindustrie hat sich sehr schnell mit diesem Problem beschäftigt. Die Ingenieure von Michelin arbeiten an der Entwicklung von *Reifen mit biologisch abbaubarer Lauffläche.*[95] Ausgezeichnet! Warten wir ab, was daraus wird.

Auch bei den Bremsen hat es Fortschritte gegeben: 2017 wurde von einem international tätigen deutschen Unternehmen für Filtersysteme[96] eine Vorrichtung für Schwerlaster vorgestellt, und eine französische Gesellschaft[97] hat in Zusammenarbeit mit namhaften Konstrukteuren ein »Tamic« genanntes System entwickelt, eine Miniturbine, die die beim Bremsvorgang anfallenden Partikel ansaugt. Das System wurde im September 2018 unter realen Bedingungen an einem Elektrokleinwagen, dem Renault Zoé, getestet. Natürlich, das kann man sich vorstellen, müssen Filter wie Bremsbeläge regelmäßig gewechselt werden.[98] Tamic könnte ab 2020–2021 in Fahrzeuge der Serienproduktion eingebaut werden; mehrere Autohersteller interessieren sich bereits dafür. Diese Technologie verringert die Emission von Feinstaub beim Bremsen um 82 Prozent und wäre auch auf Metro-Züge und Straßenbahnen anwendbar. Die französische Eisenbahngesellschaft SNCF plant, ihre Vorortzüge damit auszustatten.[99] (Wobei man entdeckt, dass auch die Metro, Straßenbahnen und Eisenbahnwagons Feinstaubpartikel ausstoßen …). All das betrifft Frankreich, denn französische Daten sind mir sehr viel leichter zugänglich; aber vermutlich sind gleiche Aktivitäten auch in allen anderen entwickelten Ländern im Gange, denn der Wettlauf um das saubere E-Auto ist ein entscheidender wirtschaftlicher Faktor geworden.

Um es mit folgender Analyse des International Council on Clean Transportation (ICCT)[100] zusammenzufassen: »Global gesehen, stoßen E-Autos im Lauf ihres Lebens sehr viel weniger Treibhausgase aus als ein Auto mit Verbrennungsmotor in Europa, selbst wenn man in Betracht zieht, dass die Produktion der Batterien eine Menge Energie verschlingt. Ein Mittelklasse-Elektrofahrzeug in Europa produziert 50 Prozent weniger Treibhausgas auf 150 000 Kilometer, wobei diese Zahl zwischen 28 Prozent und 72 Prozent variieren kann, je nachdem, woher der Strom kommt (aus Kohle, Gas, Kernkraft …). Vergleicht man die effizientesten Verbrennungsmotoren hinsichtlich ihrer Treibhausgas-Emissionen mit dem E-Auto, liegt dessen Vorteil immer noch bei 29 Prozent.«[101]

Natürlich sind wir enttäuscht, waren wir doch schließlich drauf und dran, uns auf die E-Autos zu stürzen. Warten wir's ab, ob ihre Herstellung, das Abfangen des

CO_2-Ausstoßes ab Werk, die Veränderung an Reifen und Bremsen ihre Punktzahl erhöhen werden. Aber zum gegenwärtigen Zeitpunkt erlaubt uns dieses Transportmittel noch nicht, das CO_2-neutrale Ziel zu erreichen.

Man zeigt auch gern mit dem Finger auf E-Autos, weil sie Permanentmagnete für ihre Motoren benötigen, die auf der Basis Seltener Erden hergestellt werden. Inzwischen aber können und wollen die Konstrukteure von Elektrofahrzeugen auf Seltene Erden verzichten und die Magnete durch eine Erregungsspule ersetzen. Modelle wie der Renault Zoé (der meistverkaufte Kleinwagen in Europa) oder alle Modelle von Tesla (die meistverkauften Autos in Amerika) arbeiten mit dieser Technologie; ihre Motoren enthalten folglich keine Seltenen Erden.[102]

Die mittlere Reichweite der gegenwärtig im Handel angebotenen Elektroautos beträgt hundertfünfzig bis vierhundert Kilometer.[103] Weite Strecken sind also immer noch problematisch, vor allem aufgrund der fehlenden Infrastruktur an Schnellladestationen.[104] Ganz zu schweigen von der Umweltbelastung durch die Batterien, für die es noch keine Lösung gibt. Und schon gar zu schweigen vom Preis, der trotz der sehr bescheidenen Unterstützung durch den französischen Staat (etwa sechstausend Euro) noch immer sehr hoch ist, er liegt zwischen 23 200 und 86 300 Euro (!). In dieser breiten Spanne gibt es natürlich große Unterschiede im Volumen der einzelnen Autotypen, in der Reichweite, der Ladezeit.[105]

Und ihr werdet sehen, das mit den Batterien der heutigen Elektroautos ist gar nicht so einfach: Alle Akkus bestehen aus Lithium, einem seltenen Metall, dessen Abbau große Umweltschäden nach sich zieht, CO_2 ausstößt und Unmengen von Wasser verbraucht, wobei das Wasser das entscheidende Problem ist, wie wir noch im Einzelnen sehen werden. (Klar, die Vorstellung, dass es uns eines Tages an Wasser fehlen könnte, beunruhigt uns weit mehr als der Verzicht aufs Auto.) Und dieses Lithium wird bereits gebraucht für die Akkus von Handys und Laptops sowie die Batterien von Energiespeichersystemen, alles Technologien, die noch stark expandieren werden.

Der Zeitpunkt, wann die Lithium-Minen erschöpft sein werden, ist umstritten. Für einige werden die Reserven bestenfalls noch sechzehn Jahre oder sogar nur zehn Jahre reichen.[106] Andere sehen das Ende im Jahr 2050 erreicht,[107] wieder andere meinen, dass durch die Entdeckung neuer Vorkommen, wie zum Beispiel in Peru, der Spielraum noch darüber hinausreicht.[108] Hinzu kommt, dass für diese Batterien unter anderem auch Graphit gebraucht wird, mit dem es vermutlich im Jahrzehnt 2052–2062 zu Ende geht, sowie Kobalt.

Die Erschöpfung der Lithium-Vorräte über kurz oder lang ist somit in Sicht. Aus diesem Grund – und auch wegen des gigantischen Wasserverbrauchs bei seiner Gewinnung – *scheidet es als wirtschaftlich tragfähige und dauerhafte Lösung für uns aus.*

Das Recyceln der Batterien ist ein anderes grundsätzliches Problem. Batterien haben keine unendliche Lebensdauer (im Durchschnitt acht bis zehn Jahre)[109], und sie sind sehr teuer (ungefähr neuntausend Euro …). Wenn sie ausgedient haben, müssen sie recycelt werden, damit ihre Bestandteile nicht auf dem Müll landen und die Umwelt belasten. Heute werden in Europa nur 5 Prozent aller Lithium-Batterien recycelt, und noch ist es unmöglich, die verwendeten Materialien zu 100 Prozent zurückzugewinnen, darunter eben jenes kostbare Lithium! Ein Grund mehr, um diese Batterien zu vergessen, ob sie nun mit Feststoffelektrolyten arbeiten (damit sie sich nicht entzünden) oder auch nicht.[110] Deshalb überspringe ich jetzt mal kühn die Batterien auf Graphen-Basis, denn auch sie funktionieren mit Lithium (und außerdem verändern sich die Eigenschaften von Graphen unter dem Einfluss von Feuchtigkeit, ich sagte es schon, und zwar bereits bei 22 Prozent Feuchtigkeit …[111]).

Ihr langweilt euch? Das ist verständlich. Was gibt es Trostloseres als diese Batteriegeschichten? Aber lasst mich jetzt bitte nicht im Stich, ich habe euch doch gesagt, wir haben eine Menge zu tun!

Auch das Wasserstoffauto, von dem derzeit viel die Rede ist, lasse ich jetzt mal beiseite. Sein Motor erzeugt Energie durch die Verbrennung von Dihydrogenmonoxid (Pardon, das ist sehr technisch, und dabei vereinfache ich noch!), einem explosiven und leicht entzündbaren Gas … Im Wasserstoffauto zu fahren ist teurer, und wird auch teurer bleiben, als in einem batteriegeladenen Auto, es benötigt dazu mehr als dreimal so viel Strom. Es braucht dreimal mehr Windräder und Solarmodule, um einen Fuhrpark von Wasserstoffautos zu unterhalten, als bei einem gleichen Park traditioneller Autos.[112] Das Wasserstoffauto mit Brennstoffzelle erzeugt zwar Energie, aber dieser Wasserstoff ist aus hydrolysiertem Meerwasser gewonnen (einem Verfahren, für das Strom benötigt wird) oder aus … Erdöl oder Biotreibstoff. Es funktioniert auch mit Methanol, das wiederum CO_2, ja sogar das hochgiftige Kohlenmonoxid freisetzt und das seltene und teure Platin verwendet (dessen Vorkommen um 2064 erschöpft sein dürften).[113]

Sehr interessant dagegen sind Natrium-Ionen-Batterien, die das Lithium durch Natrium ersetzen. In ihrer Entwicklung zunächst eingeschränkt durch ihre noch ungenügende Energiekapazität, wurden hier in jüngster Zeit Fortschritte gemacht: Einigen Wissenschaftlern der Universität Birmingham ist es gelungen, eine wesentlich leistungsstärkere Natrium-Ionen-Batterie zu entwickeln, die kostengünstiger und umweltfreundlicher ist. Nachdem sie Phosphor hinzugefügt hatten, stellten sie fest, dass die Batterie nicht nur die Ladung hielt, sondern auch, bei gleichem Gewicht, eine siebenfach höhere Menge an Energie gespeichert hatte als eine Lithium-Ionen-Batterie. Der Natrium-Ionen-Akku könnte in drei, vier Jahren in Produktion gehen.[114]

An Natrium-Ressourcen mangelt es nicht.

Beim Phosphor aber rühren wir an ein vitales Problem. Ich erlaube mir hier einen Abstecher zum Phosphor, *denn ohne ihn ist kein Leben möglich.* Er ist ein Grundelement alles Lebenden und unerlässlich für die natürlichen Ökosysteme: Phosphate werden vom Regenwasser aus dem Gestein gespült. Die Pflanzen nehmen sie in dieser Form auf und verarbeiten sie zu organischer Materie. Indem die Tiere die Pflanzen fressen, gelangt Phosphor im Anschluss in die Nahrungskette. Mikroorganismen bringen die von ihnen ausgeschiedene tote Materie zur Verwesung und machen den Phosphor damit erneut löslich. Aber, wie wir sahen, ist er eine endliche Ressource. Weltweit ist in manchen Quellen von vierzig Jahren (oder noch weniger) die Rede, in anderen von neunzig Jahren, gemessen am gegenwärtigen Tempo des Phosphatabbaus,[115] absolut alarmierenden Zahlen. Dass die Vorkommen so bald erschöpft sein werden, liegt an seinem Raubbau für die Weiterverarbeitung zu Dünger in der industriellen Landwirtschaft, die den gewonnenen Phosphor zu 90 Prozent nutzt. Es ist folglich *von erstrangiger Bedeutung, dass wir nicht mehr an diese Phosphorlagerstätten rühren*, wenn wir das Leben auf der Erde sichern wollen. (Und das wollen wir schließlich!)

Danach ist sofort einzusehen, wie dringlich es ist, die phosphathaltigen synthetischen Düngemittel maximal einzuschränken, die *in maßlosen Mengen* auf unseren Feldern ausgebracht werden, weit über den Bedarf der Pflanzen hinaus. Und auch wenn Europa seinen Verbrauch an Phosphatdünger eingeschränkt hat, haben die Schwellenländer Asiens (allen voran China) ihre Landwirtschaft intensiviert und importieren in wachsenden Mengen diesen synthetischen Dünger und verteilen ihn gedankenlos auf ihren Feldern. Ebenso in den Ländern Afrikas und Südamerikas.[116] Es ist zwingend notwendig, dieser kolossalen und für uns alle *tödlichen* Verschwendung ein Ende zu setzen, indem man die Praxis der industriellen Landwirtschaft beendet.

Eine erste mögliche Aktion ist es, den Phosphor aus den Abwässern der Kläranlagen zurückzugewinnen, die vor allem dank der menschlichen Ausscheidungen reich daran sind. Man kann heute Phosphor und Nitrate aus Abwässern und Klärschlämmen herausfiltern.[117] In Ländern wie der

Schweiz ist es schon Vorschrift. Aber welche Mengen gewinnt man auf diese Weise zurück? Grenzen wir das Thema ein: In Frankreich beträgt das Gesamtgewicht an Phosphor, das mit menschlichen Exkrementen pro Jahr ausgeschieden wird, im Durchschnitt etwa 40 000 Tonnen.[118] Wir sind reich, nicht wahr, ohne dass wir's ahnen? Aber es bedeutet nichts im Vergleich zu den 158 Millionen Tonnen, die weltweit jedes Jahr (hier war es 2009)[119] in den Phosphatminen abgebaut werden. Und leider bedeutet es auch gar nichts, wenn man den Phosphor nur aus den menschlichen Exkrementen der Bewohner der EU und der Vereinigten Staaten zurückgewinnt, von Ländern, die über ein Netz von Kläranlagen verfügen: Das sind 700 000 Tonnen Phosphor insgesamt pro Jahr, die freilich nicht mit der gigantischen Menge des weltweiten Abbaus konkurrieren können. Man könnte dieser Zahl auch noch das Tiermehl hinzurechnen, dessen Verwendung als Futtermittel für Nutztiere verboten ist, das jedoch 60 000 bis 70 000 Tonnen leicht wiederverwertbares Phosphat enthält.[120]

Diese Zahlen differieren von denen der UNESCO und von UN-Water, die meinen, dass »22 Prozent des Weltbedarfs an Phosphor aus der Verarbeitung des menschlichen Urins und der Exkremente des Menschen gedeckt werden könnten.«[121] Weltweit – vielleicht. Aber nicht alle Länder sind mit einem geschlossenen System von Abwasseraufbereitungsanlagen ausgestattet, bei Weitem nicht.

Und warum spricht man nicht von der Rückgewinnung von Phosphor aus den Exkrementen des Viehs, *bevor* man diese in die Abwässer aus der Viehzucht einleitet, wodurch auch die Gewässerverschmutzung eingeschränkt würde? Es wäre ein Leichtes, die – sehr einfache – Rückgewinnung aus diesen Exkrementen (die im Übrigen ja gar nicht mal schlecht riechen!), in denen sich Phosphor in großer Menge findet, *per Anordnung durchzusetzen*. Schon bei den Pferden (ihr erinnert euch, von den Pferdeäpfeln sprach ich bereits in jenem kleinen Text vor über zehn Jahren ...) erreicht die Masse von Phosphorpentoxid pro Hengst und Jahr neunzehn Kilo. Vergleicht man das mit unseren eigenen etwa sechshundert Gramm im Jahr ... Bei den Rindern kommt man, wiederum pro Tier und Jahr gerechnet, auf zwanzig Kilo (außer Milchkühen) und fünfunddreißig Kilo pro Milchkuh.[122] Und wenn man weiß, dass es 1,4 Milliarden Rinder auf der Welt gibt[123] (und ihre Zahl *muss unbedingt weniger werden*), davon 27 Prozent Milchkühe, kann man sich die große Menge an Phosphor (und Stickstoff und Biogas) vorstellen, die wiedergewonnen werden könnte: nämlich fast 34 Millionen Tonnen Phosphorpentoxid, allein bei den Rindern![124] Dazu kämen nun noch die Exkremente von Pferden, Schafen, Ziegen usw. Nicht umsonst haben unsere Vorfahren so sorgsam Pferdemist und Kuhfladen aufgesammelt, um ihre Böden zu düngen und einen Teil der angetrockneten Materie zu verbrennen. Eine Praxis, zu der wir unbedingt zurückkehren müssen. Aber auch das Gewicht der auf diese Art gewonnenen Menge Phosphor, *falls* wir dahin gelangen (denn man muss diese Ausscheidungen ja auch erst mal sammeln und bearbeiten), wird noch immer weit entfernt sein von dem, was heute industriell gefördert wird. Diese Förderung muss um mindestens 90 Prozent heruntergefahren oder ganz und gar eingestellt werden, wenn in vierzig oder fünfzig Jahren das Leben auf der Erde noch möglich sein soll ...

Es gibt also keine andere Wahl, als das gegenwärtige Agrar-system (bei dem 71 Prozent des Ackerlandes *geradezu maß-los* mit mineralischem Phosphat-Dünger behandelt werden) zu ersetzen durch eine Kultur, bei der nur natürlicher Dünger organischen Ursprungs (tierische und menschliche Exkremente, Stallmist, Gülle, Guano) oder pflanzlicher Herkunft (Kompost, sonstige Abfallprodukte aus der Bodenbearbeitung) zur Anwendung kommen. In jedem Fall wird das baldige Ende der Phosphor-Vorkommen und, mehr noch und noch früher, des Wassers die heutige intensive Landwirtschaft undurchführbar machen, und *wir werden nicht umhinkommen,* überall eine biologische Landwirtschaft zu praktizieren, deren Erträge gleich hoch sein werden wie die der gegenwärtigen Landwirtschaft.[125] Wird es die Welt rechtzeitig – nämlich innerhalb des kommenden Jahrzehnts – schaffen, ihre Landwirtschaft vollkommen umzustellen? Das ist neben der Erderwärmung die größte Herausforderung der nächsten Jahre, eine Herausforderung auf Leben und Tod. Schon jetzt können wir, indem wir unseren erschreckenden Fleischkonsum um 90 Prozent reduzieren (und hier meine ich nicht das Fleisch von Bio-Höfen, denn die werden Dünger aus tierischer Produktion brauchen), die riesige Ausdehnung jener Ländereien einschränken, die unüberlegt bebaut werden, allein um dieses viele Vieh zu ernähren. Ihr ahnt schon, auf diese entscheidende Möglichkeit, die wir selbst in der Hand haben, komme ich noch mal zurück.

Dass ich diesen wichtigen Abstecher zu den Ausscheidungen (Fäkalien) gemacht habe, bedeutet nicht, dass ich darüber mein Thema vergessen hätte: Wenn also für die

Natrium-Ionen-Batterie der Phosphor ausschließlich aus Exkrementen gewonnen wird (und vor allem nicht zum Nachteil der biologischen Landwirtschaft), dann könnte diese Batterie ein tragbares Konzept sein, allerdings nicht, um die Funktionsfähigkeit auch aller zukünftigen Batterien für erneuerbare Energieträger abzusichern. Denn es bleibt vorrangiges Ziel, die Verwendung von Phosphor so schnell wie möglich zu verbieten.

Noch eine letzte Alternative, und dann lasse ich euch mit den Batterien in Ruhe: die Kohlenstoff-Batterie. Das Spitzenerzeugnis von NAWA Technologie, einem französischen Start-up-Unternehmen, ist ein neuer Typ von Ultra-Fast-Carbon-Batterie (ich gebe euch schlicht diese Information, ohne mich weiter über ihr Prinzip auszulassen), die eine Reihe bemerkenswerter Vorteile gegenüber den herkömmlichen Lithium-Ionen-Zellen besitzt. Die Ladezeit soll 1000-mal schneller sein als die anderer Batterien, ein Auto könnte in wenigen Sekunden wieder aufgeladen sein und die Lebensdauer der Batterie über eine Million Zyklen betragen. Sie ist auch sehr preiswert und einfach in der Herstellung.

Es klingt zu schön, um wahr zu sein. Hören wir, was der Direktor von NAWA selber sagt: »Für mich war es der Traum, dass wir kein Lithium, kein Kobalt, keine Seltenen Erden verwenden […]. Diese Materialien sind umweltschädlich und sehr aufwändig zu fördern […] Die Ultra-Kondensatoren von NAWA verwenden nur Kohlenstoff und Aluminium, unser Kohlenstoff kommt aus natürlichen und nachhaltigen Quellen, wir brauchen dafür keine Bergwerke anzulegen, und als ich NAWA gründete, war es genau das, was ich befördern wollte, ein reales und nachhaltiges Produkt, indem ich verlässlichere und sauberere Batterien entwickelte.«

Aber zum gegenwärtigen Zeitpunkt – und auch hier taucht nun dieses verdammte »Aber« auf – erlaubt die Technologie nur, fünfzig bis hundert Kilometer zu fahren. Ach. Und nur eine Lithium-Carbon-Hybrid-Batterie könnte eine weitere Strecke ermöglichen, mit zum Teil ultraschneller Ladung.[126] Und da wären wir wieder. Beim Lithium. Enttäuscht, weil vorher so hoffnungsvoll, kehren wir von NAWA zurück, denn mit keiner wie auch immer gearteten Lithium-Batterie ist uns gedient.

Eines steht fest, in puncto Batterien sind wir ganz entschieden noch nicht gut vorbereitet (Sagte ich euch nicht anfangs, dass wir vierzig Jahre Verspätung gegenüber allen unseren Zielen haben?). Also warten wir, was bleibt uns sonst, warten wir auf neue innovative Ideen. Für jemanden wie mich, die ich begierig bin auf Lösungen, aber auch genauso ungeduldig, ist Warten eine Erfahrung, die meine Nerven arg strapaziert, genau wie Ohnmacht (denn ich ahne dunkel, dass ich nicht in der Lage bin, heute Abend in meinem Bad jene ideale kleine Batterie zu bauen).

Biep. Ihre Ungeduld interessiert den Leser nicht im Geringsten. Kehren Sie sofort zurück.

Er ist wieder mal wach und immer noch so unversöhnlich, man kann nichts machen, um seine Tyrannei ein wenig aufzulockern. Er scheint das zu mögen.

Und batteriebetriebene Autos erfordern eine genügende Anzahl von Ladestationen, will man keine Panne erleben. Und gerade dieser Sektor entwickelt sich nur sehr langsam. Um es am Beispiel Frankreich zu demonstrieren: Die französische Agentur für Umwelt und Energie (ADEME) verzeichnete 2018 für das gesamte Territorium 25 000 öffentlich zugängliche Ladestationen, das heißt, eine Station auf 5,7 Fahrzeuge, wobei das Netz ungleichmäßig ausgebaut ist, mit einer übergroßen Dichte in Paris und den Großstädten und einer Menge weißer Zonen. (In der bäuerlichen Gegend im Westen des Landes, in der ich in einem Umkreis von dreißig Kilometern regelmäßig herumfahre, habe ich noch nie eine einzige Ladestation gesehen.) Immerhin sollte den Menschen, die in den Städten arbeiten, aber auf dem Land leben, ermöglicht werden, sich anständig fortzubewegen.[127]

Die Zahl der Ladestationen zu erhöhen ist darum eine absolute Notwendigkeit. Und dazu können WIR, die LEUTE, nichts anderes beitragen, tut mir leid, als die Regierung immer wieder aufzufordern, dies so schnell wie möglich zu tun. 2018 hatte die französische Regierung angekündigt, 100 000 öffentliche Ladepunkte bis 2022 zu installieren.[128] Bleibt zu prüfen, ob diese Verpflichtung eingehalten werden wird …

Ohne mich allzu lange dabei aufzuhalten, denn sonst fällt euch das Buch noch aus der Hand, hier nur die Anmerkung, dass die Ladestationen nicht mit allen Automarken kompatibel sind. Aber *warum,* zum Teufel, muss man uns immer das Leben komplizieren, wo es doch um die Zukunft der Welt geht? Das GELD, immer wieder das Geld.

Wenn diese wahnwitzige Jagd nach dem Geld schon nicht aufhören kann, könnte sie dann nicht wenigstens langsamer werden, diese Jagd, die unsere Erde auf ihren Untergang zugesteuert hat und weiterhin ungebremst mit ihr den Berg runterrast? Aber WIR, wir haben auch die Macht, uns zu wehren, wie, das werdet ihr sehen. Und dann werden *wir* uns die Hände reiben, das garantiere ich euch. Ich gebe euch nur ein Beispiel für diese blinde Gier nach dem Geld: Die Tesla Supercharger sind … ausschließlich für die Kunden der amerikanischen Marke reserviert! Heißt das verantwortungsbewusst handeln? Ist das solidarisch? Ist das eine Vision der Zukunft? Natürlich nicht. Aber es ist rentabel für Tesla, und das vor allem zählt.

Noch so ein Ding, das mich furchtbar aufregt: Um den Besitzern eines Elektroautos zu ermöglichen, eine Ladesäule zu finden, bevor ihr Wagen stehen bleibt, hat Chargemap eine App entwickelt, die genau dies tut. Was aber alle Autofahrer verpflichtet, ein Smartphone zu haben![129] Oder von der Voraussetzung ausgeht, dass alle Welt eines hat, was nicht stimmt, sei es, dass die Leute keines wollen, und das ist ihr gutes Recht, sei es, dass sie nicht die Mittel dazu haben, sei es, dass sie nicht damit umzugehen wissen. Statt einer App sollte der Staat lieber Hinweisschilder auf die Straßen stellen, die die nächste Ladestation anzeigen.

So weit für Frankreich, das nur ein Beispiel unter anderen ist, aber viele entwickelte Industrieländer sind vermutlich in einer vergleichbaren Situation. Ende des Jahres 2017 schätzte die Internationale Energieagentur die Zahl privater Ladestationen weltweit auf fast drei Millionen, ergänzt durch 430 000 öffentliche Säulen.[130] Das ist wirklich nicht viel, da sollte man echt mal etwas Gas geben.

Biep. Keine Wortspiele bitte, die braucht der Leser nicht.

Aufgeweckt, der Junge, was?

Aber nachdem wir nun die Nase gestrichen voll haben von technischen Daten, halte ich es für sinnvoll, dass wir zur Entspannung mal einen kleinen Waldspaziergang machen. Denn Wälder gibt es zum Glück noch, noch haben wir nicht alles zerstört. Und die Bewahrung dessen, was von ihnen übrig ist, ist von vitalem Interesse für alles Lebende.

Die Wälder auf der Erde bedecken eine Fläche von vier Milliarden Hektar und darin eingeschlossen eine große Menge Kohlenstoff. Sie sind ein wahrer Kohlendioxid-Staubsauger und absorbieren ungefähr drei Milliarden Tonnen des vom Menschen verursachten Kohlenstoffs jährlich, was einer Menge von 30 Prozent (oder 37 Prozent) des CO_2 entspricht, das wir munter in unsere Atmosphäre entlassen.[131] Gegenwärtig werden jährlich dreizehn Millionen Hektar Wald vor allem in tropischen Zonen zerstört, wodurch eineinhalb Milliarden Tonnen Kohlenstoff pro Jahr freigesetzt werden.[132] Die Zeitschrift *Science* schrieb Ende 2017, dass zurzeit durch Abholzung und Beschädigung von Baumsubstanz die Tropenwälder zweimal mehr CO_2 ausstoßen als sie absorbieren.[133] Da begreift man, wie dringlich, ja, lebenswichtig es ist, der Zerstörung der tropischen Wälder vor allem im Amazonasbecken, in Indonesien und Afrika sofort Einhalt zu gebieten.

Zum Beispiel dieses so fundamental wichtige Amazonasgebiet, das man nicht zu Unrecht die »grüne Lunge der Menschheit« nennt. Das Amazonasbecken erstreckt sich über annähernd 6,5 Millionen Quadratkilometer in neun südamerikanischen Staaten und macht 5 Prozent der Erdoberfläche aus. Allein in seinem brasilianischen Teil leben 24 Millionen Menschen, darunter Hunderttausende Nachfahren der Ureinwohner. Mehr als die Hälfte aller Tier- und Pflanzenarten sind hier zu Hause und machen das Amazonasbecken zum Reservoir einer außergewöhnlichen Biodiversität. Es spielt eine wesentliche Rolle bei der *Stabilisierung des Weltklimas, und der Amazonas versorgt ein Fünftel des Planeten mit Süßwasser.* Das nur, um zu veranschaulichen, was hier auf dem Spiel steht.[134] Nicht nur leistet er einen enormen Beitrag zum Abbau des Kohlenstoffs in der Atmosphäre – was allerdings schon nicht mehr der Fall zu sein scheint –, das Amazonasbecken hält auch riesige Mengen an Süßwasser zurück dank seiner Flüsse wie auch seiner Millionen Bäume, die über ihre zum Teil zwanzig Meter tiefen Wurzeln das Wasser aus dem Boden pumpen.[135] Die großen Mengen Wasser, die über diesen Bäumen verdunsten, fallen als Regen wieder auf das Land.[136] Die in *Nature Climate Change* erschienene Studie weist nach, dass die durch das Amazonasbecken ausgelösten Niederschläge nicht nur von lokalem, sondern weltweitem Einfluss auf das Klima sind. Die Abholzung des Regenwaldes würde so zu einer Erhöhung der Niederschlagsmengen in Russland und Skandinavien führen, zu einer Verringerung dagegen im Westen der USA, im Mittleren Westen und in Zentralamerika.[137] Auch ein Teil Brasiliens könnte zur Dürrezone werden.

In einer neueren Studie vom Februar 2018 aus *Science Advances* wurde festgestellt, dass 17 Prozent des Amazonas-Regenwaldes in den letzten fünfzig Jahren verschwunden sind. Experten sind der Ansicht, dass, wenn 20 Prozent überschritten sind, der Amazonaswald den Punkt erreichen könnte, von dem aus es kein Zurück mehr gibt, das heißt, er könnte seine Rolle (Funktion) bei der Schaffung eines klimatischen Gleichgewichts nicht mehr erfüllen.[138] Was aber, wenn, wie es derzeit aussieht, 40 bis 55 Prozent seiner Fläche bis zum Jahr 2050 verschwunden sein werden?[139] Dramatisch, nicht wahr? (Wartet, lasst euch nicht entmutigen, WIR können etwas dagegen tun, und WIR werden es tun.) Seit der Amtsenthebung der brasilianischen Präsidentin Dilma Rousseff haben die konservativen Kräfte den Amazonas-Regenwald dem Agrobusiness überlassen. 8 000 Quadratkilometer Wald wurden allein 2016 gerodet, das sind 29 Prozent mehr als 2015, heißt es in einem Bericht des Nationalen Instituts für Raumfahrtforschung INPE, das den Regenwald von Erdbeobachtungssatelliten regelmäßig aufnehmen lässt. Ungerechnet der illegalen Rodungen: Danach ist 2018 eine Fläche von der Größe Frankreichs in Rauch aufgegangen. Und die Abholzung soll zwischen August 2017 und Juli 2018 noch um 14 Prozent zugenommen haben, nachdem Präsident Temer eine Reihe von Gesetzen zugunsten der Nahrungsmittelkonzerne erlassen hat.[140] Diesen »Nahrungsmittelsektor«, den habe ich fest im Blick, da könnt ihr sicher sein. Zu dem kommen wir noch, und zwar auf drei verschiedenen Wegen, zum Beispiel mit der altbewährten Technik des Einkreisens. Und da brauche ich euch wirklich, denn das schaffe ich nicht allein heute Abend in meinem Badezimmer (was habe ich bloß immer mit diesem Badezimmer) …

Biep. Blödes Gequatsche. Auf der Stelle umkehren.

Um dieses Übel, das den Amazonas-Regenwald zerstört, einzudämmen, hatte die NGO Conservation International den ehrgeizigen Plan, das größte Wiederaufforstungsprojekt, das es in der Geschichte je gab, in Angriff zu nehmen. Insgesamt sollten 73 Millionen Bäume gepflanzt werden. Sie hätten bis zum Jahr 2023 eine Fläche von 30 000 Hektar neu bewaldet – nachdem die Weltklimakonferenz COP21 sich zu zwölf Millionen Hektar bis 2030 verpflichtet hatte –, aber immerhin, es wäre ein Anfang gewesen.

Aber dieses Projekt, das war *vorher.* Vor der unheilvollen Wahl vom 28. Oktober 2018, die Jair Bolsonaro an die Macht brachte. Ein ehemaliger rechtsextremer Militär, Rassist, homophob, gewalttätig (»Ein Polizist, der nie getötet hat, ist kein wahrer Polizist«, hat er einmal erklärt, oder zu den alten Militärdiktatoren und ihren Folterknechten bemerkt: »Die haben nicht genug Leute umgebracht.«), obendrein auch noch Klimaskeptiker, versteht sich, ein Herz und eine Seele mit Donald Trump, für den das CO_2 nichts mit der Erderwärmung zu tun hat.

Bolsonaro also hat seine Absicht verkündet, das Amazonasbecken, das zu 60 Prozent brasilianisches Territorium ist, abzuholzen, *um Platz zu schaffen für die Nahrungsmittelindustrie*: für die Rinderzucht – und die Tiere sind vor allem für den Export in die fleischverschlingenden Vereinigten Staaten und die europäischen Länder bestimmt –, für den intensiven Anbau von Soja und anderen pflanzlichen Proteinen zur Ernährung all dieses Viehs, für die Anlage von riesigen Palmölplantagen (unter anderem für die Produktion von »Biotreibstoff«). Landwirtschaft und Viehzucht sind verantwortlich für 80 Prozent der Abholzung! Brasilien besitzt weltweit den größten kommerziellen Viehbestand (etwa 211 Millionen Tiere) und ist neben Indien Hauptexporteur von Rindfleisch und Leder in der Welt. Abgesehen davon, dass der Export sehr viel fossile Energie verschlingt (und für die Gewährleistung der Kühlketten Fluorkohlenwasserstoff benötigt), wird der kostbare Regenwald auch verwüstet für die Gewinnung von Bodenschätzen und Holz, nicht gerechnet den Bau großer Staudämme, die Hunderttausende Menschen zur Umsiedlung zwingen. Und die Indios, die dort leben? Bolsonaros Meinung in diesem Punkt ist eindeutig: »Ich werde den Indios keinen Quadratmillimeter Land lassen.« Sympathisch, nicht wahr?

Das Amazonasgebiet anzutasten wäre eine Katastrophe für die ganze lebende Welt. Es bleibt unverständlich, warum UNESCO und UNO diesen riesigen Wald nicht längst zum »Weltkulturerbe der Menschheit« erklärt haben, um solche Eingriffe zu verhindern.

Die Brasilianer und auch wir selbst müssen wissen, dass 46 Prozent der Treibhausgas-Emissionen ihres Landes ein Ergebnis der Entwaldung sind: Anstieg der CO_2-Emissionen mangels Bäumen, die es aufnehmen könnten, Einsatz landwirtschaftlicher Maschinen, Ausstoß von Lachgas und Methan aus der Landwirtschaft und der Viehzucht, zusätzlicher Methanausstoß durch die Staudämme.

Reden wir im Einzelnen über die Gründe, die weltweit zu dieser Entwicklung geführt haben, außer dem gigantischen Raubbau, den die Lebensmittelkonzerne an der Natur anrichten. Ein erschreckendes, aber auch hoch spannendes Thema, wenn man sich genauer mit ihm beschäftigt, und das uns mit Ekel und Wut erfüllen kann. *Könnt ihr euch vorstellen, dass Europa die Region auf der Welt ist, die durch ihre Importe am meisten zur Entwaldung in anderen Zonen des Globus beiträgt?* Der Anbau von Soja und Palmen für die Verbraucherländer (um das begehrte Palmöl daraus zu gewinnen) ist ein weiterer Grund für die Entwaldung. In Frankreich *ist Soja der Hauptverantwortliche unseres ökologischen Fußabdrucks in Sachen Wald.* Es wird vor allem an die Tiere der Viehzuchtbetriebe verfüttert und zu 97 Prozent importiert! Wir sind schon dabei, das Palmöl zu ächten, verbannen WIR, DIE LEUTE und die Viehzüchter, so bald wie möglich auch den Verbrauch von Soja. Mithilfe der Käufer (> Verbraucher?) haben wir es zwischen 2010 und 2018 schon erreicht, den Verbrauch von Palmöl zu Nahrungszwecken um 25 Prozent zu senken. Das ist gut, aber es ist noch nicht genug. Überprüfen wir bei allen Produkten, die wir kaufen, wie viel Palmöl drin ist, denn es versteckt sich überall, vom Diesel über Kosmetika bis hin zu Keksen.[141] Im gleichen Zeitraum, das sollte uns dabei bewusst sein, stieg der weltweite Verbrauch dieses Öls um 325 Prozent aufgrund seiner Beimischung zu Treibstoffen, die man zu Unrecht für »sauber« hält. Die Verwendung von Biotreibstoffen wird von einer europäischen Direktive gefördert, und Palmöl ist der erste unter ihnen.[142] Schlichtweg »gefördert«! Begreift ihr, was das bedeutet? Da glauben wir, mit »saubererem« Sprit zu fahren, und beteiligen uns aktiv an der Zerstörung von Wäldern, die wir so dringend brauchen! Ich glaube, wenn ihr das gelesen habt, werdet ihr nicht mehr ganz ohne Hintergedanken euren Tank mit Biotreibstoff füllen … Zu dem Punkt, wo WIR handelnd eingreifen können, komme ich noch, da könnt ihr sicher sein.

Eine weitere Ursache der Abholzung des Amazonas-Regenwaldes (wie auch der Wälder in Indonesien, Afrika und Asien) ist natürlich die Holzindustrie. Ich will hier eine kleine, sehr begrüßenswerte Initiative erwähnen: Lapeyre in Frankreich, das führende Unternehmen des Holzhandels für den Innenausbau, war der Spezialist für tropische oder die sogenannten »exotischen« Hölzer, die es aus Asien, Afrika und Brasilien importierte. Doch 2012 beschloss das Unternehmen, diesen Raubbau zu beenden. Seitdem baut es Fenster und Türen aus Kiefern- und Eichenholz, die aus zertifizierten europäischen Wäldern und von ökozertifizierten Herstellern stammen. Es ist lebensnotwendig, ich kann es nicht oft genug wiederholen, *dass wir uns beteiligen an diesem Boykott tropischer Hölzer* – der nächsten möglichen Aktion nach dem Boykott von Soja und Palmöl –, indem wir die Herkunft der Dinge kontrollieren, die wir für unser Wohnumfeld kaufen.

Es ist wenig bekannt, doch im Kongobecken gibt es eine zweite »grüne Lunge des Planeten« von einer Fläche von über zwei Millionen Quadratkilometern, ebenso bedeutsam wie der Amazonas-Regenwald und ebenfalls ein Opfer der Abholzung. Im September 2014 verpflichtete sich die Demokratische Republik Kongo, dreißig Millionen Hektar verschwundenen oder verwüsteten Wald wiederherzustellen, ein allerdings noch reichlich utopisches Vorhaben, da das Land »nicht über die nötigen Gelder verfügt. Und selbst wenn es dieses Kapital hätte, besäße es nicht die menschlichen und technischen Kapazitäten, um Pflanzungen von solcher Größenordnung auszuführen. Das Land ist wenig organisiert und erlebt seit fünfzehn, zwanzig Jahren einen tiefen Einbruch seiner menschlichen Kompetenzen.«[143]

Unsere Aufgabe als reiche Importländer wäre es darum auch hier, uns *das totale Verbot des Einkaufs tropischer oder »exotischer« Hölzer* aufzuerlegen. Hinzugefügt sei, dass der Handel mit tropischen Hölzern den Arbeitern vor Ort nicht einmal viel einbringt, sie werden schlecht bezahlt und berauben sich gleichzeitig ihrer natürlichen Ressourcen wie der Stabilität ihres Klimas.

Es gibt in Europa durchaus Alternativen, sich mit Holz zu versorgen, wenn es aus ökologisch zertifizierten Wäldern kommt. Und für eure Möbel, da vergesst mal nicht, dass man auch alte Möbel kaufen kann, die zu lächerlichen Preisen angeboten werden! Diese alten Büfetts, Schränke, Tische, Stühle haben den Vorteil, dass sie meist viel schöner sind als das, was man in den Möbelgeschäften findet, und auch sehr viel stabiler.

Sehen wir uns eine weitere Alternative an, von der seit Jahren viel die Rede ist: der Bambus mit seinen wunderbaren Eigenschaften. »Er ist mit seiner holzigen Struktur sogar *das* ökologische Material an sich: Er bindet bis zu 30 Prozent mehr CO_2 als Bäume und setzt folglich 30 Prozent mehr Sauerstoff als diese frei. Darüber hinaus hat sein Wurzelnetz den Vorteil, die Bodenerosion einzugrenzen, und seine schmalen Blätter lassen mehr Regen durch als Bäume, sodass der Boden zweimal mehr Wasser erhält als in Laubwäldern. Er braucht keinen Dünger oder anderes, um sich zu entwickeln.«[144] »Seine Verwendung wird immer vielfältiger: in der Möbelindustrie, als Fußbodenbelag, für Bekleidung und selbst in der Küche (Bambusspitzen, ganz hervorragend!). Sehr widerstandsfähig, gedeiht Bambus im Übrigen schnell. Er wächst innerhalb eines Jahres und gelangt zur Reife in drei Jahren. Er kann somit schon nach vier Jahren als Baumaterial eingesetzt werden. Und zwar mit solchem Erfolg, dass kleine ökozertifizierte Betriebe und/oder Fairhandelsunternehmen schon nicht mehr ausreichen.«[145] Aber (und hier kommt unser gutes altes »Aber«) der massive Anbau dieses Gewächses zieht, vor allem in Asien, den Rückzug anderer Arten nach sich. Fazit: Nicht der Bambus an sich ist nicht umweltverträglich, sondern seine exzessive Produktion und Verarbeitung.

»Als Baumaterial verbraucht er ein Zehntel der Energie, die eine Zementkonstruktion erfordert, und fast fünfzigmal weniger als eine Stahlkonstruktion. Und im Unterschied zu beiden Materialien lässt sich Bambus vollständig recyceln. Die Abfälle von recyceltem Bambus werden weitgehend in der Kultur anderer Pflanzen und sogar für die Düngemittel-Produktion verwendet.«[146]

Mit einem Wort, Bambus scheint ein geradezu idealer Stoff zu sein, mit der Einschränkung, dass er *bei massivem Einsatz* ökologische Nachteile hat. Außerdem ist er eine invasive Pflanze, was zu Lasten der Biodiversität geht. »Ein weiterer Nachteil, Bambus kommt zumeist aus China, Indien, Vietnam und Lateinamerika. Die Notwendigkeit, ihn erst überall in die Welt versenden zu müssen, macht ihn in puncto CO_2-Bilanz folglich auch zu einem weit weniger umweltfreundlichen Material, als man meinen könnte.«[147] Es bleibt also uns überlassen, wenn wir seine Expansion einschränken wollen, auch unsere Einkäufe zu reduzieren und bei jedem Kauf darauf zu achten, woher die Ware kommt.

Übrigens, es ist interessant zu wissen, dass, wenn man Textilien aus Bambus kauft, man leicht an Bambus-Viskose gerät. Die aber bedeutet umweltschädigende chemische Behandlung.[148] Denn um die Viskose aus dem Bambus zu gewinnen, muss man die Bambus-Zellstoffe in Natronlauge tauchen; die so gewonnene Alkalizellulose wird anschließend mit Natriumsulfat und Kohlenstoffdisulfid behandelt.[149] Schauen wir also auch da aufs Etikett: Ich denke, von dieser Viskose werden wir uns bald verabschieden. Später werde ich euch noch etwas über den umweltschädigenden Aspekt von Kleidung aus synthetischen Fasern erzählen – ihr werdet staunen –, aber Vorsicht, springen wollen wir lieber nicht von einem Thema zum anderen, sonst steht gleich mein Zensor wieder auf der Matte.

Ich bleibe also auf meinen Waldwegen und wende mich nun nach Südostasien. Wir sahen, dass der Anbau von Ölpalmen sich katastrophal auf den Amazonas-Regenwald auswirkt, aber nicht nur dort. »Er ist eine der Hauptursachen der Entwaldung in Südostasien, vor allem in Indonesien und Malaysia, aus denen 85 Prozent der Weltproduktion kommen.«[150] Dennoch subventioniert die EU, die das sehr wohl weiß, Palmöl als »Bio-Treibstoff«! Man glaubt zu träumen! Die Europäische Union könnte es verbieten, aber sie ist abhängig von – ratet mal, wem – den Lobbyisten der indonesischen und der malaysischen Regierung, die damit drohen, andernfalls das Freihandelsabkommen nicht zu unterzeichnen. So verbrennen wir die tropischen Regenwälder zu Milliarden Litern in unseren Autotanks[151] … Und mit ihnen verschwinden die schon vom Aussterben bedrohten Orang-Utans. Ich erwähne sie, weil ich eine ganz spezielle Zuneigung für sie habe. An einen erinnere ich mich, den mochte ich besonders, er legte sich mit würdevoller Miene ein Salatblatt auf den Kopf, während er uns direkt in die Augen sah und …

Biep. Ihre persönliche Affäre mit diesem Orang-Utan interessiert keinen Menschen, kehren Sie auf der Stelle um.

Na gut, dann werdet ihr nie meine faszinierende Liebesgeschichte mit diesem herrlichen großen Affen erfahren, dessen Lebensraum mit der Abholzung verschwindet.

Auch der Raps liefert ein Öl, das für die Treibstoffproduktion verwendet wird, nun in direkter Konkurrenz zum Anbau von Lebensmitteln. Aber Achtung: Auch Raps ist ein großer Waldvernichter! Biodiesel, so meint die Agentur für Umwelt und Kontrolle des Energieverbrauchs, verringere den Treibhausgasausstoß um 60 bis 90 Prozent, aber das stimmt nicht! Für die NGOs sind Biotreibstoffe alles andere als gut für den Planeten. »Palmöl hat eine dreimal höhere Negativbilanz für das Klima als fossiles Dieselöl«, erinnert die Zuständige für Biotreibstoffe in der NGO

Transport und Umwelt.[152] »Ein Liter Biodiesel aus Raps bedeutet 1,2-mal mehr Emissionen als ein Liter Diesel; aus Soja sind es 2-mal mehr Emissionen und bei Palmöl die dreifache Menge.«[153] Was uns den Appetit darauf vollends nehmen sollte.

Und Skepsis ist auch angebracht bei einer anderen Generation von Biotreibstoffen, an denen derzeit gearbeitet wird und die auf der Basis von Algen hergestellt werden. Der Energieversorgungskonzern GDF Suez hofft, diesen Biosprit in allernächster Zeit auf den Markt bringen zu können.[154] Nein! Glaubt das bloß nicht! *Die Bilanz eines Biotreibstoffs aus Algen ist noch viel schlimmer!* Erst einmal ist seine Herstellung sehr energieintensiv, aber was noch schwerer wiegt, es braucht dafür Unmengen von *Phosphor und Wasser* (diesen beiden lebensnotwendigen Elementen, die so dringlich geschützt werden müssen!). Ich sprach bereits von den zu Ende gehenden Phosphor-Vorräten, und auf diesem Hintergrund wäre es geradezu Wahnsinn, ja Gewissenlosigkeit, diese kostbare Ressource in die Treibstoffindustrie zu stecken, während doch jedes Gramm davon gehütet werden müsste – wie auch das Süßwasser, ein ebenso lebensnotwendiges Gut, das schon in fünf bis sechs Jahren knapp werden könnte. Und es braucht 3 650 Liter Wasser, um einen Liter Algentreibstoff herzustellen! Gegenüber zwei Litern Wasser für einen Liter Benzin.[155]

Das Resultat ist eindeutig: *Füttern wir unser Auto vor allem nicht mit Biotreibstoffen, welchen Ursprungs sie auch immer sein mögen!* Wenn wir alle, wie wir da sind, WIR, die LEUTE, aufhören, sie zu verbrauchen, werden schwerwiegende Probleme wie die Entwaldung, die Zunahme der

CO$_2$-Emissionen und der Verlust ganzer Lebensmittel-Kulturen für ihre Bewohner in der Tat weniger werden. So einfach ist das – als ich euch sagte, dass man viel tun kann, wenn man erst einmal weiß, und es *vor IHNEN* tun kann. Wenn keiner mehr danach fragt, wird Europa (und werden hoffentlich auch andere Länder) kein Interesse mehr daran haben, Palmöl oder Raps zu importieren. Wenn wir in einem Jahr den neuen »Algentreibstoff« ablehnen, der unseren Phosphor und unser Wasser verschlingt, nun, dann wird seine Produktion sofort eingestellt werden, was eine großartige Nachricht wäre. Und ich wette, dass ihr im Besitz solcher Informationen bald schon keine Lust mehr haben werdet, euch an der Zapfsäule daran zu bedienen …

Wie gesagt, so getan, vergessen wir also diese Biotreibstoffe, damit haben wir schon mal etwas Wichtiges erledigt. Wenn man sich vorstellt, dass SIE uns nichts über diese Auswirkungen gesagt haben! Dass SIE sie sogar subventionierten! Findet ihr das normal? Damit aber will ich unseren Ausflug zu den »Biotreibstoffen« beschließen, in die wir Unwissende so große Hoffnung gesetzt hatten.

Da wir gerade von Wasser, von Phosphor, von Landwirtschaft und Lebensmittelvorräten sprechen, machen wir doch schnell noch einen Abstecher zur Intensivtierhaltung und der angeschlossenen Landwirtschaft zur Ernährung all dieser Tiere. Auch da könnt ihr euch auf eine Überraschung gefasst machen. Sogar auf zwei. Für mich war es schon mal eine, und da ich von Natur aus ein aufopferungsvoller, empathischer Mensch bin, teile ich sie noch mal mit euch. Auch in dieser Frage nämlich *ist die Unwissenheit, in der wir gehalten werden, nachgerade kriminell.* Bevor ich mich in die Tiefen des Themas versenkte, ahnte ich nicht, wie gewaltig die Auswirkungen dieses Nahrungsmittelsektors (den man so freundlich den »konventionellen« nennt) in einigen entscheidenden, ja, lebenswichtigen Bereichen auf die Umwelt sind, noch wusste ich etwas über *seine Auswirkungen auf unsere Gesundheit.* Und das war ein erster Schock. Nachdem ich dieses Wissen erst einmal verdaut und seine Einzelheiten überprüft und nochmals überprüft hatte, bekam ich den zweiten Schock, der einer Art Umsturz all meines Denkens glich und auch nicht leicht zu verkraften war.

Biep. Ihre persönlichen Empfindungen lassen Sie mal bitte außen vor. Beim Kreisverkehr nehmen Sie die vierte Ausfahrt rechts, und dann geradeaus.

Nervensäge! Aber es stimmt, ich bin schon über Seite 80 hinaus und muss mich ein bisschen ranhalten.

Im Nebel unserer Ignoranz haben wir, glaube ich, alle gedacht, dass die Industrie und der Straßenverkehr die Hauptursachen der Treibhausgas-Emissionen sind. Seht ihr, und genau das stimmt nicht. Die Industrie steht zwar an der Spitze mit 32 Prozent dieser Gase, aber gleich nach ihr kommen Viehzucht, Landwirtschaft und Entwaldung mit 25 Prozent der Emissionen, *weit vor dem Straßenverkehr* (außer Viehtransporten), der mit 14 Prozent ins Gewicht fällt. Für manche Forscher ist der Sektor Viehzucht und Landwirtschaft, wie er heute betrieben wird, *sogar die Hauptursache der Erderwärmung* (mit 33 Prozent). So sieht es aus.

Vom Konsum besessen, sind wir wahnsinnig geworden: Zwischen 1950 und 2000 ist der Verbrauch von Fleisch weltweit auf das Fünffache gestiegen, während sich die Bevölkerung »nur« verdoppelt hat. In Frankreich, zum Beispiel, ist seit den »Trente Glorieuses« (den dreißig »glorreichen« Nachkriegsjahren von 1945 bis 1975, die man eher die »Trente Calamiteuses«, die »Verhängnisvollen« nennen sollte) der Fleischkonsum in einem Maß explodiert, dass heute in vielen Haushalten zweimal pro Tag Fleisch gegessen wird.

Die Viehzucht in Verbindung mit dem Ackerbau zur Ernährung des Viehs *setzt 37 Prozent Methan frei* – aus den Gärungsvorgängen im Darm der Wiederkäuer und ihren nicht entsorgten Ausscheidungen –, das sich in der Atmosphäre verteilt mit einem 25- bis 28-mal höheren Erwärmungspotenzial als CO_2, das sagte ich schon. Landwirtschaft und Viehzucht sind auch *Hauptverursacher von Distickstoffmonoxid*, Lachgas, dem zweitwichtigsten unter den für die Erderwärmung verantwortlichen Gasen, das durch übermäßige Verwendung von Stickstoffdüngern und die ungenügende Verwertung der tierischen Ausscheidungen entsteht.[156] Und obendrein setzt sie auch noch CO_2 frei (9 Prozent aller Emissionen[157]) durch den Treibstoffverbrauch für den Betrieb des Hofes, die Beheizung der Infrastrukturen, den Transport des Getreides, den Fleischtransport (häufig über sehr lange Strecken) und die für den landwirtschaftlichen Maschinenpark aufgewendete Energie.[158] Und da wir nun schon mal dabei sind, fügen wir auch noch die beachtliche Menge von Kohlenwasserstoffen hinzu, die in der Kühlkette für die Lagerung und den

Transport des Fleisches verbraucht werden. Geflügel hat, nebenbei bemerkt, zwar einen sehr geringen Methanausstoß, ist aber dennoch nicht CO_2-neutral, weil es mit Getreide gefüttert und transportiert wird.[159] Habt ihr euch das vorgestellt? Ich nicht.

Heutzutage beläuft sich der Bestand an Nutztieren weltweit auf 28 Milliarden. Mit anderen Worten, auf einen Menschen kommen vier Tiere.[160] Was eine dramatische Belastung für die Umwelt darstellt. Und so erstaunt es uns nicht, wenn wir erfahren, dass die Länder mit dem größten Fleischkonsum auch die größten Umweltsünder sind[161]: an der Spitze die USA, nach ihnen Brasilien, die Europäische Union und China.[162]

Wie der Weltklimarat in seinem letzten Bericht erinnert, müssen, um die Erderwärmung auf 1,5 °C zu begrenzen, die jährlichen Treibhausgas-Emissionen weltweit bis zum Jahr 2050 von 51 Gigatonnen auf 13 Gigatonnen sinken. Wenn nun in den entscheidenden nächsten dreißig Jahren zwar alle anderen Sektoren es schaffen, ihre Emissionen zu reduzieren (nehmen wir es einfach mal an …), aber die Viehzucht weiterhin expandiert, wird dieser Sektor dann 10,53 Gigatonnen Treibhausgase ausstoßen, das heißt, er allein wird 81 Prozent des »Emissions-Budgets« ausschöpfen, das nicht überschritten werden darf. Damit aber wären die Ziele unmöglich einzuhalten, die zur Reduzierung des Temperaturanstiegs gesteckt waren.[163] Laut der Umweltschutzorganisation WWF »setzt die Produktion eines Kilos Kalbfleisch die gleiche Menge an Treibhausgasen frei wie eine Autofahrt über 220 Kilometer!« Ein Kilo! Auf Kalbfleisch folgen in ihrer umweltschädigenden Wirkung

Lamm (mit 180 km), Rind (70 km), Schwein (30 km) und Huhn (7 km).[164]

Und das gilt erst mal nur für die freigesetzten Gase. Noch sind wir längst nicht am Ende mit der industriellen Viehzucht, aber schon jetzt begreift man, dass ihre massive Einschränkung, wenn nicht gar ihre totale Aufgabe unumgänglich geworden ist.

Man schätzt, dass 83 Prozent der weltweiten landwirtschaftlichen Fläche für die Viehzucht genutzt werden (oder 70 Prozent nach Meinung der Welternährungsorganisation FAO, aber diese Zahl stammt schon von 2006[165]), wobei man wissen muss, dass man für die Produktion von einem Kilo Rindfleisch sieben Kilo Getreide braucht.[166] Der Konsum von Fleisch erbringt dagegen nur 18 Prozent der nötigen Kalorien und 37 Prozent der Proteine.[167] Im Jahr 2002 war ein Drittel des weltweit angebauten und geernteten Getreides direkt an das Vieh verfüttert worden. Das bedeutet im Weltmaßstab 670 Millionen Tonnen, das heißt, *genug, um drei Milliarden Menschen zu ernähren! Wenn man wenigstens das gewusst hätte,* hätte man vielleicht den Fleischkonsum in unseren reichen Ländern reduziert, um auch anderen die Möglichkeit zu geben, sich ausreichend zu ernähren! Aber wir haben von solchen Zahlen nichts gewusst, absolut nichts. Was empfinden wir bei dem Gedanken? Trauer, Zorn, Fassungslosigkeit. Und die werden noch zunehmen, glaubt mir, bei allem, was folgt.

Diese maßlose Nachfrage nach Ackerflächen für die Viehwirtschaft ist es nämlich, die die Abholzung von Wäldern vorantreibt. Die unheilvollen Konsequenzen sehen wir jetzt schon: 91 Prozent des durch Rodung im Amazonas-Regenwald »gewonnenen« Landes dienen als Weidefläche oder für den Anbau von Soja und zumeist sogar genmodifiziertem Getreide, gedacht für die Ernährung der Rinder. Ohne intensive Viehwirtschaft würden auf diesen Böden Gemüse, Obst, Getreide für die örtliche Bevölkerung wachsen oder neue Bäume gepflanzt werden. Pflanzliches Leben würde wieder die Oberhand gewinnen und die Auswirkungen der Klimaerwärmung bremsen.[168] Die Viehzucht dagegen übt einen unhaltbaren Druck auf die Böden aus, die bereits in kritischem Zustand sind.[169]

Wartet, das ist längst noch nicht alles. Diese intensive, industrielle Viehzucht *verschlingt auch den Phosphor* der Menschheit, denn mineralischer Dünger wird – wie alles natürlich im Übermaß – in den Düngemitteln für das Getreide der Tiere verwendet. Ich habe es schon mehrmals gesagt, und ich lasse nicht locker: Phosphor ist neben Wasser eine nicht erneuerbare *lebensnotwendige* Ressource, die wir nicht herstellen können und mit der es sehr bald zu Ende sein wird. Wir müssen darum zwingend, es führt kein Weg daran vorbei – ich wiederhole mich bewusst ein weiteres Mal –, Schluss machen mit dem unkontrollierten Ausbringen von Phosphatdünger in Ackerböden.[170] Es ist mittlerweile eine Frage von Leben oder Tod. Und das betrifft ebenso alle Stickstoffdüngemittel, die das gefährliche *Lachgas* (oder Distickstoffmonoxid, das die Ozonschicht zerstört) freisetzen: Die Landwirtschaft ist verantwortlich für 86,6 Prozent seiner Emissionen![171] Und um das Maß vollzumachen: Auch 94 Prozent der Emissionen von Ammoniak gehen auf das Konto von Massentierhaltung und intensiver Landwirtschaft[172, 173] (zu einem großen Teil hervorgerufen durch nicht verarbeitete Exkremente sowie Stickstoffdünger). Ammoniak ist der Hauptverursacher des berüchtigten sauren Regens und belastet die Luft durch Feinstaub. Dieser Regen zerstört die Nährstoffe im Boden, löst das Waldsterben aus und beeinträchtigt die Wasserqualität.[174]

Außer diesen bereits so vielfältigen und dramatischen Folgeerscheinungen, dass sie uns verblüffen oder entsetzen, bedeutet unser übermäßiger Konsum von Fleisch eine große Gefahr *für unsere Ressourcen an Wasser,* und dieses Wasser *wird schon in fünf bis sechs Jahren anfangen, knapp zu werden*! Ja, ihr habt richtig gelesen, in fünf bis sechs Jahren! *Und die industrielle Produktion von einem Kilo Rindfleisch verschlingt 13 500 Liter Wasser* (Habt ihr euch das vorgestellt? Ich denke, wir werden unser Pfeffersteak fortan wohl mit anderen Augen sehen, so viel steht fest) gegenüber 1 200 Liter für ein Kilo Weizen! Und die Produktion von einem Liter Milch erfordert im Schnitt 990 Liter Wasser![175]

Noch sind wir nicht am Ende: Die ungenügende Verarbeitung der tierischen Ausscheidungen in der intensiv betriebenen Viehzucht führt dazu, dass Nitrate und krankheitserregende Substanzen ausgewaschen werden und ins Grundwasser gelangen, wo sie die Trinkwasserreserven gefährden. *Damit ist diese Form der Viehwirtschaft die Hauptquelle von Schadstoffen, die das Wasser verunreinigen,* hauptsächlich durch tierische Abfallprodukte, Antibiotika, Hormone, Gerberei-Chemikalien, Dünger sowie alle für den Futtermittelanbau verwendeten Pestizide.[176] Diese im Übermaß eingesetzten Düngemittel, unter anderem Stickstoff, Phosphate und Nitrate, gelangen mit der ebenfalls reichlichen Bewässerung in den Boden, und da weder Pflanzen noch Erdreich solche Mengen aufnehmen können, gerät überschüssiges Wasser von den Feldern über die Flüsse ins Meer und stellt auf diese Weise eine weitere, gravierende Ursache für Umweltverschmutzung dar, bis ins Grundwasser hinein (das in Frankreich bereits zu 43 Prozent den europäischen Nitratgrenzwert überschreitet). Und, haltet euch fest, während es uns bald schon an Wasser fehlen wird, erfahren wir, *dass die gewinnorientierte intensive Landwirtschaft* mit ihrer unkontrollierten Bewässerungspraxis *der größte Verbraucher von Süßwasser auf dem Planeten ist, mit 70 Prozent der Wasserentnahmen (in manchen Entwicklungsländern sogar bis zu 95 Prozent)*!

Ich komme später noch einmal auf das entscheidende Problem mit dem Wasser zurück, ich sag's lieber gleich, damit ihr nicht denkt, ich erzähle euch immer wieder dasselbe Zeug, ohne es zu bemerken. Aber in diesem Punkt, stimmt, da bin ich hartnäckig und schlage den Nagel lieber dreimal ein.

Unglaublich, diese Zahlen, wahnwitzig, nicht wahr? Da ist man einfach platt, aber das hatte ich euch ja gesagt.

Der Vollständigkeit halber will ich auch noch die »grüne Flut« erwähnen, die zum Beispiel immer wieder die bretonische Küste in Frankreich überzieht, Algenansammlungen, die ein tödliches Gas verströmen. Sie stammen von Güllerückständen, vor allem von den Exkrementen von Schweinen, die reich an Stickstoff sind und sich in der Folge in Nitrate verwandeln, und damit sind sie indirekt wieder einmal auf den exzessiven Einsatz von chemischem Dünger (Nitraten, Phosphaten) auf den Getreidefeldern zurückzuführen, die der Ernährung des Viehs dienen.[177, 178] Es ist ein weltweites Phänomen und betrifft nicht allein Frankreich! Diese Algenteppiche finden sich auch an der belgischen Küste, in Dänemark, Irland, im Po-Delta in Italien und in der Lagune von Venedig. In den Vereinigten Staaten, in Indien oder an den Küsten des Gelben Meeres in China sind die »grünen Fluten« sogar noch verheerender.[179]

Damit wissen wir nun alles *über den gewaltigen, ja, unvorstellbaren zerstörerischen Anteil, den industrielle Landwirtschaft und Viehzucht an der Lebensfähigkeit unseres Planeten und am Überleben der Menschheit haben.* Ich fasse noch einmal zusammen, damit es auch restlos klar wird: Dieser ganze Sektor ist die erste beziehungsweise zweite Ursache der Treibhausgas-Emissionen, verantwortlich für den Ausstoß von Methan, dem gefährlichen Lachgas, von CO_2 und einem Großteil der in der Kühlkette verwendeten fluorierten Gase; er beansprucht 83 Prozent sämtlicher Ackerflächen in der Welt, die Milliarden Menschen ernähren könnten, treibt eine mörderische Politik der Entwaldung voran, ist verantwortlich für Bodenerosion, beutet die schwindenden Phosphorvorräte aus, erschöpft die Trinkwasser-Ressourcen, verunreinigt die Gewässer, was wiederum die Hauptursache des sauren Regens ist mit seinen unheilvollen Nachwirkungen auf die Bodenqualität und die Gesundheit der Wälder. Schließlich löst dieser Sektor vielfältige andere Umweltverschmutzungen aus (durch Pestizide, Unkrautvernichtungsmittel, Pilzbekämpfungsmittel) und die Algenpest an den Küsten. Tolles Ergebnis, nicht wahr?

Mit diesem Wissen ausgestattet, lässt uns unser immenser Fleischkonsum plötzlich doch ein wenig nachdenklich werden, ja, er bringt uns durchaus aus der Fassung, denn mit unserer alten Sorglosigkeit ist es nun vorbei.

Und die Regierenden unserer reichen Länder, die sich so viele Gedanken um unsere Zukunft machen, haben sie uns auf die inakzeptablen zerstörerischen Wirkungen der Massentierhaltung hingewiesen? Und wieder ist die Antwort: natürlich nicht. Denn die mächtige Lobby des Nahrungsmittelsektors ist unberechenbar und verlangt totales Schweigen darüber, dass wir uns auf diese Weise *direkt und sehr schnell auf die Zerstörung alles Lebenden auf unserer Erde zubewegen.* Also ist es an UNS, den LEUTEN, so schnell wie möglich etwas zu unternehmen. Wir allein können es. Ihr ahnt schon, wie, und das ist unsere dritte Handlungsmöglichkeit: *indem wir unseren Fleischverbrauch so weit wie möglich reduzieren.* Sicher, das ist ein Schock, so sehr wie wir daran gewöhnt sind, aber es ist eine unumgängliche Notwendigkeit. »Ohne eine konzertierte Aktion«, so schreibt das Fachmagazin *Nature*, »könnten allein durch das Bevölkerungswachstum und eine Kost, die immer mehr Fett, Zucker und Fleisch enthält, die verhängnisvollen Umweltauswirkungen unserer Ernährungsweise bis zum Jahr 2050 um 50 bis 90 Prozent zunehmen«, was eine Katastrophe für den Planeten wäre. Die Studie fügt hinzu, dass »der weltweite Fleischkonsum *drastisch* reduziert werden muss, wenn die Welt etwas gegen die Klimaerwärmung tun will« – und gegen alle anderen Auswirkungen, die ich gerade aufgeführt habe. »Insbesondere die entwickelten Industrieländer *werden ihren Fleischverbrauch um 90 Prozent senken müssen, um den Planeten zu bewahren und die annähernd zehn Milliarden Menschen zu ernähren, die bis zum Jahr 2050 zu erwarten sind*«[180], wie die Forscher errechnet haben. Laut Greenpeace dürfen wir nicht mehr als 250 Gramm Fleisch pro Woche verbrauchen (bereits das sei viel zu viel) und müssen uns auf einen halben Liter Milch pro Woche beschränken. Denn natürlich müssen auch die aus dieser Form von Viehzucht hervorgegangenen Milchprodukte reduziert werden.[181] Für die Natur- und Umweltschutzorganisation WWF in Frankreich »*ist die Einschränkung unseres Verbrauchs an Fleisch die Geste mit der größten Wirkung, wenn wir unseren CO_2-Fußabdruck reduzieren wollen*«.[182] Und, wie wir sahen, nicht allein diesen.

90 Prozent … Das ist hart. Aber es ist unsere Entscheidung, es ist sogar die elementare Entscheidung – vor einem Jahrhundert wäre sie noch nicht denkbar gewesen –, die sich in einem Satz zusammenfassen lässt: *Leben oder sterben*, sagen wir es ohne alle Umschweife. Eine Entscheidung, die aber in Wirklichkeit sehr stimulierend ist, bedenkt man ihre vielfältigen, ebenso notwendigen wie wohltuenden Wirkungen. Und es ist nicht mal eine Entscheidung, es ist ein Erfordernis, eine Verpflichtung. Ich habe in langen Nächten darüber nachgedacht und fand, dass diese Einschränkung, die uns retten wird, schließlich absolut machbar ist. Dennoch muss man wissen, dass Fleisch uns das lebensnotwendige Vitamin B12 liefert; das aber findet man auch im Hering, in der Forelle, im Lachs, in Sardinen (das Problem mit kontaminiertem Fisch will ich dabei nicht ausblenden, ich sage später etwas dazu), in Milch, Pflanzenmilchgetränken, Eiern und Huhn (wenn dort auch nur in geringen Konzentrationen). Manche Käsesorten enthal-

ten ebenfalls erhebliche Mengen an B12, aber sie gehören indirekt nun mal leider zur Fleischbranche. Letztlich kann man auch saisonale Kuren mit Mineralien und Vitaminen machen.

Wenn es uns *gemeinsam* gelingen sollte (ja, gemeinsam, was sonst, denn es wird euch wohl einleuchten, dass es von keinerlei Nutzen wäre, wenn ich allein in meinem Badezimmer, o Pardon, das ist mir so rausgerutscht, ich meine: allein in meiner Küche auf Fleisch verzichten würde), diesen drakonischen Entschluss so schnell wie möglich in die Tat umzusetzen, dann werden wir der Lobby der verheerenden Lebensmittelbranche einen denkbar harten Schlag versetzen, sehr befriedigend im Übrigen für uns (da werden sie gucken, die Jungs von der Lobby, meint ihr nicht?). Und wir ersparen der Welt, wir, WIR allein, WIR, die LEUTE, beseelt allein von unserem Gewissen, unserem Mut, unserer Entschlossenheit und … unserem Überlebensinstinkt, wir ersparen der Welt die kataklysmischen Auswirkungen dieser Form von wahnwitziger industrieller Landwirtschaft und Tierhaltung; wir reduzieren *maßgeblich* die Treibhausgas-Emissionen (Lachgas, Methan, CO_2, fluorierte Gase), tun etwas gegen die Entwaldung, gegen das Versiegen des Wassers, seine Verschmutzung, die Zerstörung des Bodens; wir schränken den maßlosen Einsatz von Dünger und Pestiziden ein, eliminieren jene 94 Prozent der Ammoniak-Emissionen und damit den sauren Regen; wir kämpfen gegen das vorzeitige Ende der Phosphor-Ressourcen und die Gesamtheit der dramatischen Auswirkungen, von denen ich weiter oben sprach. *Ohne auf eine Aktion der Behörden zu warten* – und warum? Weil sie nicht kommen wird. Ich sage es noch einmal: Wenn wir schon *früher* von all dem gewusst hätten, dann wären wir heute gerüstet und stünden nicht, das Messer an der Kehle, am Rand des großen Abgrunds. Um aber all das zu erreichen, muss dieses Wissen sich weltweit verbreiten. Wir müssen Milliarden Menschen sein, die diesem wahnsinnigen Konsum ein Ende setzen, die keine Biotreibstoffe mehr verwenden und keine tropischen Hölzer kaufen. Aber wie soll das gehen? Dieses kleine Buch allein wird es nicht schaffen! Wir müssen in den sozialen Netzwerken tätig werden und dort immer wieder Alarm auslösen, mit klugen Argumenten. Da ich selbst kein Konto in einem dieser Medien habe, muss ich mich auf euch verlassen!

Und schließlich und endlich: Haben SIE uns jemals auf die Folgen des exzessiven Genusses von Fleisch und Wurst für unsere Gesundheit hingewiesen? Keineswegs. Dennoch könnte man glauben, dass IHNEN unsere Gesundheit wichtig ist, denn beim Tabak gehen SIE ja sehr rigoros vor. Aus Sorge um unsere Gesundheit? Nein, da geht es wohl eher um die Minimierung der Kosten für die Sozialversicherung. Denn ihr werdet bemerkt haben, beim Alkohol sind die Warnungen wesentlich zurückhaltender. In Frankreich steht unter jeder Alkohol-Werbung eine schlichte kleine Zeile, die uns daran erinnert, dass wir ihn in Maßen genießen sollen. Und auf dem Flaschenetikett keine Abbildung einer geschädigten Leber oder einer schwangeren Frau oder, wie auf manchen Zigarettenschachteln, die drastische Darstellung einer kranken neben einer gesunden Lunge. Man muss kein Hellseher sein, um zu begreifen, dass Wein einer der Lebensnerven der französischen

Wirtschaft ist und dass man um keinen Preis daran rührt! Im Unterschied zu Zigaretten, die amerikanische oder englische sind. Ich erinnere an die Erklärung des französischen Landwirtschaftsministers vom Januar 2019: »Wein ist kein Alkohol wie ein anderer.« (!)

Und das mit Pestiziden, Unkraut- und Pilzbekämpfungsmitteln vollgestopfte Obst und Gemüse? Haben SIE Gesetze erlassen, die den Handel verpflichten, durch ein Etikett darauf hinzuweisen? Von wegen!

Und so geht es mit allem. Erinnert ihr euch, wie ich euch sagte, dass wir in ihren Augen nur eine dumpfe Masse sind, einzig dazu geeignet, zu kaufen und zu konsumieren, um das Wachstum zu sichern?

Nun, da SIE kein Wort darüber verlauten lassen, werden eben WIR, DIE LEUTE, über die nachweislichen Konsequenzen unseres Fleischkonsums auf unsere Gesundheit reden, und das sind eine ganze Menge, von denen wir kaum etwas ahnten.

Erstens, aber das ist nur eine Randbemerkung im Verhältnis zu allem Folgenden, schafft »die riesige Zahl von Tieren, die auf engstem Raum miteinander aufwachsen, eine sehr armselige genetische Variabilität aufweisen und unter entsetzlichen Bedingungen in kurzer Zeit heranwachsen müssen, ideale Bedingungen für das Auftauchen und die Verbreitung neuer Krankheitserreger«.[183]

Ganz allgemein fördert der übermäßige Verzehr von rotem Fleisch (unter »rotem Fleisch« versteht man alle Arten von Fleisch aus dem Muskelgewebe von Säugetieren wie Rind, Kalb, Schwein, Lamm, Hammel, Pferd und Ziege) »die Ausbreitung folgender Leiden: Krebs (Dickdarm,

Prostata, Rectum), Herz-Kreislauf-Krankheiten, Erhöhung des Cholesterinspiegels, Fettleibigkeit, Bluthochdruck, Osteoporose, Diabetes Typ 2, Veränderung der kognitiven Funktionen, Gallensteine, rheumatische Polyarthritis«.[184] Das reicht. Der Weltkrebsfonds hat 2010 – und davon haben wir nichts erfahren! – eine detaillierte Analyse von 7000 klinischen Studien über den Zusammenhang von Ernährung und Krebs vorgelegt. Daraus geht hervor – und das ist sehr wichtig –, dass insbesondere *verarbeitetes* Fleisch gefährlich ist und ein hohes Risiko für Darmkrebs darstellt. Im Oktober 2015 hat das Internationale Krebsforschungszentrum (CIRC) *den Genuss von Fleisch als »wahrscheinlich krebserregend«*[185] *eingestuft (und es in seinem Bericht von 2017 erneut bestätigt) und den von verarbeitetem Fleisch als »in hohem Maß krebserregend«*.[186] Eine von der Universität Hawaii im Jahr 2005 durchgeführte Studie hat gezeigt, dass der Genuss von verarbeitetem Fleisch das Risiko von Bauchspeicheldrüsenkrebs um 67 Prozent erhöht, während eine andere Studie zu dem Schluss kam, dass er wiederum das Darmkrebsrisiko um 50 Prozent erhöht.

Was versteht man unter »verarbeitetem Fleisch«? Nun, einfach Fleisch- und Wurstwaren und alles Hackfleisch, das in Fertigprodukten wie Pizza, Lasagne, Ravioli, Hachis Parmentier oder Sauce Bolognese angeboten wird ... Wusstet ihr das? Ich nicht. Einen Rat gebe ich euch, und mehr als das, eine Warnung: *Meidet die Abteilung Fleisch und Wurstwaren in den Supermärkten.* Das Nationale Krebsinstitut gibt folgende wissenschaftliche Definition des Wortes »Charcuterie«: »Der Begriff umfasst alles Fleisch, das durch Räuchern, Trocknen, Salzen oder Hinzufügen von

Konservierungsstoffen haltbar gemacht wurde (einschließlich Hackfleisch, wenn es chemisch konserviert wurde).«

Alle Arten von verarbeitetem Fleisch werden in der Regel mit einer kanzerogenen Zutat behandelt: Natriumnitrat. Es wird vor allem als Farbstoff eingesetzt, der das Fleisch frisch aussehen lässt. Dabei verbindet Natriumnitrat sich mit den Proteinen im Fleisch zu Nitrosaminen, die hochgradig krebserregend sind (ebenso, wenn wir zu nitratreiches Wasser trinken, da wir ja letztendlich auch Tiere sind. Also kontrolliert euer Leitungswasser auf seinen Nitratgehalt).

Ein weiterer Lebensmittelzusatzstoff: der Geschmacksverstärker Natriumglutamat (E621). In praktisch allen Formen von verarbeitetem Fleisch verwendet, ist es möglicherweise mitverantwortlich für neurologische Störungen wie Migräne, Kontrollverlust des Appetits, Fettleibigkeit[187] ... Dieser Zusatzstoff soll sogar entscheidend beteiligt sein an der Bildung von Beta-Amyloid-Ablagerungen im Gehirn, dem eigentlichen Gerüst der Alzheimer-Krankheit.

Sofort sieht man vor seinem geistigen Auge mit schmerzlicher Wehmut Wurstketten, Pasteten, Speckstreifen, Dauerwurst vorüberziehen, aber auch Pfeffersteaks, Sahneschnitzel mit und ohne Champi...

Biep. Dieses kulinarische Defilee geht nur Sie etwas an. Kehren Sie sofort um.

Okay. Obgleich man es ja dennoch sieht, das Defilee.

Aber in Wirklichkeit weicht die Wehmut sehr bald dem Ekel, der jedes Verlangen erstickt. Und sehr bald hat man keine Lust mehr auf Dosenravioli, und an den Wurstketten geht man vorüber, ohne mit der Wimper zu zucken. Aber Achtung, das gilt nicht nur für Produkte aus dem Supermarkt. Viele Metzger bestellen heutzutage ihre Wurstwaren bei großen Konzernen, wo sie industriell hergestellt werden, was auf dasselbe hinausläuft. Die Dinge werden sich erst ändern, wenn wir eine biologische Viehzucht haben, und das wird zwangsläufig in der ganzen Welt so sein, dank unserer gemeinsamen Aktion und sobald uns das Wasser und der Phosphor ausgehen …

Ein Blick zurück in die Geschichte. Seit 1924 haben manche Länder die Anwendung eines noch stärkeren Moleküls als Natriumnitrat genehmigt: das »Pökelsalz« Natriumnitrit, das die nahezu sofortige Herstellung von Speck, Wurst und gekochtem Schinken ermöglicht. Die medizinischen Behörden in Frankreich kämpften zunächst gegen dieses Verfahren, das sie für gefährlich und betrügerisch hielten. Aber um die Wettbewerbsfähigkeit der französischen Charcuterie gegenüber ausländischen Produkten zu erhalten, wurde 1964 das Nitrit schließlich doch angenommen – ohne dass je ein über längere Zeit laufendes medizinisches Testverfahren durchgeführt werden konnte. Erst einige Jahre danach tauchten die ersten Warnungen auf: Zu Beginn der siebziger Jahre erkannten die Kanzerologen, dass die Verwendung von nitrierten Zusatzstoffen die Häufigkeit von bösartigen Tumoren erhöhte. 2007 empfahl der World Cancer Research Fund, auf den Genuss von Wurstaufschnitt vollkommen zu verzichten, und 2015 schloss das Internationale Krebsforschungszentrum (CIRC) dreißig

Jahre epidemiologische Studien mit der Klassifizierung von Wurstwaren in der Kategorie 1 (»mit Sicherheit krebserregend«) ab. Ja, ich weiß, das habe ich schon gesagt, aber ich sage es euch lieber zweimal.

Und all das ist nun seit mindestens zwölf Jahren bekannt. Aber haben unsere Gesundheitsminister es uns mitgeteilt? Nein, sie haben zugesehen, wie wir uns den Magen vollgeschlagen haben mit Fleisch und Wurst, ohne dass sie uns in irgendeiner Weise über die Konsequenzen informiert hätten. Aber warum dieses Schweigen? *Warum*? Wenn nicht, um der Lobby der Lebensmittelindustrie die Profite zu sichern. Ist das ein ausreichender Grund, unser Leben dermaßen in Gefahr zu bringen? Offensichtlich, ja. Es tut mir sehr leid (falls ihr es nicht wusstet), dass ich euch diese gemeine Nachricht überbringen muss. Aber für das Wohl der Erde und euer eigenes: Wir müssen davon wegkommen.

Seien wir noch genauer, damit auch jeder versteht, was auf dem Spiel steht. Außer der Entstehung von Nitrosaminen, »die selbst in sehr schwacher Dosierung gefährlich sind«, geschieht dabei noch etwas viel Gravierenderes: Damit, wie es heute erwartet wird, Wurstaufschnitt seine künstliche frische Farbe annimmt, müssen die nitratreichen Zusatzstoffe auf das Eisen im Fleisch einwirken (das sogenannte Hämeisen). Dabei entstehen Verbindungen, die als Nitroso-Verbindungen bezeichnet werden. Die Wissenschaft geht heute davon aus, dass genau diese Moleküle die Mechanismen steuern, die die Tumoren wachsen lassen.[188] Selbst wenn es der Industrie gelänge, das mit den Nitrosaminen verbundene Risiko zu beherrschen, würden nitrierte Wurstwaren krebserregend bleiben aufgrund ebendieser

Wirkung des Nitrits auf das Hämeisen. Man erwartet von den Regierungen das Verbot der nitrierten Zusatzstoffe, die Abkehr von den Techniken des »beschleunigten Pökelns« und die Rückkehr zu den traditionell langsamen Fabrikationsmethoden, die die natürliche Pigmentierung des Fleisches sichtbar machen. Die Industrie in Europa sträubt sich, während die Marketing-Abteilungen der Hersteller gegen den Verzicht auf das Nitrieren sind: Ohne dieses Verfahren würden Schinken, Knackwurst und Speck nicht mehr rosa, sondern weiß oder grau aussehen. Das hieße, sehr viel weniger zu verkaufen, denn die rosa Färbung gibt dem Verbraucher die Illusion von Frische, obwohl – daran seht ihr, wie die Information allmählich durchsickert – in jüngster Zeit in den Auslagen der Fleischtheken bereits Schinken vom Huhn mit dem Vermerk »ohne Zusatz von Nitriten« aufgetaucht ist. Und das Phänomen wird häufiger werden. *Dennoch rate ich euch, kauft ihn nicht,* denn die Hersteller sind schlau: Wenn sie auch keine Nitrite hinzufügen, so wird doch das Fleisch in einer Gemüsebrühe gekocht, darunter Gemüsesorten, die von Natur aus reich an Nitraten sind, die sich unter dem Einfluss bestimmter Enzyme in Nitrite verwandeln. Clever, was? Nehmt auch die Zutaten der sogenannten »Bio«-Schinken genau unter die Lupe, auch die können nämlich Nitrite enthalten.

Angesichts dieser gesammelten Daten dringt die ANSES (Nationale Agentur für die Sicherheit von Ernährung, Umwelt und Arbeit) darauf, dass der Genuss von Wurstaufschnitt beträchtlich eingeschränkt wird, und zwar auf nicht mehr als 25 Gramm pro Tag. Was meiner Ansicht nach noch viel zu viel ist; besser, man verzichtet ganz darauf. Beim Fleischverbrauch (außer Geflügel) empfiehlt die Agentur, dass er 500 Gramm pro Woche nicht überschreiten sollte (auch das ist noch zu viel). Eine Fischmahlzeit zweimal pro Woche, davon ein fetter Fisch, wird nach wie vor empfohlen.[189] Aber die Ozeane sind abgefischt, dazu kommen wir später noch, und der Fisch ist kontaminiert. 300 bis 500 Gramm rotes Fleisch in der Woche (das heißt 24 Kilo pro Jahr und pro Person) erscheinen mir maßlos in Anbetracht der Umweltbelastung und weit entfernt von dem Ziel von 90 Prozent weniger, das wir erreichen müssen.

Die Folge, ich denke morgens und abends ans Essen (was mich außerdem hungrig macht). In Frankreich schätzt man den Verbrauch von Fleisch pro Person und Jahr auf 84 Kilo.[190] (Aber die Zahlen schwanken je nach den Quellen, manche sprechen von 45 Kilo, was mir wiederum als sehr wenig vorkommt.) 84 Kilo, das sind 7 Kilo pro Monat oder 1,6 Kilo in der Woche oder ungefähr 230 Gramm am Tag. Um eine Reduzierung um 90 Prozent zu erreichen – wartet, dass ich das mal durchrechne, ich bin nicht sonderlich begabt dafür –, müsste man einen jährlichen Verbrauch von 8,4 Kilo anpeilen, das heißt, 160 Gramm pro Woche, Geflügel inklusive. Das ist absolut machbar. So könnte man in einer Woche einmal ein Geflügelgericht (Bio) essen, einmal Fisch (einen möglichst wenig kontaminierten, ich komme gleich darauf zurück), dann Nudeln, Ravioli mit Ricotta und Spinat, Gemüsegratins, Spinatquiche, Quiche mit Champignons, Möhrensalat, Tomatensalat (Bio), Broccoli (ich hasse Broccoli) und …

Biep. Ihre kulinarischen Vorlieben haben hier nichts zu suchen, kommen Sie auf der Stelle zurück.

Schon gut, schon gut, Sie haben ja recht.

Ich fahre fort: ein- oder zweimal die Woche zwei Spiegeleier, ein Stück Käse (ohne Konservierungsstoffe), Kartoffeln, Suppe, (wenig) Reis, sogenanntes rotes Fleisch ein Mal alle vierzehn Tage und vor allem keinerlei Aufschnitt und kein Fertiggericht. Eine sehr willkürliche Aufzählung, die ihr nach Belieben variieren könnt, aber ihr seht, damit kann man was anfangen.

Man hat gesagt, wir müssten auch unseren Milchverbrauch einschränken. Also denkt man an die diversen Sorten von »Pflanzenmilch«. Man hält sie von vornherein für die ideale Lösung, was sie aber nicht ist. Das aus Soja hergestellte Getränk hat eine miserable Ökobilanz, weil dafür Regenwald abgeholzt und Böden belastet werden. Man sollte also darauf verzichten. Und Mandelmilch belastet für ihre Herstellung die Umwelt zwar weit weniger als konventionelle Milch, erfordert dafür aber fast zwanzigmal mehr Wasser als Kuhmilch! Das andere Problem der Mandelmilch ist, dass bei ihrer Herstellung ein Großteil der Nährstoffe der Mandel verloren gehen. Mandel- und Nussmilch bleiben dennoch ein empfehlenswertes Getränk, doch ebenso kann man Mandeln und Nüsse gleich direkt knabbern. Von Reismilch rate ich gleichfalls ab, der Reisanbau ist, wie wir sahen, eine starke Quelle von Methan-Emissionen.[191]

Und damit sind wir schon bei den Bio-Bauernhöfen – zu

denen wir kommen müssen, wenn wir nicht wollen, dass wir bald kein Wasser und keinen Phosphor mehr haben (und darüber, meine ich, sind wir uns wohl alle einig!), und auch, wenn wir hin und wieder doch noch mal ein Steak essen möchten, was ja nicht verboten ist! In Frankreich liegt die Größe der biologisch arbeitenden Milchbauernhöfe im mittleren Bereich: 95 Hektar Ackerfläche und etwa 49 Kühe pro Hof, wobei das Heu fürs Futter von den eigenen Weiden kommt. Die Milchleistung dieser Kühe, die unter natürlichen Bedingungen aufwachsen, ist etwas geringer – sie liegt bei unter 6 000 Litern pro Kuh im Jahr.[192] Klar, die Anzahl dieser Höfe, die klein bleiben und uns Fleisch und Milch von hoher Qualität liefern sollen (rotes Fleisch, aber auch Geflügel, das im Freien aufwächst und gentechnisch nicht verändertes Körnerfutter erhält), wird zunehmen müssen.[193] In einer Studie wurde nachgewiesen, dass man die CO_2-Bilanz der Milch allein dadurch reduzieren konnte, dass man sich konsequent für die Weidehaltung der Tiere entschied: Wenn die Kühe Heu zu fressen kriegen statt Getreide, Soja und Ölpflanzen, reduzieren sich viele der Auswirkungen auf die Umwelt, die mit der Produktion der Nahrung für die Wiederkäuer verbunden sind. Und es ermöglicht, die Speicherung von CO_2 im Boden zu verbessern. Außerdem, die Kühe mit Heu zu füttern verringert die Produktion von Methan bei ihrem Verdauungsprozess.[194]

Allein vom landwirtschaftlichen Gesichtspunkt her *sind die Erträge der Biohöfe genauso hoch oder höher als die der industriellen Landwirtschaft.* Die Ernährungs- und Landwirtschaftsorganisation der Vereinten Nationen vermerkt, dass »im Schnitt der Ertrag der Bio-Kulturen mit dem des konventionellen Anbaus vergleichbar ist«. Auf 75 Prozent der »Bio«-Ackerflächen in der Welt erwirtschaftet man höhere Erträge pro Hektar als mit konventioneller Landwirtschaft. Der Agronom Jacques Caplat vertritt die Ansicht, dass mit biologischer Landwirtschaft die Menschheit mittelfristig ausreichend ernährt werden kann, da die Erträge von Feldern mit Zwischenkulturen weit über denen von Standard-Monokulturen liegen, selbst wenn diese mittels Chemie aufgebessert (bearbeitet) wurden. »Während ein Hektar Weizen, der mit Pflanzenschutzmitteln behandelt wurde, maximal zehn Tonnen Korn erbringt, ermöglicht ein Hektar breitgefächerter Gemüseanbau zwanzig bis fünfzig Tonnen verschiedenes Gemüse pro Jahr.« *Verdammt, worauf warten wir dann noch?*

Im Rahmen der biologischen Landwirtschaft sei auch das Konzept der Permakultur erwähnt, die auf kleinen Flächen (sogar auf einem Balkon!) praktiziert werden kann, mit Erträgen, die ausreichen, um eine Familie zu ernähren. Permakultur orientiert sich an der Beobachtung natürlicher Ökosysteme und den Kreisläufen in der Natur; sie basiert, sehr komplex interpretiert, auf einem philosophischen, ethischen Anliegen (nach drei ethischen Prinzipien: sorgsam mit der Erde umgehen, die Menschen achten und die Mittel, die uns zur Verfügung stehen, gerecht verteilen). Ich möchte eine Definition zitieren, die es sehr treffend und doch ganz einfach zusammenfasst: »Diese Technik versucht, menschliche Einrichtungen zu konzipieren, die harmonisch, nachhaltig, widerstandsfähig, sparsam im Arbeitsaufwand wie auch energiesparend sind, nach dem Vorbild der natürlichen Ökosysteme. Dieses Konzept beruht auf einem wesentlichen Prinzip: Jedes Element nach Möglichkeit so zu positionieren, dass es positiv auf die anderen einwirken kann, das heißt, nutzbringende Interaktionen zu schaffen wie in der Natur, wo alles miteinander verbunden ist. Damit wird jede Aufgabe von mehreren Elementen erfüllt, und jedes Element erfüllt mehrere Aufgaben zugleich, der Abfall des einen wird zum Erzeugnis des anderen, sodass das Ganze mehr ist als die Summe seiner einzelnen Teile.«[195]

Was nun die Frage der tierischen Proteine angeht und bevor ich auf das grätige Problem der Fische zu sprechen komme …

Biep. Das »grätige Problem« – meinen Sie, ich habe es nicht bemerkt? Der Leser kann mit Ihren blöden Witzen nichts anfangen, das ist jetzt wirklich nicht der Augenblick.

Dieser blöde Witz ist mir ungewollt so rausgerutscht.

Dann achten Sie fortan auf Ihre ungewollten Ausrutscher.

Echt ein Tyrann, dieser Typ. Wenn man nicht mal mehr ab und zu auch was Unbeabsichtigtes sagen kann …

… Und da wir gerade bei den Ackerböden waren, erlaube ich mir einen kleinen Umweg über das Thema Versalzung (glaubt nicht, dass das was Nebensächliches ist). Der zunehmende Salzgehalt unserer Böden ist ein globales Problem, es beginnt mit der verringerten Fruchtbarkeit, da die Salze die Pflanzen in ihrem Wachstum hemmen, führt zu geringeren Erträgen und endet damit, dass die Böden unfruchtbar werden. Die Salze in den Böden (wie auch in den Meeren) haben eine natürliche und eine menschliche Ursache.[196] Die Versalzung der Böden betrifft ein Fünftel aller künstlich bewässerten landwirtschaftlichen Flächen: Eine Studie der Universität der Vereinten Nationen macht das ganze Ausmaß dieses Phänomens sichtbar, durch das jeden Tag zweitausend Hektar Ackerboden verloren gehen. Im Verlauf zweier Jahrzehnte, von 1994 bis 2014, ist die Gesamtfläche der durch Salz unfruchtbar gewordenen künstlich bewässerten Böden von 40 Millionen auf über 62 Millionen Hektar gestiegen, das entspricht einer Fläche so groß wie Frankreich. Die Schädigung des Bodens durch Salz ist im Allgemeinen eine Folge schlechter Drainage. »Ein Teil dieses Salzes ist schon von Natur aus im Boden, aber der weit größere Teil gelangt auf die Felder, wenn die Landwirte sie zu reichlich wässern. Das Salz löst sich in kleinen Mengen und gelangt in die Entwässerungsgräben, das Wasser wird abgeleitet oder verdunstet, aber das Salz bleibt. Es sammelt sich an der Oberfläche der bewässerten Felder, die auf diese Weise allmählich toxisch und unfruchtbar werden« (*New Scientist*). Schon jetzt erbringen 20 Prozent der (seit 2014 bewässerten) Böden wegen des Salzes geringere Erträge. Die Verluste an Produktivität variieren je nach Region zwischen 15 und 70 Prozent. In wirtschaftlicher Hinsicht werden sie auf 23,7 Milliarden Dollar pro Jahr beziffert.[197]

Das bekannteste Beispiel ist der Aralsee in Kasachstan, wo intensiver Baumwollanbau eine echte ökologische Katastrophe ausgelöst und die Böden in der ganzen Region geschädigt hat. Mit dem gleichen Problem konfrontiert sind die Indus- und Ganges-Ebenen in Indien, das Becken des Gelben Flusses in China, das des Euphrat zwischen Syrien und dem Irak (eine schon sehr alte Zone der Versalzung) oder auch das San Joaquin Valley in Kalifornien, um nur einige Beispiele zu nennen.[198]

Wenn es auch überwiegend landwirtschaftliche Aktivitäten sind, auf die das Salz im Boden zurückgeht, so sei doch erwähnt, dass auch das massive Ausbringen von Streusalz auf die Straßen im Winter zumindest zeitweilig zu einer Erhöhung des Salzgehalts in den Böden führt, in die das Schmelzwasser abfließt.

Gegenwärtig sind nahezu achthundert Millionen Menschen in der Welt unterernährt, und durch die Versalzung von Böden könnten 10 Prozent der weltweiten Getreideernte gefährdet sein. Damit kommen wir wieder einmal *auf eine nachhaltige Form von Be- und Entwässerung zurück,* die die industrielle Landwirtschaft ganz und gar nicht praktiziert.

Um die Versalzung der Böden zu verhindern, empfiehlt sich eine Tropfenbewässerung, die die Feuchtigkeit des Erdreichs um die Pflanze herum misst *und ihren Bedarf an Wasser nicht überschreitet.*[199] Und um die schon versalzenen Böden zu retten, könnte ein unterirdisches Drainage-System das salzhaltige Wasser ableiten (hin zu Zentren der Entsalzung). Ein Drittel der mit Wasser vollgesogenen salzigen Böden könnte auf diese Weise melioriert werden.

Vor diesem kleinen Seitensprung zur Versalzung – aber war er nicht beeindruckend? – war ich bei der heiklen Frage des Fischs angekommen.

Früher wurde Fisch mit seinen Omega-3-Fettsäuren als das gesündeste Lebensmittel schlechthin angesehen. Ja, leider ist das nicht mehr der Fall. Wir haben im Verlauf dieses Textes von Problemen wie der Wasserverschmutzung, dem Fischsterben, der Überfischung der Ozeane gehört (ein britischer Fischer mit all seiner modernen Technologie fängt heute nur noch den sechzehnten Teil der Menge Fisch, die sein Vorfahr vor hundertzwanzig Jahren mit den althergebrachten Methoden fing). Ich füge hinzu, dass 86 Prozent des im Supermarkt angebotenen Fischs aus nicht nachhaltigem Fischfang oder aus gnadenlos überfischten Beständen stammt und *dass es der Großhandel ist, der auf diese Weise die Ozeane leert.* Es ist der blanke Wahnsinn. An der Spitze steht der Kabeljau, der zu 88 Prozent aus Überfischung stammt, gefolgt von der Seezunge (zu 86 Prozent) und dem Seebarsch (zu 80 Prozent). Um an dieser Situation etwas zu ändern, »verlangt das französische Verbrauchermagazin *Que Choisir* von den staatlichen Stellen, dauerhafte Fischfangquoten festzulegen, aber dem Käufer auch endlich unmissverständliche Angaben zur Nachhaltigkeit des Fangs mitzuliefern«. 66 Prozent der französischen Supermärkte halten sich nicht an die vorgeschriebene Verpflichtung, Fangmethoden und Fanggebiete deutlich zu kennzeichnen. Während die Konsumenten sehr wohl informiert sind über die Schäden, die von bestimmten Fanggeräten wie den Grundschleppnetzen angerichtet werden, ist es *inakzeptabel,* dass sie in Unkenntnis dieser Information Fisch kaufen, der auf eine umweltverheerende Weise gefangen wurde.[200] *Vermeiden wir darum so weit wie möglich, Fisch im Supermarkt zu kaufen,* damit wir das bereits erheblich geschädigte Leben im Meer im Rahmen unserer Möglichkeiten ein bisschen bewahren helfen.[201]

Gerechterweise muss ich erwähnen, dass China – die erste Fischfangnation noch vor Indonesien, der Europäischen Union, den USA und Indien – im Rahmen seiner sich entwickelnden Umweltpolitik einen ehrgeizigen Fünfjahresplan (2016–2020) aufgestellt hat, der die Wiederaufforstung seiner Fischbestände und den Schutz der Ökosysteme in seiner ausschließlichen Wirtschaftszone vorsieht.[202] Ob er in die Tat umgesetzt werden wird, das ist eine andere Frage.

Aber eines wissen wir mit Sicherheit (wenn wir schon mal etwas wissen), die Weltmeere sind immer stärker mit Quecksilber belastet. Quecksilber ist ein Schwermetall, das von lebenden Organismen in einer sehr toxischen chemischen Form aufgenommen wird: dem Methylquecksilber.

Quecksilber wird vor allem durch menschliche Aktivitäten (Bergbau, Metallurgie, Müllverbrennung und namentlich Verbrennung fossiler Brennstoffe, Verarbeitung von Papiermasse) freigesetzt. Es hat sich in den Ökosystemen der Erde wie des Meeres bis in die Arktis und die Antarktis verbreitet. Darin sind wir stark, sehr stark, die Industrie schmeißt mit Quecksilber um sich, ohne über die Folgen nachzudenken. Von dieser Industrie wie von allen anderen (einschließlich der Lebensmittelindustrie!) könnte man in Abwandlung eines Satzes von Rabelais sagen: »Industrie ohne Gewissen bedeutet den Untergang der Seele.« Und der lebenden Welt.

Dabei gibt es Technologien, um dieses Industriequecksilber aufzufangen: Eine davon[203], die sich mit den beträchtlichen Quecksilber-Emissionen durch Müllverbrennungsanlagen (und hier hauptsächlich dem Quecksilber aus dem Amalgam von Zahnfüllungen und Knopfzellen) beschäftigt, besteht darin, eine Bromidlösung in den eintreffenden Strom des Sondermülls zu geben. Dieses chemische Produkt verbessert die Oxidationsfähigkeit des Quecksilbers. Und das dergestalt oxidierte Quecksilber kann bei der anschließenden Rauchgasreinigung leicht aufgefangen werden. Dieses Verfahren kommt in Kohlekraftwerken in China und den Vereinigten Staaten regelmäßig zum Einsatz. *Und wir in Europa, worauf warten wir noch?*

Ein weiteres Verfahren von »Quecksilber-Oxidation«[204] ist ein Reinigungssystem auf wässrigem Weg, bei dem eine Mischung aus Wasserstoffperoxid und einem Zusatz von Waschlauge angesetzt wird, durch die das Quecksilber in wasserlöslicher Form oxidiert – und aufgefangen werden kann. Es tut mir leid, wenn ich euch mit diesen technischen Begriffen nerven muss, ich vereinfache schon so weit wie möglich, aber diese Abfangtechniken zu kennen ist wichtig. Und die Vorstellung, wie man dieses Dreckszeug da wieder rauskriegt, hat ja auch etwas Tröstliches.

In Kohlekraftwerken hat sich die Verwendung von Aktivkohle in Verbindung mit wenigen Nanopartikeln Gold (5 Prozent) als wirksame und nachhaltige Methode für die Quecksilber-Abscheidung erwiesen. Die Betriebskosten werden durch die Nachhaltigkeit des Verfahrens aufgewogen.[205]

Ich habe – erfolglos, muss ich zugeben – herauszufinden versucht, ob schon alle Quecksilber emittierenden Werke mit diesen Auffangsystemen ausgerüstet sind. In diesem wie auch in vielen anderen Bereichen ist es unmöglich, in Erfahrung zu bringen, was gegenwärtig eingebaut ist und was nicht.

Laut dem Programm der Vereinten Nationen hat sich die Menge an Quecksilber auf den ersten hundert Metern Tiefe der Ozeane im Lauf der letzten hundert Jahre verdoppelt. In größeren Tiefen ist die Quecksilberkonzentration um 25 Prozent gestiegen. Heute stellen die Meere eines der Hauptreservoire an Quecksilber dar, das, von den Fischen aufgenommen, sich auf dem Weg über die Nahrungskette anreichert bis hinauf zu den Raubfischen: »Zunächst in schwacher Konzentration im Wasser oder im Sediment in seiner methylierten Form vorhanden, kann es sich in den im Wasser lebenden Organismen sehr stark konzentrieren, wobei sein Gehalt jedes Mal steigt, wenn eine Art eine andere frisst«, heißt es in einem Dokument der ANSES, der französischen Agentur für Lebensmittelsicherheit, Umweltschutz und Arbeitsschutz. Mit anderen Worten, die großen Raubfische sind am stärksten mit Quecksilber belastet, denn sie ernähren sich von kleineren Tieren, die ihrerseits schon Quecksilber aufgenommen haben.[206] Zu ihnen zählen Seeteufel, Aal, Heilbutt, Meeräsche, Hecht, Rochen, Dorade, Hai, Stör, Thunfisch.[207]

In hoher Dosis ist Methylquecksilber toxisch für das Zentralnervensystem des Menschen, vor allem während seiner vorgeburtlichen Entwicklung und in der frühen Kindheit.

Nach dieser mit all ihren technischen Details etwas anstrengend zu lesenden Passage werdet ihr verstanden haben, dass im Nahrungsmittelbereich der Verzehr von Fisch die

Hauptquelle für die Gefährdung des Menschen durch Methylquecksilber darstellt. Die ANSES hat Risiko und Nutzen der Ernährung mit Fisch gegeneinander aufgewogen, um zu einem Richtwert über die Häufigkeit einer Fischmahlzeit zu gelangen, die man ohne Gefahr für seine Gesundheit zu sich nehmen kann. Ja genau, da sind wir mittlerweile angekommen.

Seit 2002 hat die Agentur drei solcher Mitteilungen herausgegeben, das Gesundheitsrisiko betreffend, das man mit dem Verzehr von kontaminiertem Fisch eingeht. Und wieder frage ich: Sind wir von Regierungsseite darauf hingewiesen worden? Mitnichten. Es ist nach wie vor unsere Sache, wie wir an diese Informationen herankommen.

Für die Bevölkerung insgesamt stellt nach Meinung der ANSES der Verzehr von Fisch in Anbetracht der Toxizität des Methylquecksilbers keinerlei Gesundheitsrisiko dar. Denn, so meint die Agentur, die Zufuhr an Methylquecksilber liegt unterhalb der »tolerierbaren Tagesmenge«, wie die Weltgesundheitsorganisation sie definiert. Ich muss sagen, dieses »keinerlei Risiko« macht mich mehr als skeptisch, denn Stuhlproben haben gezeigt, dass das Quecksilber nur zu 95 Prozent abgebaut wurde. Es sammelt sich also in kleinen Mengen in unserem Organismus an, und wenn man jeden Tag Fisch in »tolerierbarer Menge« isst, was wird dann aus diesen angesammelten restlichen 5 Prozent?

In Anbetracht des gesundheitlichen Nutzens von Fisch (essentielle Fettsäuren, Proteine, Vitamine, Mineralien und Spurenelemente) empfiehlt die ANSES zwei Fischmahlzeiten in der Woche, darunter vor allem fetten Fisch (Lachs, Makrele, Sardine, Anchovis, geräucherte Forelle, Hering ...) (2013 war es noch nur eine Mahlzeit fetten Fisch), in der Wahl der Fische abzuwechseln, vorsichtshalber keinen von den am meisten kontaminierten Fischen zu essen: Haifisch, Lamprete, Schwertfisch, Marlin und Siki (ein haifischartiger Fisch), den Verzehr von vermutlich stark belasteten Fischen (Seeteufel, Wolfsbarsch, Echter Bonito, Aal, Glasaal, Kaiserbarsch, Grenadierfisch, Heilbutt, Flügelbutt, Meeräsche, Hecht, Kapelan, Dogfish, Rochen, Rotbarsch, Dorade, Rotbrasse, Rouget, Stör, Thunfisch) auf 150 Gramm pro Woche zu beschränken bei schwangeren und stillenden Frauen und auf 60 Gramm pro Woche bei Kindern unter dreißig Monaten.[208]

Das Biodiversity Research Institute in den USA wiederum hat mit seinen Partnern in den Fischfanggebieten rund um den Globus 26 000 Probenentnahmen durchgeführt und kommt zu einem beunruhigenden Ergebnis, das von dem der ANSES abweicht.

Fische, die gar nicht gegessen werden sollten:

Bestimmte Arten sollten ganz einfach nicht verzehrt werden wie der Marlin, die Königsmakrele, der Schwertfisch und der Rote Thun aus dem Pazifik, wobei Letzterer paradoxerweise gerade zu Höchstpreisen gehandelt wird, um die Nachfrage japanischer Restaurants zu befriedigen, die sich auf Sushi spezialisiert haben. Obwohl Sushi noch immer der letzte Schrei ist, ist der Verzehr von Rotem Thunfisch nun wirklich nicht zu empfehlen.

Fische, die nur ein Mal im Monat gegessen werden sollten:

Das wären alle anderen Sorten Thunfisch, darunter der

Gelbflossen-Thun, der im Allgemeinen zu Dosenfisch verarbeitet wird, der granatfarbene Kaiserbarsch, der Zackenbarsch und der Seehecht. (Der Verzehr des Thunfischs, einer der großen Raubfische des Meeres, sollte meiner Meinung nach verboten werden.)

Fische, die ein- oder zweimal pro Woche gegessen werden können:

Wolfsbarsch, Sardelle, Schildmakrele, Sardine und Flunder können einmal pro Woche (aber nicht öfter) und Hering, gefleckte (oder auch blaue) Makrele, Meeräsche und Kabeljau zweimal pro Woche gegessen werden. Ich füge (für den Augenblick) die Seezunge hinzu.

Fische, die ohne Einschränkung gegessen werden können:

Nach dieser Analyse des Biodiversity Research Institute sind der Schellfisch (aus der Familie der Dorsche) und der Lachs die beiden Fische, die die geringste Menge an Quecksilber aufweisen und demnach ohne Bedenken immer gegessen werden können.[209]

Ich bleibe dennoch sehr skeptisch, was den Lachs angeht, der ja auch ein großer Raubfisch ist und bei dem es sehr darauf ankommt, ob er als Wildlachs aus dem Meer gefischt oder in Fischfarmen gezüchtet wird oder aus biologischer Haltung stammt. Eine Studie des französischen Verbrauchermagazins *Que choisir* weist nach, dass »unter dreiundzwanzig Proben von geräuchertem Lachs die vier mit dem höchsten Anteil an toxischen Stoffen drei Produkte sind, die als biologisch gekennzeichnet sind bzw. eines, das das

Gütesiegel *Label rouge* trägt. Es kann vorkommen, dass man in manchen Bio-Produkten mehr Quecksilber und Arsen findet als in konventionell hergestelltem Lachs.« Die Ursache liegt im unterschiedlichen Futter, das der Zuchtlachs in der Farm erhält: Die konventionelle Ernährung bevorzugt vegetarisches Futter (Getreide, Soja, Rapsöl), während die Bio-Aufzucht und das Label rouge auf eine Ernährung setzen, die besonders reich an Meeresprodukten ist (nämlich 50 Prozent gegenüber 15 bis 30 Prozent bei der konventionellen Aufzucht[210]). Ähnlich sieht es aus bei Lachs, der das Gütesiegel »MSC« (Marine Stewardship Council) trägt, das, global anerkannt, für nachhaltige Fischerei steht. Deren Zertifizierung erfolgt nach dem Grundsatz der Welternährungsorganisation FAO, die sich nicht an der Überfischung beteiligt. Um ihre Produktion zu sichern, fängt die nachhaltige Fischerei Sardinen oder Wildsardellen und verarbeitet sie zu Fischmehl und -ölen. Nach einer Studie der NGO Bloom ist dieser zu Fischmehl verarbeitete Fang absolut genießbar.[211] (Aber genau an diesem Punkt erhebe ich Einspruch: Das aus »Fang«, also aus Fischen gewonnene Mehl ist natürlich gleichfalls quecksilberbelastet.)

Eine weitere jüngere Studie der größten französischen Verbraucherorganisation *UFC-Que choisir* kommt zu einem anderen Schluss: Es sei »Lachs aus nicht zertifizierter Aufzucht vorzuziehen, der weniger Schwermetalle aufweise, da er mit Pflanzenmehlen ernährt wurde. Aber dafür haben diese Fische mehr Antibiotika erhalten.«[212] Was also ist letztlich vorzuziehen? Antibiotika oder Methylquecksilber?

Weichtiere und Krustentiere schließlich, Muscheln, Venusmuscheln und andere zweischalige Mollusken können ohne jede Einschränkung gegessen werden (schade, denn ich ekle mich davor), im Unterschied zum …

Biep. Ihre persönlichen Vorlieben interessieren niemanden.

Klar, dass sie niemanden interessieren! Als wenn ich das nicht selber wüsste! Aber es war unbeabsichtigt, und Unbeabsichtigtes möchte ich mir weiterhin erlauben. Der Kerl lässt mir nicht mal Zeit, meinen Satz zu beenden.

… im Unterschied zum amerikanischen Hummer, der nur ein Mal pro Monat gegessen werden sollte. Wieder andere Quellen sprechen davon, dass Krustentiere, Muscheln und Austern sehr wohl mit Quecksilber belastet sind. Ein letzter Hinweis: Stürzen wir uns deswegen nun aber nicht auf die Seezunge oder den Kabeljau! Denn auf diesen Listen stehen Fische, die vom Aussterben bedroht sind und die man vermeiden sollte zu essen: die bekanntesten darunter der Kabeljau (oder Dorsch), der Wildlachs aus dem Atlantik, der Schellfisch, der Rote Thunfisch, die Seezunge … Laut der FAO »sind mehr als drei Viertel der Fischarten bereits überfischt oder bis an die Grenze des Vertretbaren ausgebeutet.«[213] Für den Atlantik füge ich den Wolfsbarsch hinzu, die rosa Dorade und den Rotbarsch, den Heilbutt, den Grenadierfisch, den Seehecht, Rochen und Steinbutt.[214]

Zum Abschluss des Quecksilbers erlaube ich mir eine kurze Abschweifung von unserer Ernährung, um nämlich etwas zu unseren Zähnen zu sagen. Die Quecksilberlegierungen unter den Zahnfüllungen (sie enthalten 50 Prozent davon), um unsere Karies zu »plombieren«, sind giftig. Sie setzen ununterbrochen Quecksilber in Form von Dämpfen frei, das sich im Gehirn, in den Nieren und in der Leber speichert ... Seit 2018 sind in Frankreich diese Füllungen verboten, aber – und da haben wir wieder dieses »aber« – »nur für Kinder unter fünfzehn Jahren, schwangere und stillende Frauen«, während andere Länder sie bereits gänzlich verboten haben.[215] Das Quecksilber aus diesen Füllungen verteilt sich täglich im Organismus des Erwachsenen, wenn auch in sehr geringen Mengen. Kurz, lehnt dieses Amalgam ab, denn es gibt Alternativen.

Und schon bin ich zurück beim Panorama unserer Ernährung. Ihr seht, trotz der Unmutsbekundungen meines Zensors verliere ich den roten Faden nicht.

Als wenn Quecksilber nicht schon genug wäre, finden sich in den Fischen auch noch Arsen und Cadmium (und für diejenigen, die es ganz genau wissen wollen, Dioxine und polychlorierte Biphenyle). Das französische Magazin *60 millions de consommateurs* hat die am meisten konsumierten 130 Meeresprodukte analysiert. Ob es sich um Thunfisch in Dosen, frisches oder gefrostetes Filet, Surimi Maki Sticks, Jakobsmuscheln oder Rillettes und andere Pasteten handelt, das Ergebnis ist eindeutig: Sie sind alle kontaminiert.[216] Ja, auch das ist eine der großen Errungenschaften des Menschen.

Bei Obst und Gemüse, das wisst ihr, sieht es nicht erfreulicher aus. Ein Leben lang kriegen wir eingehämmert, um gesund zu bleiben, sollen wir fünfmal am Tag Obst und

Gemüse essen. Die Leute machen mir Spaß. Welches Obst denn, welches Gemüse? Die NGO Future Generations hat Obst und Gemüse analysiert, die vor Pestiziden wimmeln. Nach ihrem Bericht tragen nahezu drei Viertel aller Früchte und 41 Prozent der Gemüse aus nicht biologischer Produktion Spuren von Pestiziden in einer Menge, die unserer Gesundheit und der der Landwirte schaden kann.[217]

Um das am stärksten schadstoffbelastete Obst und Gemüse klassifizieren zu können, hat sich diese NGO die Daten angesehen, die von der DGCCRF (Generaldirektion für Konkurrenz, Konsum und Steuerfahndung) zwischen 2012 und 2016 erfasst wurden, welche jährlich auf der Ebene des Großhandels und der Supermärkte die Spuren von Insektiziden und Fungiziden in den Lebensmitteln kontrolliert (misst). Nach diesen amtlichen Analysen hat die Organisation eine Rangliste von 19 nicht biologischen Obst- und 33 Gemüsesorten aufgestellt. Insgesamt wurden dafür nicht weniger als 11103 Stichproben nach den Kriterien »quantitativ erfassbare Überreste von Pestiziden« und »Überschreiten des Grenzwertes« analysiert. Ganz oben auf der Liste der 19 Obstsorten steht der Wein als die am stärksten pestizidverseuchte Frucht in 89 Prozent der untersuchten Proben. Gleich danach kommen Clementinen/Mandarinen (in 88,4 Prozent der Proben) und Kirschen (87,7 Prozent), danach Grapefruits, Erdbeeren (83 Prozent), Nektarinen/Pfirsiche und Orangen in über 80 Prozent der Proben mit messbaren Pestizidrückständen. Dann, in über 75 Prozent, Äpfel, Aprikosen, Zitronen und Birnen (in bis zu 74,4 Prozent). In der Spanne zwischen 64,8 und 52,1 Prozent liegen Limetten, Ananas, Mangos,

Papayas, Bananen, Himbeeren, Johannisbeeren. Die am wenigsten belasteten Früchte sind Melonen, Pflaumen/Mirabellen (34,8 Prozent), Kiwis (27,1 Prozent) und Avocados (23,1 Prozent). Und schlimmer noch, die Studie weist nach, dass manche Obstsorten *sogar den in Europa erlaubten Pestizidgrenzwert überschreiten*: 6,6 Prozent der Stichproben bei Kirschen, 4,8 Prozent bei Mangos und Papayas und 4,4 Prozent bei den Orangen. Der Rest der belasteten Früchte wird für »genießbar« befunden.

Bei den 33 untersuchten Gemüsesorten ist Staudensellerie das am meisten mit Pestizidrückständen belastete – in 84,6 Prozent der Proben (kann mir allerdings egal sein, ich esse keinen).

Biep. Ihre persönlichen Präferenzen …

Schon gut, ich habe verstanden.

Gleich danach kommen frische Kräuter (74,5 Prozent der Proben), Chicorée (72,7 Prozent), Knollensellerie (71,7 Prozent) und Kopfsalat (65,8 Prozent). Zwischen 60,5 und 51,5 Prozent liegen Pfeffer, Paprika, Kartoffeln, Bohnen, (noch nicht ausgehülste) Schoten und Porree. Zwischen 49,7 und 41,3 Prozent Melonen, Karotten, Tomaten, Gurken, Zucchini. Zwischen 39,4 und 30,8 Prozent Rettiche, Auberginen, Mangold, Spinat, Pilze. Zwischen 29,5 und 19 Prozent Artischocken, Steckrüben, Weißkohl, Broccoli. Und nach ihnen Kürbis, Zwiebeln, Süßkartoffeln und Blumenkohl.

Die am wenigsten kontaminierten Gemüse sind Rote Bete (4,4 Prozent), Spargel (3,2 Prozent) und Mais (genveränderter Mais?) (1,9 Prozent). Doch ebenso wie beim Obst *überschreitet* ein Teil von den Kräutern, vom Staudensellerie, vom Mangold und den Steckrüben *den in der EU zulässigen Grenzwert für Pestizidrückstände.* Das Übrige ist genießbar.

Mir ist klar, diese Auflistung von Prozentsätzen ist mühsam zu lesen, aber sie hilft euch bei der Gestaltung eures Speiseplans. Seht auch hin, woher euer Obst und euer Gemüse kommen: Es macht keinen Sinn, Produkte zu kaufen, die aus zehntausend Kilometer Entfernung herangeflogen wurden, denn ihr CO_2-Fußabdruck wiegt schwer. Sehr viel besser ist es, Obst und Gemüse »der Saison« und aus dem eigenen Land zu essen.

Die NGO Future Generations weist auch warnend darauf hin, dass mitunter mehrere Pestizide im gleichen Produkt vorhanden sind. Ein beunruhigender Cocktail-Effekt, zumal die Organisation uns mangels Angaben vonseiten der DGCCRF nichts über die Menge oder die Art der Schadstoffe sagen kann, die in den Früchten und Gemüsen gefunden wurden. Krebserregend, endokrin wirksam oder gefährlich für das Nervensystem – die unheilvollen Auswirkungen dieser toxischen Substanzen hängen von der Art des Pestizids und seinen chemischen Bestandteilen ab. Trotz der genannten Einschränkungen erfahren wir aus dieser Studie, dass 38 Prozent der im Jahr 2016 analysierten Stichproben zwei oder mehr Restbestände verschiedener Schadstoffe enthielten.[218]

Der Schluss, den wir daraus nur ziehen können: *Wir müssen diesen Produkten der »konventionellen« Landwirtschaft den Rücken kehren und Obst und Gemüse aus biologi-*

scher Landwirtschaft, also aus der Jahreszeit kaufen, die keine lange Reise hinter sich haben (Einsparung von CO_2), die keine oder sehr wenig Pestizide aufweisen (und wenn, dann sind diese aus benachbarten Kulturen hineingekommen). Sie sind immer leichter zu finden, die Zahl der Bio-Läden nimmt stetig zu, nicht nur in den großen Städten, sondern auch den kleinen Orten auf dem Land. Und die Bewegung wird sich durch den Druck der Käufer ausbreiten. Sicher, im Augenblick sind sie noch teurer, und nicht jeder kann sie sich leisten. Aufgabe der Regierung wäre es, sich durch Subventionierung solcher Produkte einzuschalten, damit jeder diese »5 x Obst und Gemüse am Tag« zu sich nehmen kann. Aber daran glaube ich nicht. Im Gegenzug zu diesen Mehrausgaben für Bio-Produkte denken wir daran, dass wir viel sparen, wenn wir unsere Einkäufe an Fleisch und Wurstwaren, an Mangos und Kiwis vom anderen Ende der Welt reduzieren, wenn wir weniger Auto fahren, unseren Stromverbrauch senken, nur so viel Kleidung kaufen, wie wir wirklich brauchen, usw.

Und vergessen wir den guten alten Wein nicht!

Die Weingüter in Frankreich verbrauchen an die 65 000 Tonnen Pestizide im Jahr. Fungizide zumeist, aber auch Insektizide, Herbizide usw. Im Jahr 2013 hat das Magazin *Que Choisir* 92 Weine analysiert, und alle enthielten Pestizide. Ergebnis: *Wein hat im Schnitt 300-mal mehr Pestizide als Trinkwasser.* Viele der untersuchten Proben hatten neun oder zehn verschiedene Moleküle gemischt, darunter ein bekannter Bordeaux, in dem vierzehn Moleküle nachgewiesen wurden, von denen eines in Frankreich sogar verboten ist. In einem weiteren Bordeaux fand man ein Pestizid von einem 3 364-mal höheren Gehalt, als für Trinkwasser die Norm ist! Eine frühere Studie war zu einem noch beunruhigenderen Resultat gekommen: Ein anderer Pestizidrückstand hatte 5 800-mal den Wert der für Trinkwasser zulässigen Dosis. Und warum? *Weil keine Norm den Gehalt der Weine an Pestiziden limitiert!* Dabei ist ihr Einsatz in den Weinbergen grundsätzlich reglementiert. *Aber es gibt am Ende keine Kontrollen am fertigen Produkt!* Unglaublich, aber logisch. Ja, genauso ist es … ich sagte es schon, der Wein ist der Kriegsnerv der französischen Ökonomie, daran wird nicht gerührt! Frankreich, in der ganzen Welt berühmt für seine Weine, wird doch nicht auf das finanzielle Manna verzichten, das seine Weinexporte darstellen! Immer wieder die Jagd nach dem Geld, da zählt es wenig, ob wir darüber informiert sind oder nicht!

Und ist der Wein erst einmal im Fass, fügt der Winzer noch weitere Substanzen hinzu. An die sechzig Zusatzstoffe sind erlaubt … Und vor allem chemische Verbindungen: Polyvinylpolypyrrolidon, Kaliumferrocyanid, Carboxymethylcellulose … (ich erspare euch die komplette Liste, ihr könnt sie auf der Website der Europäischen Kommission nachlesen). Aber keines dieser Produkte steht natürlich auf dem Flaschenetikett. Das Pflanzenschutzmittel Procymidon, das als krebserregend eingestuft und von der Europäischen Union als toxische Umweltchemikalie und endokriner Disruptor anerkannt ist, wurde in mehreren französischen und italienischen Weinen gefunden.[219] Wussten wir das? Natürlich nicht.

Brüssel hat sich schon sehr schwergetan damit, die Erwähnung von Sulfiten auf den Weinetiketten (Schwefelverbindungen, die bei der Weinherstellung zugefügt werden, um Bakterien vor der Gärung abzutöten) zur Pflicht zu machen. Erst musste die ANSES in Frankreich 2011 darauf hinweisen, dass die zulässige Tagesdosis überschritten worden war, damit sich etwas bewegte. Die ANSES betonte in aller Dringlichkeit die toxikologischen – und vor allem allergischen – Risiken und empfahl, die Menge an Sulfiten zu reduzieren. Ist das geschehen? In der Tat kann man jetzt den Vermerk »Enthält Sulfite« auf den Etiketten lesen, allerdings ohne irgendeine Präzisierung über deren Menge.[220] Das ist alles. Und schließlich enthält Wein, wie die wissenschaftliche Zeitschrift *Chemistry Central* (2008) meint, auch Schwermetalle in gesundheitsgefährdender Größenordnung.

Man muss sich also nicht wundern, wenn der Wein, selbst in vernünftigen Mengen getrunken, vom Institut National du Cancer als »möglicherweise oder wahrscheinlich« krebserregend bezeichnet wird.[221] Dass zu viel Wein schlecht für die Gesundheit ist, das wussten wir natürlich. Aber zum Ethanol kommt noch die Wirkung all dieser chemischen Verbindungen hinzu.

Auch hier kann man also wieder nur sagen: Greifen wir zum Bio-Wein. Kein synthetisches Pestizid ist bei seiner Produktion erlaubt. Aber eines ist dennoch zu bedenken: Als Vorbeugung gegen den Falschen Mehltau, die Hauptkrankheit des Rebstocks, verwenden die Winzer Kupfer als Fungizid (auch im Gemüseanbau wird es eingesetzt, bei Kartoffeln, Tomaten, Kürbisgewächsen …). Im Übermaß in den Boden gebracht, reichert es sich dort an, mit unheilvollen Auswirkungen auf das Leben im Boden und, falls es ausgeschwemmt wird und in Oberflächengewässer gelangt, das von Säugetieren und der Wasserfauna. Im November 2018 hat die Europäische Kommission eine starke Einschränkung auf eine Höchstgrenze von vier Kilo Kupfer pro Jahr und pro Hektar vorgeschlagen, was die Bio-Weinbauern in Schwierigkeiten bringen dürfte.[222] Eine kleine Studie zu 29 Bio-Weinen (eine Breitenforschung zum Thema gibt es noch nicht) weist nach, dass alle diese Weine Kupfer enthielten, aber in Mengen sehr weit unter dem gesundheitsgefährdenden Limit.[223] Und das ist doch immerhin etwas.

Gegen die Gefahr des Echten Mehltaus der Weinrebe nehmen die Bio-Weinbauern Schwefel. Mit Bedacht, denn bei Bio-Wein gibt es sehr strenge Kriterien, was den Höchstgehalt an Sulfiten angeht. Viele behelfen sich deshalb mit essentiellen Pflanzenölen.

Und um schädliche Insekten zu vernichten, wird eine Population ihrer natürlichen Feinde, auch Nützlinge genannt, im Weinberg angesiedelt.[224]

Allerdings halten sich Bio-Weine nicht sehr lange, und ihr Geschmack ist mitunter überraschend. Wahrscheinlich haben die Weine des Mittelalters so geschmeckt. Sie zu trinken ist ein bisschen wie eine Reise in eine Zeit, die man aus heutiger Sicht gern ein wenig nostalgisch betrachtet. Ich spreche hier natürlich nicht von der bitteren Armut, in der die meisten Menschen lebten, der Kälte im Winter, den Hungersnöten, den Epidemien oder der kurzen Lebenserwartung, sondern von jener Zeit, als der Mensch zwangsläufig in Symbiose mit der Natur lebte, wo weder

Luft noch Gewässer, noch Boden verschmutzt waren, wo die Schweine, die sich in den übel riechenden Straßen herumtrieben, als Müllabfuhr fungierten, wo streunende Katzen die Häuser von Ratten freihielten, wo man mit den Exkrementen von Tieren die Ackerböden düngte – also von der vorindustriellen Zeit. Wenigstens deren Geschmack ahnt man, wenn man Bio-Wein trinkt, man ahnt ihn aber auch mit Obst und Gemüse aus dem Bio-Laden, das, wie ihr sicher schon bemerkt habt, schnell verdirbt, Beweis seiner natürlichen Herkunft. Während man viele Früchte oder Gemüse aus »konventioneller« Landwirtschaft wochenlang aufbewahren kann. Vor nicht mal dreißig Jahren fing ein Körbchen Himbeeren noch am Abend des Kaufs an zu faulen, es war eine kostbare Frucht, die schnell zu verbrauchen war. Heute scheinen Himbeeren – die man mitten im Herbst kauft! – sich auf unerklärliche Weise zu halten. Man könnte meinen, sie sind aus Plastik.

Und was kann man über Brot, Getreide und Nudeln sagen?

Zwei Komitees von Experten haben zwischen 2000 und 2013[225] zweitausend Brotproben untersucht. Ich zögere, denn ich fürchte schon, euch euren Aperitif am Tresen und die abendliche Flasche Wein aus dem Keller verdorben zu haben. Soll ich euch nun auch noch euer Frühstück verderben? Was soll's, ich tu's trotzdem, so weit, wie wir bereits sind, werden wir nicht kneifen! Diese Experten also haben festgestellt, dass der Anteil der Backwaren, die Pestizidrückstände enthalten, sich in den letzten zwölf Jahren mehr als verdoppelt hat. Er ist von 28 Prozent im

Jahr 2001 auf 63 Prozent im Jahr 2013 gestiegen. Ich sagte euch doch, wir sind stark ... Und mit dem dramatischen Wassermangel, der uns in einigen Jahren droht, dürfte die Lobby der Lebensmittelbranche dann zwangsläufig auf die Fresse fliegen. Und das wäre eine ausgezeichnete Nachricht.

Biep. »Auf die Fresse fliegen« ist vulgär. Kommen Sie sofort zurück.

Ich weiß. Ich bleibe trotzdem dabei, und ihr versteht sehr wohl, was ich sagen will.

Doch zurück zu meinen Cerealien. Über 60 Prozent der untersuchten, nicht biologischen Proben Brot enthielten Rückstände von Pflanzenschutzmitteln, und 17 Prozent von ihnen enthielten gleich mehrere Typen. Auch Future Generations hat an die dreißig Proben Frühstücksmüsli, Hülsenfrüchte und Teigwaren analysieren lassen. *Mehr als die Hälfte davon enthalten Glyphosat,* das Spitzenprodukt des Saatgutriesen Bayer-Monsanto, das vom Internationalen Krebsforschungszentrum als wahrscheinlich krebserregend eingestuft wurde, und sieben von acht Sorten Cerealien enthalten es ebenfalls. (Bei den Nudeln ist das Verhältnis wesentlich schwächer.[226]) Die berühmte, ach so »gesunde Schale Müsli« für die Kinder am Morgen kriegt damit einen mächtigen Hieb ab. So, damit habe ich euch das Frühstück gründlich vermiest, aber ich vermute, das habt ihr erwartet, es überrascht euch nicht. Glyphosat ist im Prinzip bereits verboten, aber Frankreich hat seine Verwendung noch einmal für drei Jahre verlängert. Und so geht das von Jahr zu Jahr …

Um alle Erzeugnisse pflanzlicher Herkunft – Obst, Gemüse, Getreide, Gewürze … – noch einmal zusammenzufassen: Es wurden 2016 im Rahmen von »Überwachungs- und Kontrollplänen« 5 274 auf dem französischen Markt angebotene Produkte analysiert. Die Labore haben dabei die Spuren von 474 verschiedenen aktiven Substanzen erforscht. Von der Gesamtzahl der analysierten Proben zeigten 2 945 einen messbaren Gehalt an Pestizidrückständen. Bei 354 von ihnen stellte die DGCCRF ein Überschreiten des maximal zulässigen Grenzwertes fest. Dennoch wurden nur 197 von ihnen als normenwidrig erklärt und die übrigen auf dem Markt gelassen …[227]

Auch hier kommt man wieder zum gleichen Schluss: *Wir müssen, so wir es können, Bio-Produkte kaufen.* Und so, wie wir bereits einen heftigen Angriff auf die Lobby der Lebensmittelindustrie geführt haben, indem wir unseren Fleischkonsum reduzierten und alle Wurstwaren fortan mit Verachtung straften, so halten WIR, die LEUTE, auch gegen deren übrige Produkte (Obst, Gemüse, Wein, Brot, Cerealien, Nudeln usw.) einen mächtigen Hebel in der Hand, mit dem wir die Landwirtschaft verändern und damit gleichzeitig Wasser sparen, die weitere Verunreinigung von Böden und Gewässern aufhalten, den sauren Regen vermindern, die Treibhausgas-Emissionen senken und etwas für unsere Gesundheit tun können.

Und eben darum muss ich dieser Bestandsaufnahme noch eine Liste einiger Nahrungsmittel hinzufügen, auf die man besser verzichten sollte:

Zucker

Nach einer Studie der Umweltschutzorganisation WWF *ist Zucker eine der für den Planeten schädlichsten Kulturen.* Indem er Lebensräume beansprucht, die reich an tierischem und pflanzlichem Leben sowie an Insekten sind, hat sein Anbau den größten Anteil an der Zerstörung der biologischen Vielfalt in der Welt. Abgesehen davon, dass er auch eine Menge Wasser verbraucht und Pestizide einsetzt (ein einziges Stückchen Zucker braucht zu seiner Herstellung zehn Liter Wasser![228] – erscheint uns unsere Tasse Tee oder Kaffee am Morgen da nicht gleich in einem anderen Licht?), führt der Intensivanbau von Zuckerrohr oder Zuckerrübe zu einer starken Bodenerosion. Auf den Zuckerrohrfeldern von Papua-Neuguinea, zum Beispiel, hat der Boden bereits 40 Prozent seines Gehalts an organischem Kohlenstoff verloren … Kurz, der intensive Anbau von Zuckerrohr ist ein Übel für die Umwelt, und laut WWF ist es hohe Zeit, an eine nachhaltigere Form der Landwirtschaft zu denken und vor allem unseren Zuckerverbrauch zu senken (der ja überdies auch verantwortlich für die grassierende Fettleibigkeit in den Ländern des Westens, den USA, in Kanada, in Mexiko ist …[229]).

Schokolade

Der Kakaobaum ist eine Pflanze, die nur in bestimmten Zonen im Umfeld der tropischen Regenwälder wächst. Auch sie verlangt sehr viel Wasser: Es braucht 24 000 Liter Wasser, um ein Kilo Schokolade herzustellen! Folglich lastet der Kakaoanbau heute schwer auf den Ökosystemen.

Mit der unglaublich gestiegenen Nachfrage nach Kakao in den letzten Jahren sind die Preise in die Höhe geschossen. Das hat dazu geführt, dass immer mehr kleine Farmer sich auf die Produktion von Kakao verlegen, ihre traditionellen Kulturen aufgeben und vor allem die Regenwälder des Tropengürtels abholzen, um Kakaobäume pflanzen zu können. Und die Abholzung in diesen Gebieten (der Elfenbeinküste, Ghanas, Indonesiens) ist ein Angriff auf die örtliche Biodiversität. Beispiel Indonesien: Eine Studie der Umweltschutzorganisation Mighty Earth über den Einfluss der Schokolade schätzt, dass 9 Prozent der mit der Landwirtschaft verbundenen Abholzung dem Kakaoanbau zuzuschreiben sind, der den Lebensraum unter anderem von Orang-Utans, Nashörnern oder Tigern bedroht. Nein, keine Sorge, ich komme jetzt nicht noch mal auf den Orang-Utan zu sprechen, der sich ein Salatblatt auf den Kopf legte, sonst brennen bei meinem Zensor die Sicherungen durch, jetzt ist nicht der richtige Augenblick, wir müssen Energie sparen. Aber das ist noch nicht alles. Die Kakaofrucht erfährt Dutzende von Verarbeitungen, bevor wir sie als Schokolade in Händen halten: Fermentation, Rösten, Brechen und Schälen, Hinzufügen von Milch, Pflanzenfetten, Zucker oder Sojalezithin und anderen Emulgatoren. Bei jedem einzelnen dieser Schritte wird ihre Umweltbilanz schwerer.

Kaffee

Beim Kaffee ist es in etwa die gleiche Geschichte. Er wird in sehr sensiblen bewaldeten Zonen von reicher Biodiversität angebaut. Theoretisch ist er eine Pflanze, die im Schatten von Bäumen gedeiht, aber zur Intensivierung der Produktion (und um sie damit rentabler zu machen) wird heute ein immer größerer Teil der Kaffeesträucher in hellem Licht angepflanzt, häufig nach gründlicher Abholzung, unter Einsatz von Pestiziden und Wasser und mit der Folge, dass die Böden erodieren. Eine Studie aus dem Jahr 2014 hatte schon damals festgestellt, dass die Kaffeeproduktion in puncto Umweltbelastung auf ihrem schlimmsten Niveau angekommen ist.

Aber auch das ist kein Schicksal, man kann sich für einen Kaffee entscheiden, der im Schatten wächst, im Rahmen eines zertifizierten Waldschutzprogramms. Das gibt's. Aber bei Weitem nicht alle Kaffeeproduzenten sind schon auf diesem Weg. Auch hier ist es wieder unsere Aufgabe als vermeintlich blinde Verbraucher, sie dazu zu zwingen. Wenn man ihren umweltzerstörenden Kaffee nicht mehr haben will, werden sie zwangsläufig ihre Anbaumethoden ändern. Das ist unsere Macht: Der Verbraucher zu sein, der Nein sagt.

Soja

Und sehen wir uns noch einmal die Sojabohne an, von der auf diesen Seiten schon öfter die Rede war. 330 Millionen Tonnen werden jährlich davon in der Welt produziert. 150 Millionen Tonnen dienen allein der Herstellung der 30 Millionen Tonnen Sojaöl für die menschliche Ernährung (es ist das meistverwendete Öl in der Welt), und ein großer Teil geht auch in die industrielle Viehzucht. Der Rest dient der Herstellung von Nahrungsmitteln wie Tofu, Sojamilch, Sojasprossen.

Dieses Soja, außer dass es auch zur Abholzung von Regenwäldern beiträgt, belastet die Umwelt in vielerlei Hinsicht. Die Produktion des Öls erfordert den Einsatz gewichtiger industrieller Prozesse und die Verwendung großer Mengen chemischer Lösungsmittel wie Hexan, die zu lokaler Umweltverschmutzung beitragen und Treibhausgase ausstoßen. Die Abfälle aus dieser Produktion werden als Viehfutter verwendet und steigern dort die Methan-Emissionen aus den Mägen der Tiere. Auch die Produktion von Tofu und anderen Sojaproteinen ist nicht harmlos. *Letztlich also ist Soja ein für die Umwelt sehr schädliches Nahrungsmittel.*[230] Wir müssen es darum auch auf den Index stellen.

Früher verwendete man Honig zum Süßen, was uns den Zucker ersetzen könnte. Aber was taugt der Honig heute noch? Nichts. Ein interdisziplinäres Team der Universität Neuchâtel in der Schweiz hat 198 Honig-Proben aus aller Welt auf die fünf wichtigsten neonikotinoiden Pestizide hin untersucht. Drei Viertel aller Honig-Proben enthielten zumindest eine der gesuchten Substanzen. »Wenn es auch nahezu vergeblich ist«, schreiben die Forscher, »irgendeine verantwortliche Reaktion seitens unserer Volksvertreter zu erwarten, können wir uns in jedem Fall gesünder ernähren, indem wir Nahrungsmittel aus biologischer Produktion bevorzugen.«[231]

Diese Insektizide, das ist bekannt, sind tödlich für die Bienen. Für ihr Überleben gehen weltweit die Menschen auf die Straße, was die vitale Bedeutung dieses Insekts beweist – verzeiht, dass ich so oft das Wort »vital« benutze, aber es gibt kein anderes. In den 1990er Jahren verzeichneten die Bienenvölker eine Sterberate von 3 bis 5 Prozent. Aber das war, bevor diese verdammten Neonikotinoide auf den Markt kamen (Monsanto, wer sonst ...). In einer Zeitspanne von fünfzehn Jahren stieg diese Rate auf 30 Prozent. Ein Phänomen, das große Bienensterben. Im vergangenen Jahr sind die Verluste auf 60 Prozent, ja, 90 Prozent einer Population gestiegen! In Frankreich *verschwinden fast 30 Prozent aller Bienenvölker jedes Jahr.*[232] Aber die Bienen sind nicht allein davon betroffen. Hinter dem Drama ihres Verschwindens vollzieht sich der spektakuläre Niedergang aller Typen von *Bestäubern* in Europa, und das sind über zweitausend Arten von Wildbienen, Hummeln, Schmetterlingen, Schwebfliegen usw. Diese Arten aber sichern die Reproduktion und das Überleben von 78 Prozent aller Blühpflanzen und Bäume auf unseren Territorien *sowie von 84 Prozent der Kulturpflanzen, die wir zu unserer Ernährung anbauen.* In Europa sind in nicht mal dreißig Jahren die Insektenpopulationen um nahezu 80 Prozent zurückgegangen. Ein dramatischer Verlust. Mit der Folge, dass zum Beispiel in Frankreich ein Drittel aller Vögel verschwunden ist, weil sie keine Insekten zu ihrer Ernährung mehr finden.[233, 234] Und unsere Regierenden knicken seit Jahren vor der mächtigen agrochemischen Lobby von Bayer-Monsanto ein, die dieses Teufelszeug produziert.

Dabei hatte die Europäische Union 2013 den Einsatz einiger den Neonikotinoiden verwandter Substanzen wie Imidacloprid, Clothianidin, Thiamethoxam oder auch Fipronil *vorläufig* eingeschränkt. Und per Votum der Natio-

nalversammlung wurde endlich ein Verbot von Neonikotinoiden ab 2018 durchgesetzt, einschließlich des neuen
Insektizids Sulfoxaflor, das genauso schädlich ist. Dieses Sulfoxaflor, die jüngste Erfindung der Agrochemie, in
dem Versuch, das Gesetz zu umgehen, greift nun auch die
Hummeln an, die 54 Prozent weniger reproduktionsfähige
Nachkommen zeugen: weniger Männchen … und keine
Königin![235] Und vergangenes Jahr (Februar 2019) hat sogar die ANSES eine neue Klasse von Pestiziden, das Fungizid SDHI, in Frankreich autorisiert, eine für die mensch-
liche Gesundheit ungeheuer gefährliche Substanz, die die
Struktur unserer DNA verändern, genetische Anomalien,
Krebs, Enzephalopathien u. a. auslösen kann.[236] Ich habe
es in diesem Text schon mehrfach ausgesprochen, und wir
wissen um die Verbindungen zwischen den Lobbys und der
Politik. Aber hin und wieder gibt es auch eine Bestätigung:
Am 11. März 2019 erfuhr man in einer Sendung des Fern-
sehkanals France 2, dass der Verbündete der zukünftigen
Partei von Präsident Macron im Europäischen Parlament
vom Unternehmen Bayer-Monsanto finanziert wird, welches diese mörderischen Substanzen herstellt.[237] Ich führe
hier keinen Angriff auf die Person, es ist vielmehr ein Tat-
bestand: So verhält es sich bei allen einflussreichen Regierenden dieser Welt.

Aber reden wir noch einmal generell vom alarmierenden
Problem der Pestizide.

Unter dem Oberbegriff »Pestizide« werden Insektizide,
Fungizide und Herbizide zusammengefasst. Man verzeichnet nicht weniger als sechshundert! Pestizide können akute

und/oder chronische Wirkungen sowohl auf die Ökosysteme, vor allem des Wassers, als auch auf den Menschen haben. In Frankreich wurde im Rahmen einer Langzeitstudie zur Qualität des Grundwassers in den verschiedenen dabei entnommenen Wasserproben nach fast allen dieser sechshundert Pestizide gesucht.[238] Und das Ergebnis: Nahezu unser gesamtes Grundwasser ist heute durch den massiven Einsatz von Pestiziden über Jahrzehnte hinweg belastet.[239] Über Jahrzehnte, toll, nicht wahr? Sie wurden hauptsächlich in der Landwirtschaft und zum Schutz der Ernten eingesetzt (womit wir wieder bei unserer agrochemischen Lobby wären), aber auch, und das sollten wir nicht übersehen, in unseren Gärten.

Die Unkrautvernichtungsmittel, die von Privatpersonen verwendet werden, tragen durch das Sickerwasser ebenfalls zur Gewässerverschmutzung bei. Ohne dass es ihnen bewusst ist, sind viele Gärtner – oder auch die Leute, die Gartenwege oder Garagenauffahrten von Unkraut säubern – mitverantwortlich dafür, wie ebenso die für die Pflege von Straßenrändern und Gleisanlagen zuständigen örtlichen Körperschaften. Deshalb waren diese Herbizide schon seit Januar 2017 in Frankreich nicht mehr im freien Verkauf. Und seit dem 1. Januar 2019 ist überdies der Verkauf chemischer Pestizide durch Privatpersonen verboten.

Das ist gut, aber es ist sehr wenig, gemessen daran, dass ja vor allem Viehzüchter und Landwirte den größten Teil dieser chemischen Erzeugnisse ausbringen.[240] Die Verbraucherschutzvereinigung *UFC-Que Choisir* weist in einer Studie von 2017 auf die wachsende Zahl von Wasserläufen und Grundwasserregionen hin, die durch Pestizide und

Nitrate kontaminiert sind. Durch die intensive Landwirtschaft ist der Einsatz dieser Produkte in fünf Jahren um 18 Prozent gestiegen. Sie lassen sich in den Gewässern der Hälfte des französischen Territoriums in Mengen nachweisen, *die über der zulässigen Norm liegen.* Auch das muss man sich auf der Zunge zergehen lassen! So lange weiß man es schon, und nichts wird getan! Die Kontamination reicht tief und betrifft 31 Prozent des Grundwassers. Kurz, industriell betriebene Landwirtschaft und Viehzucht führen zu intensiver Gewässerverschmutzung, die zu 70 Prozent durch Pestizide und zu 75 Prozent durch Nitrate (Letztere in Form von Stickstoffdünger) verursacht werden. In anderen reichen Ländern, die den gleichen Typ Landwirtschaft praktizieren, ist es mit Sicherheit genauso. Ich kann mich darum nur wiederholen: *Kehren wir diesem nitrathaltigen Fleisch und diesen pestizidbelasteten, weil industriell erzeugten pflanzlichen Produkten den Rücken. Es ist ein Gebot, wenn wir unser Wasser schützen wollen, und zugleich versetzen wir damit der petrochemischen und der Lobby der Lebensmittelindustrie einen nachdrücklichen Hieb. Que Choisir* fügt hinzu, dass »96 Prozent der Verbraucher ein Wasser von sehr guter Qualität trinken, aber um den Preis einer kostspieligen Entgiftung. Ein Nonsens ohnegleichen, denn die Vorbeugung kostet dreimal weniger als die Reinigung.«[241]

Damit aber sind wir beim Trinkwasser, das absolut unerlässlich für das Leben ist. Ich sagte ja schon – oh, ich erinnere mich sehr gut, denkt bloß nicht, ich wiederhole mich, ohne es zu bemerken! –, *dass die gewinnorientierte intensive Landwirtschaft* mit ihrer maßlosen

Bewässerungspraxis *der größte Verbraucher von Süßwasser auf dem Planeten ist, mit durchschnittlich 70 Prozent der Wasserentnahmen (in manchen Entwicklungsländern sogar bis zu 95 Prozent!)*, gegenüber 20 Prozent, die die Industrie, und 10 Prozent, die die Haushalte verbrauchen. Aber das ist doch monströs! Ebenso haben wir erfahren, welche astronomische Menge Wasser die Produktion von einem Kilo Rindfleisch erfordert (nämlich 13 500 Liter, das habe ich euch bestimmt schon dreimal gesagt, so sehr haut es mich um und schockiert mich. Aber ich hatte euch von vornherein erklärt, dass ich den Nagel eher dreimal einschlagen würde, und ich geize in der Tat nicht mit meinen Hammerschlägen …). Die Produktion von einem Liter Milch erfordert tausend Liter Wasser, die von einem einzigen Stückchen Weißzucker zehn Liter, die von einem Liter Wasser in Flaschen sieben Liter und von einem Kilo Baumwolle 5 263 Liter Wasser! Das westliche Ernährungsmodell verbraucht vom Beginn der Nahrungskette bis auf unsere Teller ungefähr viertausend Liter Wasser pro Tag gegenüber eintausend Liter Wasser für ein chinesisches oder indisches Ernährungsmodell. *Mit der Entwicklung der biologischen Landwirtschaft im Weltmaßstab könnte man die gesamte heutige und zukünftige Weltbevölkerung ernähren* (elf Milliarden Menschen wahrscheinlich), es würden weniger Bauern in die Städte abwandern, und die Ressourcen an Wasser wären besser verwaltet.[242]

Ich gebe euch im Folgenden den langen und sehr umfassenden Bericht des französischen Nationalen Forschungszentrums (CNRS) zum Thema Wasser wieder: Seine Lektüre ist anstrengend, das werdet ihr sehen, ich tue mein

Möglichstes, ihn zu verdichten, ihr könnt ihn übergehen oder ihn diagonal lesen, aber *die Frage des so unmittelbar bevorstehenden Wassermangels ist zu existentiell, als dass ich sie hier nicht dokumentieren könnte.* Denn es gibt Lösungen, und wie ich seit Beginn dieses kleinen Buches immer wieder sage: Besser, man *weiß.* Und ich bin sicher, dass das Bedürfnis, zu *wissen,* was uns noch zu trinken bleibt, euch im Augenblick genauso beschäftigt wie mich.

Laut dem Bericht des CNRS also wird, angesichts einer Weltbevölkerung von voraussichtlich acht Milliarden im Jahr 2025, die verfügbare durchschnittliche Menge Süßwasser pro Einwohner und Jahr logischerweise von 6 600 auf 4 800 Kubikmeter sinken, ein Verlust von fast einem Drittel. Und wenn *im Zuge der intensiven Viehzucht und der mit ihr gekoppelten Landwirtschaft* die gegenwärtige Tendenz zu immer höherem Wasserverbrauch sich fortsetzt, dürften in ebendiesem Jahr 2025, der von der UNO festgehaltenen Alarmschwelle, die Hälfte bis zwei Drittel der Menschheit in einer Situation sein, die man als »*water stress*« bezeichnet, *das heißt, unter akutem Wassermangel leiden*, und das bedeutet: weniger als 1 700 Kubikmeter Süßwasser im Jahr zu ihrer Verfügung zu haben. *Die Gefahr eines Wassermangels besteht also in der Tat.* Der entscheidende Faktor für die zukünftige Versorgung der Menschheit mit Süßwasser wird also *die Bewässerung der Ackerflächen* sein. Ihr seht, wir kommen immer wieder an diesen Punkt, und *es bleiben uns nur noch fünf Jahre, um dieser wahnsinnigen Bewässerungspraxis ein Ende zu setzen, die die ganze Menschheit in Gefahr bringt.* Mit anderen Worten, nur eine radikale Veränderung der Wasserverteilung auf Landwirtschaft und Viehzucht wird uns vor diesem Notstand retten.[243] Ich glaube, wir haben keine Wahl, stimmt's?

Zum Handeln haben wir zwei Möglichkeiten, eine so zwingend wie die andere und beide einander ergänzend: *Indem wir sparsam mit der kostbaren Ressource Wasser umgehen und die Ökosysteme vor Ungleichgewichten jeder Art schützen.* Und unverdrossen füge ich wie immer hinzu: *Indem wir, WIR, dem Verzehr industriellen Fleisches und »konventioneller« Lebensmittel entschieden den Rücken kehren.*

Außer der gigantischen Menge Wasser, die von der heutigen Landwirtschaft entnommen wird, geht ein großer Teil zur Berieselung bestimmtes Wasser durch Lecks und Verdunstung verloren, in Afrika sind das 40 bis 60 Prozent. Entsprechend groß ist hier das Veränderungspotenzial. *Wenn es gelänge, und sei es auch nur eine Einsparung von 13 Prozent der Wasserentnahmen zu landwirtschaftlichen Zwecken zu erreichen, wäre die von allen Haushalten weltweit benötigte Menge Wasser garantiert!*

Der Einsatz neuer Bewässerungstechniken, wie der ökologische Landbau sie praktiziert, etwa die Feldberegnung mittels Sprinklerdüsen, Tropfenbewässerung oder auch unterirdisch verlegte Tropfschläuche, muss darum so schnell wie möglich verallgemeinert werden. In Trockenzonen sind sie bereits sehr verbreitet.

Auch die Industrie (verantwortlich für global 20 Prozent der Wasserentnahmen) muss sich um die Entwicklung anspruchsloserer Technologien bemühen, die den Einsatz von Brauchwasser in den Bereichen ermöglichen, die kein Trinkwasser erfordern.

Notwendige Einsparungen betreffen genauso den häuslichen Verbrauch (der 10 Prozent der globalen Wasserentnahmen ausmacht). Man schätzt, dass in Frankreich heute 15 bis 25 Prozent des in einem Wohngebäude verbrauchten Leitungswassers durch undichte Stellen und Lecks an Wasserhähnen oder Toilettenspülungen verloren gehen. Es mag lächerlich erscheinen, sich um einen tropfenden Hahn oder eine nachlaufende Klospülung einen Kopf zu machen. Aber ihr werdet euch wundern: Ein tropfender Wasserhahn summiert sich auf hundert bis dreihundert Liter pro Tag! Und eine defekte Toilettenspülung auf fünfhundert bis tausend Liter. Pro Tag! Macht, aufs Jahr hochgerechnet, einen Verlust von 219 000 bis 475 000 Litern! Ist euch das klar? Wahnsinn! Da müssen wir schnellstens mal die Dichtung auswechseln! Und früher habe ich auch so manche Toilettenspülung selber repariert, heute jedoch, unmöglich, und das fuchst mich heftig – aber ihr kennt das ja: der geplante Verschleiß, die »Sollbruchstelle«. Man verkauft euch ein Gerät, das in den nächsten fünf Jahren kaputtgehen wird. Und darum sind in die Toilettenspülungen heute ganz feine Teile aus Weichplastik eingebaut, die dann eben brechen, sodass man zwangsläufig einen …

Biep. Der Leser kann mit Ihren bescheidenen Kenntnissen in Sachen Toilettenspülung nichts anfangen.

Ah, mein Zensor ist wieder mal aufgewacht! Aber ich bin ja nicht so, ich gebe zu, dass er nicht ganz unrecht hat, ich bin abgeschweift und kehre auf der Stelle zum Thema zurück.

Undichte Stellen und Lecks gibt es auch im öffentlichen Raum, ganz zu schweigen von den Mengen an Wasser, die in den Zuleitungs- und den Verteilernetzen verloren gehen. Wartung und Instandsetzung des gesamten Netzes bis in den häuslichen Bereich sind also unerlässlich, und das gehört nun eindeutig zum Thema.[244]

Eine weitere Möglichkeit, Wasser zu sparen, ist seine Wiederaufbereitung: Dasselbe Wasser kann mehrmals verwendet werden, zu verschiedenen Zwecken, ja, sogar zum gleichen Zweck. In den hochentwickelten Ländern gibt es Industrieanlagen, die ihr Wasser komplett recyceln, sodass es in einem geschlossenen Kreislauf zirkuliert. Das Recyceln des Wassers im individuellen Haushalt ist ebenfalls möglich, die Japaner praktizieren das schon in Gegenden, wo es wenig Wasser gibt.

Häusliche Abwässer können nach leichter Aufbereitung auch zur Bewässerung dienen. In Israel werden 70 Prozent aller Abwässer auf diese Weise recycelt und decken mehr als 16 Prozent vom Gesamtbedarf des Landes. In den USA recyceln Städte wie Los Angeles, Tucson und Phoenix ebenfalls einen Teil ihrer Abwässer; und Saint Petersburg in Florida bereitet seine gesamten Abwässer wieder auf, ohne irgendetwas davon ins Meer oder in die Flüsse zu leiten.

Laut CNRS – ich folge immer noch diesem Bericht – muss sogar die Existenz des aquatischen Milieus geschützt werden. Eine ausreichende Pflanzendecke muss im ländlichen Umfeld gewährleistet sein, um die Austrocknung des Terrains zu verhindern, Rieselwasser aufzuhalten und eine Erosion des Bodens zu verhüten. Die Ufer von Wasserläufen zu bewalden oder wiederaufzuforsten schützt diese vor diffuser Umweltverschmutzung: Da solche bewaldeten Zonen zwischen den Wasserläufen und landwirtschaftlich genutzten Flächen liegen, bauen sie gleichzeitig auf natürlichem Weg die Nitrate ab, die von der Landwirtschaft in den Boden gelangen. Und auch die Feuchtgebiete (die folgendermaßen definiert werden – ich erspare euch nichts!: Böden, die für gewöhnlich dauerhaft oder zeitweilig von Süßwasser, Salzwasser oder Brackwasser überschwemmt oder von ihm vollgesogen sind; und falls es dort Vegetation gibt, wird sie wenigstens einen Teil des Jahres von hygrophilen Pflanzen bestimmt)[245], auch die Feuchtgebiete also, deren Ausdehnung durch Drainage und Überführung in landwirtschaftliche Nutzfläche ständig kleiner wird, müssen geschützt werden. Sie spielen eine wichtige Rolle bei Hochwasser.

Ganz schön lang, nicht wahr? Ich versuche zu raffen und euch vorzuführen, was dafür getan werden könnte oder schon Realität ist.

Es wird höchste Zeit, die großen Wasserkraftanlagen mit ihren mitunter katastrophalen Auswirkungen neu zu überdenken, das heißt, die großen Staudämme infrage zu stellen (Quelle von Methan-Emissionen, die bei der Verwesung pflanzlicher Abfälle in stehenden Gewässern ausgelöst werden). In den Industrieländern wurden schon bestimmte Maßnahmen ergriffen wie die Einhaltung eines Mindestwasserdurchsatzes (das ist der Fachausdruck für die Geschwindigkeit, mit der Wasser durch eine Anlage strömt) und die Anlage von »Fischpässen«. Dabei ist es gar nicht immer nötig, riesige Dämme zu bauen, um Wasser zu speichern: Der Bau kleiner Wehre von geringer Höhe und aus Erdreich genügt mitunter. In Indien, zum Beispiel, wird Regenwasser, das nicht versickert, in derartigen Wehren aufgefangen.

Man kann Wasser auch in natürlichen Hohlräumen speichern. Diese unterirdische Speicherung überschüssigen Wassers in tief gelegenen, wasserführenden Reservoiren hat ihre Leistungsfähigkeit bereits bewiesen. In London wird ein Teil des winterlichen Hochwassers der Flüsse in dem wasserführenden Felsgestein gelagert, auf dem die Stadt ruht, was auch dazu geführt hat, dass das Absinken des Grundwasserspiegels aufgehalten wurde. Die gleiche Technik wird in Arizona angewandt.[246]

Schließlich (und danach lasse ich euch in Ruhe mit dem Wasser, also fast jedenfalls) denkt man natürlich darüber nach, wie man Meerwasser entsalzen kann, um es trinkbar zu machen. Aber die verschiedenen Entsalzungstechnologien – in ihrer gegenwärtigen Form – sind noch nicht geeignet, den Bedarf an Wasserbevorratung weltweit zu befriedigen. Heute verfügen hundertfünfzig (von den 197 von der UNO anerkannten) Länder über Infrastrukturen, die es erlauben, Meerwasser in Süßwasser umzuwandeln. Dennoch konzentriert sich der Entsalzungsmarkt noch immer in bestimmten geografischen Zonen, und wenige Länder verfügen über die große Mehrheit der weltweiten Kapazitäten. 2013 vereinten die zehn mit Meerwasserentsalzungsanlagen am besten ausgestatteten Länder etwa 40 Prozent der Weltkapazitäten auf sich.[247]

Das Prinzip der Umkehrosmose (Ihr wusstet nicht, was das ist? Ich auch nicht: Es reinigt das Wasser durch ein sehr feines Filtersystem, das nur die Wassermoleküle durchlässt)[248] hat sich in den meisten neueren Projekten vor allem dank seines geringeren Energieverbrauchs (gegenüber Wärmekraftwerken) durchgesetzt. In Saudi-Arabien, dem ersten Erzeugerland weltweit von entsalztem Meerwasser mit einer Produktion von 5,5 Millionen Kubikmeter aufbereitetem Wasser pro Tag (und das sind 60 Prozent des im Königreich benötigten Trinkwassers), ist die Verteilung der Technologien ausgeglichen. Aber der Energieverbrauch dieser Aufbereitung ist nach wie vor gewaltig. Die Saline Water Conversion Corporation spricht von einem Bedarf in der Größenordnung von 350 000 Barrel Öl pro Tag, um die Umwandlung von Meerwasser in Süßwasser zu ermöglichen! Die Entsalzung hängt folglich noch zu sehr von fossilen Energien ab.[249]

Fazit auch hier wieder: Es ist besser, die Umwelt erst gar nicht zu verschmutzen, als dann die Schäden zu reparieren zu versuchen.

Ihr könnt nicht mehr? Haltet durch, ich bin bald am Ende angekommen!

Wie nun aber eine vernünftige Praxis im Agrarsektor aussehen sollte, darüber gehen die Meinungen auseinander. Es gibt Verfechter einer Landwirtschaft, die darin besteht, genau die Mengen (an Wasser, Dünger oder Pestiziden) in den Boden zu bringen, die die Pflanzen benötigen. Aber die Verfechter eines biologischen Landbaus verurteilen diese Denkart als auf denselben Kriterien von Rentabilität und Wettbewerb fußend wie heute (was meiner Meinung nach genau zutrifft: Unser gegenwärtiges Modell ist nicht lebensfähig, auch nicht um den Preis von Anpassungen), sie sind dagegen für einen kompletten Umbau der Produktionsweisen.

Die Weltwasserreserven des Grundwassers stellen 97 Prozent des gesamten auf den Kontinenten verfügbaren Wassers dar. Folglich müssen sie um jeden Preis geschützt werden. Einige Fachleute raten zur Einrichtung hydrogeologischer Naturparks, das heißt, landwirtschaftlich nicht bebauter, wohl aber unterhaltener großer Ländereien, deren wesentliche Funktion es wäre, ein Grundwasser von ausgezeichneter Qualität zu schützen. Solche Trinkwasserschutzgebiete gibt es schon. In Frankreich hat die Stadt Saint-Étienne ein über 800 Hektar großes Terrain erworben, in dem der Wald auf einer Länge von vierundfünfzig Kilometern die Drainagen schützt, die einen Teil der Stadt mit Trinkwasser versorgen. In der Ardennenregion in Belgien werden die Sickerwasser einer Mineralquelle mit drakonischen Maßnahmen geschützt. In Australien sind Auffangbecken für Oberflächenwasser, das zur Herstellung von Trinkwasser verwendet wird, von Naturschutzgebieten umgeben, zu denen das Publikum keinen Zutritt hat.[250] Das ist nicht mehr als ein ermutigender kleiner Anfang, doch wir sollten kein positives Signal unbeachtet lassen.

Den sparsamen Umgang mit Wasser zu lernen erfordert eine Revolution im Denken (»Revolution«, das Wort ist ausgesprochen, und diesmal nicht von mir, sondern von der wissenschaftlichen Autorität des CNRS ...), *vor allem in den Industrieländern*, wo das Wasser so leicht zugänglich ist, dass man sich daran gewöhnt hat, es rückhaltlos zu verbrauchen. Es geht also darum, das Verantwortungsgefühl aller Nutzer des Wassers zu wecken, und auch WIR, die LEUTE, können etwas tun. Wir haben gesehen, was es mit den Lecks in den Leitungen unserer Wohnungen auf sich hat, die sich zu beträchtlichen Mengen Wasser summieren können. Es gibt noch andere Möglichkeiten, unseren Wasserverbrauch um 20 bis 30 Prozent zu senken: wassersparende Haushaltsgeräte kaufen – Waschmaschine, Geschirrspüler und Toilette. Und – das sind nur scheinbar läppische Details – die Waschmaschine oder den Geschirrspüler nicht halb leer laufen lassen, beim Zähneputzen den Wasserhahn zudrehen, duschen statt baden, achtsam mit Wasser umgehen, wenn man das Auto wäscht oder den Garten besprengt (und Letzteres erst spät am Abend, um zu vermeiden, dass zu viel Wasser dabei verdunstet).[251]

Ich will euch von zwei Industriegiganten berichten, die astronomische Mengen Wasser verbrauchen, ihr werdet es nicht glauben: zunächst der weltgrößte Nahrungsmittelkonzern Nestlé, der 800 Millionen Liter Wasser jährlich verbraucht![252]

Und dann natürlich Coca-Cola, von dem Skandal habt ihr sicher gehört: Coca-Cola eignet sich schon allzu lange das Grundwasser in aller Herren Ländern an, ohne dass die Medien auch nur ein Wort darüber verlieren.

Die Herstellung von einem Liter Coca-Cola erfordert, je nach den Quellen, 2,5 bis 6 Liter Wasser (der Unterschied liegt vermutlich im Wasseranteil des Getränks).

Das Coca-Cola-Werk von San Cristóbal in Mexiko zum Beispiel entnimmt pro Tag 750 000 Liter Wasser aus dem Netz, das sind über 250 Millionen Liter im Jahr! Aber zwölf Millionen Mexikaner haben keinen Zugang zu Trinkwasser. Mangels Wasser trinken sie … Coca-Cola, sodass die Verkaufszahlen im Land in die Höhe geschossen sind. Mexiko ist weltweit der erste Cola-Konsument und verbraucht 42 Prozent des gesamten Konsums in Lateinamerika. Und natürlich ist dieser hohe Verbrauch eine der Ursachen des Übergewichts und der Fettleibigkeit, die in Mexiko geradezu epidemische Ausmaße angenommen haben: 70 Prozent der Bevölkerung sind übergewichtig, davon 33 Prozent fettleibig und 13 Prozent Diabetiker.

Der Coca-Cola-Konzern ist von der Comisión Nacional del Agua unter anderem autorisiert worden (die mexikanische Regierung ist also in hohem Maß mitverantwortlich für diese Situation), *jährlich fünfhundert Millionen Liter Wasser* aus der Region von Chiapas zu pumpen! Das trocknet die Dörfer in der Umgebung aus; bei denen, die ans Netz angeschlossen sind, kommt kein Wasser mehr aus dem Hahn, und die, die ihr Wasser noch aus Brunnen holen, müssen mitansehen, wie deren Wasserspiegel immer weiter absinkt. Mehrere Vereinigungen haben auf die Katastrophe hingewiesen, die das Werk für Umwelt und Menschen darstellt.[253, 254] Der amerikanische Konzern zapft fünfzig Grundwasserquellen in der Gegend an, von denen fünfzehn bereits gnadenlos ausgebeutet werden.[255]

In Indien entnimmt das Werk dem öffentlichen Netz täglich eineinhalb Millionen Liter Wasser. Auch in Indonesien, Malaysia und manchen afrikanischen Ländern zapft

Coca-Cola die Grundwasserspeicher an, sodass auch da die Versorgung der Bevölkerung mit Trinkwasser nicht mehr gewährleistet ist.

Und da sie mangels Wasser ihre Felder nicht bestellen können, können die Einheimischen kein Gemüse anbauen, sich nicht mehr ausreichend ernähren und schon gar nicht vom Verkauf ihrer landwirtschaftlichen Erzeugnisse leben. Also trinken sie Coca-Cola, um ihren Hunger zu stillen. Das kostet nicht viel, und die leeren Plastikflaschen stapeln sich. Jährlich fallen 2 910 Tonnen Plastikabfälle an, die Coca-Cola weder zurücknimmt noch wiederverwertet; ganz zu schweigen von dem »Giftschlamm«, den die Coca-Cola-Werke als Industrieabfall produzieren, der einen hohen Gehalt an giftigen Metallen wie Blei, Cadmium und Chrom aufweist (alle krebserregend) und unbehandelt in die Natur gekippt wird.[256] Einfach so, hopp, was keiner weiß, macht mich nicht heiß. Nur – inzwischen weiß man es.

Der jährliche Konsum von Coca-Cola wird auf 350 Milliarden Liter geschätzt, alle Kontinente zusammengenommen! Was auf wie viel Wasser hinausläuft (ich überschlage es mal kurz, gebt mir ein paar Sekunden, dass ich mich konzentrieren kann) … was einen Diebstahl von 2 100 Milliarden Liter Trinkwasser pro Jahr bedeutet! Oder von 875 Milliarden, wenn ich von der Zahl von zweieinhalb Liter dafür benötigten Wassers ausgehe. Und das, während der Wassermangel die Menschheit in fünf Jahren bedroht!

All das ist schockierend, skandalös, amoralisch, es fehlen mir einfach die Worte. Und ich sage euch, sobald man es erst einmal weiß, bestellt man nicht mehr so locker eine Cola im Café. Instinktiv tut man es schon lange nicht mehr.

Aber, verdammt, kann man nicht auch ohne Coca-Cola leben? Natürlich kann man. In Anbetracht ihres ungeheuren Wasserbrauchs wäre es also besser, man verzichtet darauf, um die Länder zu schützen, die schon heute unter Wassermangel leiden, und um des Wassers willen, das uns bald so sehr fehlen wird.

Sicher, auch Coca-Cola entwickelt sich, aber das Unternehmen hat noch immer nicht erklärt, was es als Gegengewicht zu seiner Belastung der Umwelt und der Schädigung großer Bevölkerungsgruppen zu tun gedenkt. Eine Gesellschaft mit einem derartigen Geschäftsvolumen (einem Jahresumsatz von immerhin einundvierzig Milliarden Euro) könnte sich ohne Probleme wandeln und sich für den Respekt und die Teilung der Ressourcen auf dieser Welt engagieren. Es wäre untertrieben zu sagen, dass man dies glühend wünscht.

Gut, noch eine letzte kleine Anstrengung, und wir sind fertig mit dieser Wasserfrage, in der wir ja sonst zu versinken drohen, sodass wir …

Biep. »Wasserfrage« und »versinken«, fangen Sie schon wieder mit ihren blöden Wortspielen an? Machen Sie auf der Stelle kehrt.

Nichts zu machen mit dem Kerl. Habt ihr bemerkt, während ich euch das ganze lange Dossier des CNRS heruntergespult habe, hat er keinen Mucks von sich gegeben. Aber bei dem geringsten harmlosen Scherz läutet er die Alarmglocken. Wirklich nicht der Typ, mit dem man sich gern zum Abendessen verabreden würde.

... sodass wir schon nicht mehr wissen, ob wir nun besser Mineralwasser oder Wasser aus dem Hahn trinken sollen. Frage eines Menschen aus einem reichen Land, denn in Brasilien oder der Türkei, zum Beispiel, trinkt man kein Leitungswasser.

Unsere Mineralwässer also werden schon seit Langem in Plastikflaschen verkauft, die man PET-Flaschen nennt. Wenn ihr sicher sein wollt, dass ihr ein PET-Produkt kauft und nicht irgendwelches andere Plastikzeug, dann braucht ihr nur auf den Flaschenboden zu schauen, dort findet ihr über dem Schriftzug »PET« ein dreieckiges Piktogramm mit einer Zahl von 1 bis 7 darin. Kauft nicht den Typ 7. Unter Umweltgesichtspunkten (wobei wir noch auf die wahnsinnige Umweltverschmutzung durch Plastik insgesamt kommen werden) und im Vergleich zu Glas oder PVC hat PET noch den leichtesten ökologischen Fußabdruck, sowohl was die Treibhausgas-Emissionen (CO_2) als auch den Verbrauch natürlicher Ressourcen und nicht erneuerbarer Energien angeht. Da es leichter als andere Produkte ist, ist es bei der Herstellung wie im Transport auch weniger energieaufwändig. Zwar ist es nicht biologisch abbaubar, jedoch zu 100 Prozent recycelfähig. Bis heute ist es das am meisten recycelte Material in der Welt. Die Wasserflaschen haben, sind sie vom übrigen Abfall erst einmal getrennt, ein Anrecht auf ein zweites Leben. Es können wiederum Flaschen daraus hergestellt werden, aber auch Alltagsgegenstände, die überhaupt nichts mit ihrer ursprünglichen Nutzung zu tun haben: Stifte, Kleidungsstücke, Geschirr, Kopfkissen ...[257] Zwingen wir uns deshalb dazu, die Mülltrennung sehr ernst zu nehmen: Leider bin ich, was die hochentwickelten Länder angeht, in diesem Punkt nicht sehr optimistisch, da ich weiß, dass nur jeder zweite Franzose seinen Müll trennt! Sodass auch nur 49 Prozent aller Flaschen recycelt werden, und das ist nicht genug.[258]

Aber (es gibt ärgerlicherweise immer ein »aber«): Nach einer Studie der Stiftung France Libertés und des Verbrauchermagazins *60 millions de consommateurs* wurden in zehn von siebenundvierzig untersuchten Flaschen Wasser Schadstoffe gefunden. Ich verfüge nur über die Daten aus Frankreich, aber warum sollte es in anderen Ländern viel anders sein, schließlich werden die gleichen Flaschen überall verwendet. Es handelt sich um Mikrospuren, die, so heißt es, die Gesundheit nicht gefährden, aber dennoch wirft dieser Umstand die Frage nach der Reinheit des Wassers in Flaschen auf. Es sind Spuren von Pestiziden und Medikamenten, wenn auch nicht in allen Marken (von Wasser). Vergessen wir nicht, dass unsere Plastikflaschen – die uns im Verkauf ziemlich teuer zu stehen kommen – unsere Böden und unsere Ozeane enorm verschmutzen.[259] Hinzugefügt sei, dass PET-Flaschen Spuren von Antimon-Verbindungen in die Umwelt abgeben können, allerdings in Mengen, die zehnfach unterhalb der europäischen Norm liegen.

Und warum trinken wir nicht einfach das Wasser aus dem Hahn? In Frankreich – wie in allen hochentwickelten Ländern – wird Leitungswasser streng kontrolliert, seine Qualität wird über seinen gesamten Verlauf von der Quelle bis zum Wasserhahn durch die regionalen Wasserversorger kontinuierlich untersucht und auf etwa sechzig Richtwerte hin analysiert (seine genaue Zusammensetzung einschließlich der Nitratwerte könnt ihr bei eurer Kommunalverwaltung erfragen). Und außerdem – das Wasser aus dem Hahn ist preiswert: Es ist für den Verbraucher 100- bis 300-mal billiger als das Wasser in Flaschen.

Und schließlich, ein großer Vorteil, seine Umweltbelastung ist viel geringer: Das Wasser regelmäßig aus Flaschen zu trinken bedeutet ungefähr zehn Kilo Plastikabfall pro Person und Jahr. Was sich allein für das kleine Frankreich auf jährlich 670 Millionen Kilo Plastikmüll summiert, und das nur für Mineralwasser ... Das ist viel! Trinkt man dagegen Leitungswasser, spart man Ressourcen (keine Verpackung) und Erdöl (das Plastikmaterial der Flaschen ist ein Derivat von Erdöl, und das Wasser in den Flaschen wird im Schnitt über dreihundert Kilometer transportiert).[260]

Mir scheint, unter allen Gesichtspunkten betrachtet, steht die Wahl fest, die wir nur treffen können ...

An diesem Punkt angekommen, sehen wir uns doch mal an, wie es um die gewaltige Verschmutzung der Erde, der Flüsse und der Meere durch all das Plastikzeug steht, das eine der Hauptursachen für das Sterben von Fischen und Walen ist.

Gleich eine schlechte Nachricht: Die Umweltkommission des Europäischen Parlaments hat sich über eine Definition von »Einwegplastik« geeinigt, die den Umweltsündern erlauben würde, ihre Wegwerfprodukte aus Plastik in einer Weise zu kommerzialisieren, als wären es wiederverwertbare Artikel. Unsere Regierenden sind einfach klasse, und wieder mal wird es an UNS sein zu handeln. Umso mehr, als der Kampf gegen das umweltfeindliche Plastik sich mit unserem Engagement gegen die Beschleunigung des Klimawandels verbindet. Die Internationale Energie-agentur hat darauf hingewiesen, dass *der Hauptfaktor für die Zunahme der weltweiten Nachfrage nach Erdöl in den nächsten zehn bis fünfzehn Jahren die Petrochemie sein wird – mit anderen Worten und unter anderen Produkten: Plastik.*[261]

Plastik ist unverwüstlich, das ist sein hauptsächlicher Vorzug, aber nicht sein geringster Makel (warum, zum Teufel, hat man es bloß erfunden? Noch so ein umwerfender Einfall des Menschen, der nie in Verlegenheit ist, wenn es darum geht, sich etwas Schwachsinniges auszudenken und die Natur zu verhunzen). Wir produzieren weltweit zehn Tonnen Plastik in jeder Sekunde, und unsere Abhängigkeit von dem Zeug hat verheerende Folgen für die Umwelt wie für unsere Gesundheit. So weit es also möglich ist, schränken wir unsere Käufe von Plastikteilen, Gerätschaften, Tellern, Bechern, Verpackungen usw. ein.

Gleichzeitig preist die Coca-Cola-Company bereits »eine Welt ohne Abfälle«, die wir im Jahr 2030 haben werden! In zehn Jahren! Ein Witz, oder was? Zu diesem Zeitpunkt soll theoretisch jede Cola-Flasche zu 50 Prozent aus recyceltem Plastik bestehen (ist damit die Welt ohne Abfälle gemeint?)[262], aber das glauben wir nicht. Denn schon 2008 versprach die Firma 25 Prozent recyceltes Plastik in seinen Flaschen vom Jahr 2015 an; ein Vertreter des Recyclingwerkes allerdings räumte ein, dass sie heute erst bei 7 Prozent seien, worauf bereits Greenpeace hingewiesen hatte.[263] Kann man ihnen vertrauen? Nein, nicht wirklich …

Ausgesprochen beunruhigend ist die Verschmutzung der Meere durch die Plastikinvasion (auf die Ozeane kommen wir aber noch zu sprechen, keine Sorge). Die Menge an

Plastik, die seit 1950 ins Meer gelangt ist, liegt zwischen zweihundert und dreihundert Millionen Tonnen.[264] Beim gegenwärtigen Rhythmus wird es im Jahr 2050 mehr Plastik als Fische in den Ozeanen geben! Plastik ist biologisch nicht abbaubar, das weiß man ... Was man weniger oder gar nicht weiß, ist, dass es im Wasser unter Sonneneinwirkung spröde wird und in immer kleinere Stücke zerbricht, bis es am Ende eine Art »Suppe« bildet, die die Meerestiere schlucken. Mit der Aussicht, daran zu ersticken oder damit vergiftet zu werden. Das gilt für die Tiere (Fische, Vögel) ebenso wie für die Menschen, die dieses Mikroplastik schließlich essen. Und auch diese Mikroplastikteilchen zerfallen in noch kleinere, für das bloße Auge nicht mehr sichtbare Partikel. Ein einziges Stückchen Mikroplastik kann auf diese Weise Hunderte Milliarden Nanopartikel Plastik erzeugen, man stelle sich deren Zahl im Ozean vor! Liebhaber von Meeresfrüchten schlucken so bis zu elftausend Partikel im Jahr ... Sehr schade, nicht wahr? Und, was man nicht ahnte, also *ich* ahnte es nicht, *über ein Drittel dieser Partikel Mikroplastik rühren*, laut Greenpeace, *von den synthetischen Fasern unserer Kleidungsstücke her, und ein Waschgang von sechs Kilo synthetischer Wäsche in der Maschine setzt an die 500 000 Polyester- und 700 000 Acrylfasern frei*! Nicht zu fassen, was? Und wenn man weiß, dass sich in Frankreich jeden Tag zwanzig Millionen Waschmaschinen drehen, stellt euch das Ergebnis vor ... 24 000 Milliarden Mikropartikel, die pro Tag ins Abwasser fließen, und das allein in Frankreich! Wenn wir unsere Kleidung aus synthetischen Fasern waschen, strömen jährlich 500 000 Tonnen Mikroplastik in den Ozean (so viel wie fünfzig Milliarden

Plastikflaschen). Aber auch hier können wir etwas tun, nur ist es leider noch viel zu wenig bekannt: Zum Beispiel kann man die Wäsche in einen Spezialbeutel füllen, der 90 Prozent aller Fasern zurückhält (ein deutsches Produkt namens Guppyfriend), oder aber eine Waschmaschine kaufen, die speziell mit einem neuartigen Filtersystem ausgestattet ist.[265] Die andere Lösung wäre natürlich zu versuchen, zu Naturmaterialien wie Baumwolle, Leinen, Seide oder Wolle zurückzukehren. Obwohl – ein Kilo Baumwolle herzustellen verbraucht wiederum fünftausend Liter Wasser, also eine schwere Entscheidung. Und wenn wir nun schon bei der Kleidung sind, heißt es auch da: Achtung!

Biep. Halt! Sie waren beim Plastik. Schweifen Sie nicht schon wieder ab.

Mensch, darüber vergesse ich doch mein Plastik nicht, schließlich weiß ich, wo ich bin! Es ist nur ein Einschub.

Der französische Umweltverband France Nature Environnement (FNE) weist darauf hin, dass die Textilindustrie mit vollen Händen aus den Ressourcen des Planeten schöpft und dabei jährlich 1,2 Milliarden Tonnen Treibhausgas ausstößt. Weiterhin: 20 Prozent der Gewässerverschmutzung weltweit gehen auf das Konto des Färbens und sonstiger Behandlungen unserer Textilien.[266] *Zu alledem kommt, dass wir [in den reichen Ländern] heute 60 Prozent mehr Kleidung kaufen als noch vor fünfzehn Jahren*, von der wir 50 bis 70 Prozent nicht mal tragen, auf jeden Fall aber sehr viel kürzere Zeit. 2017 wurden in Frankreich 2,6 Milliarden Kleidungsstücke und Accessoires verkauft, bei 67 Millionen Einwohnern. (Und was wir in Frankreich beobachten, gilt in gleicher Weise für andere hochentwickelte Länder.) Auch da also ein aberwitziger Konsum. Die FNE empfiehlt, die Zahl unserer Kleidungsstücke im Schrank auf dreißig Stück zu begrenzen. Das ist in der Tat ausreichend. Und die Sachen, die wir nicht mehr tragen, werfen wir sie vor allem nicht weg, sondern spenden wir sie Organisationen, die sie sammeln.[267] Unsere Kleiderkäufe einzuschränken bedeutet gleichzeitig, der Lobby der Textilindustrie mit ihren Milliarden Tonnen Treibhausgasen einen empfindlichen Schlag zu versetzen.

All dieses Plastik (ihr seht, ich verliere meinen roten Faden nicht) schwimmt auf 88 Prozent der Meeresoberfläche, selbst in den abgelegensten Zonen. Im Pazifischen Ozean ist aus Plastikabfällen der berüchtigte »siebte Kontinent« im Entstehen. Von Meeresströmungen getragen, bildet sich eine Müllhalde von dreimal der Größe Frankreichs, die Jahrhunderte brauchen wird zu verschwinden (400 bis 450 Jahre für Plastiktüten und -flaschen, tausend Jahre für Styropor[268] …)[269]. Jedes Jahr sterben hunderttausend Meeressäugetiere und eine Million Vögel an all diesem Plastik.[270]

Wisst ihr auch, dass etwa sechs Milliarden Plastik-Tragetaschen jedes Jahr in der Welt benutzt werden?[271] Auch hier können WIR etwas tun: Wir sollten unsere Einkäufe unbedingt mit unseren eigenen Beuteln erledigen, möglichst aus Baumwolle, die man falten und in der Handtasche oder im Rucksack mit sich führen kann. Das ist kein flippiger Einfall, es ist eine sehr überlegte und wichtige Entscheidung.

Und zu den – biologisch nicht abbaubaren – Plastiktüten und anderen Plastikerzeugnissen wie Einwegverpackungen, Essbestecken, Trinkröhrchen, Bechern und Tellern müssen wir auch Zigarettenstummel zählen, die ganz wesentlich zur Verunreinigung unserer Gewässer beitragen. Ich muss sagen, das wusste ich nicht. Zigarettenfilter verwittern langsam – in ein bis zwei Jahren. Aber eine ihrer Komponenten, Acetylcellulose, ist ein Plastik, das über zehn Jahre braucht zu zerfallen (oder ein bis zwei Jahre laut anderen Quellen: Welcher soll man glauben?). Nach dem »Cigarette Butt Pollution Project« sind die meisten der in jedem Jahr hergestellten 5 600 Milliarden Zigaretten mit diesen Filtern versehen, und zwei Drittel davon landen in der Natur, im Meer und in den Ozeanen. Wenn man jedoch weiß, dass eine einzige Kippe bis zu fünfhundert Liter Wasser verunreinigen kann, wird das Ausmaß der Katastrophe erkennbar. Eine weitere erschreckende Tatsache: Im Lauf der letzten dreißig Jahre wurden allein an den Stränden dieser Welt, dem meistgenutzten aller Müllplätze, 32 Millionen Kippen aufgesammelt. In Frankreich werden in jedem Jahr zwischen dreißig und vierzig Milliarden Zigarettenstummel weggeworfen. Diese Stummel sind überdies schwer zu recyceln. Vollgestopft mit (nahezu viertausend) chemischen Substanzen, von denen etwa fünfzig eindeutig toxisch sind, wie das Nikotin, müssen sie erst »entgiftet« werden, bevor sie recycelt werden können. In Frankreich gibt es ein paar wenige Unternehmen, die sich an das Problem heranzumachen versuchen; eines von ihnen hat schon über zehn Millionen Filter recycelt. Eine »kleine Geste«, sicher, weit entfernt von dem, was weltweit nötig wäre, aber doch innovativ und ermutigend.

Diesem Zustand können WIR, kann jeder einzelne Raucher ein bisschen was entgegensetzen: Es ist nicht schwierig, wenn man auf der Straße ist, seine Kippe *nicht* auf den Boden zu werfen. Tausende Mülleimer wurden aufgestellt, an deren Außenseite man seine Zigarette ausdrücken kann, bevor man den Stummel in den (Plastik)-Sack wirft. In der Natur, am Strand sollte es auch nicht unmöglich sein, einen tragbaren Aschenbecher bei sich zu haben.[272] Und seinen Auto-Aschenbecher nicht unbedingt in den Rinnstein zu entleeren. Ich gebe zu, als ich das alles noch nicht wusste, warf ich meine Kippe auch wie selbstverständlich in den Rinnstein … Seitdem ich es weiß, sehe ich mit Entsetzen, wie die Leute ihre Kippen gedankenlos wegwerfen: Ein Beweis dafür, wie schnell man sich an neue Verhaltensmuster gewöhnen kann. Und wieder einmal die Feststellung, dass die Leute nicht informiert sind.

In dem Versuch, die Situation auf den Meeren zu verbessern, haben engagierte Leute Ideen entwickelt, wie man den Plastikmüll wieder aus den Meeren herauskriegt. Die Versuche mehren sich, man denkt an Meeresstaubsauger, an Schirme, an geflügelte Drohnen, und das zu wissen tut gut, auch wenn wir erst ganz am Anfang stehen.

Das Projekt »The Ocean Cleanup«, ausgedacht von einem jungen Niederländer, geht von einer einfachen Feststellung aus: Da sich das Gros des Mülls in fünf großen Zonen der Erde konzentriert – denn von den Meeresströmungen getrieben, ballt es sich in bestimmten Bereichen zusammen, wo es diesen »siebten Kontinent« bildet –, genügt es, den Müll an diesen Orten einzusammeln. So hat Boyan Slat ein System von schwimmenden Wehren von ein bis zwei Kilometer Länge konzipiert, die den Plastikabfall an derselben Stelle halten.[273] Dann käme in regelmäßigen Abständen ein Schiff vorbei, das die Masse Müll aufnimmt und zu einer Abfallsortieranlage befördert. Ziel dieses Projekts ist es, den größten dieser Meereswirbel (auch »vortex« genannt, ich kannte den Begriff nicht, manch einer unter euch vielleicht schon. Es handelt sich um »riesige Wasserstrudel, die durch Meeresströmungen zustande kommen« und in denen der Müll gefangen ist)[274], der im Pazifik liegt, zwischen Kalifornien und Hawaii, in seiner Ausdehnung *um die Hälfte* zu reduzieren. Zunächst in der Bucht von San Francisco getestet, sollte das Projekt im Lauf des Jahres 2019 starten. Der Begründer von The Ocean Cleanup hofft, bis zum Jahr 2023 mindestens vierzigtausend Tonnen Plastikmüll aus dem Meer zu holen.

Ein Schweizer Skipper wiederum hat das Projekt »Manta« entwickelt. Es handelt sich dabei um einen riesigen Quadrimaran, ausgerüstet mit Windkraftanlage und Solarpaneelen, energetisch also nahezu autonom, in dessen Bauch sich drei Müllkollektoren befinden. In diesen Behältern soll das Schiff den gesammelten Plastikmüll, den es bis zu einem gewissen Grad bereits komprimieren kann, zu einer Abfallsortieranlage transportieren. Auf jeder seiner Fahrten könnte der *Manta* insgesamt 250 Tonnen Plastikabfall befördern. Sobald die nötigen Gelder beisammen sind, ist Konstruktionsbeginn für 2021 und ein Start aufs offene Meer für 2023 geplant.

Auf der gleichen Ebene liegt Julien Wosnitza mit seinem Projekt »Wings of the Ocean«: Er hat ein Segelschulschiff gemietet und so aufgerüstet, dass man mit einem Oberflächenschleppnetz, ganz ohne CO_2-Ausstoß, den Plastikmüll aus dem Meer fischen kann, auf den man unterwegs trifft. Es sollte im September 2018 starten.[275] Nach einigen Nachforschungen erfahre ich, dass der Segler in der Tat am 3. Oktober 2018 von Amsterdam in Richtung zu den Kaimaninseln aufgebrochen ist, aber wegen einer Panne für mehrere Wochen in Cherbourg steckenblieb …[276]

Wosnitza weiß natürlich, dass mit einem einzigen Schiff seine Aktion immer begrenzt bleiben wird. Es ist ein Test. Aber er hat noch weiterreichende Pläne. Hören wir ihn selbst: »Wir wissen ja, dass 90 Prozent des Plastikmülls, der in den Meeren schwimmt, aus zehn großen Flüssen kommt, darunter dem Niger, dem Nil, dem Indus, Ganges, Jangtsekiang, Mekong, Amur … Man müsste an den Mündungen dieser großen Ströme mit Katamaranen Aufstellung nehmen, die mit Schleppnetzen ausgerüstet sind, um das Plastik aufzufangen, bevor es recycelt wird. Dazu bräuchte man dreißig Katamarane und zwei Schiffe als Support für jede Flussmündung. Ich schätze die Kosten eines solchen Unternehmens auf neunzig Millionen Euro, was im Weltmaßstab nicht viel ist.«[277]

Und hier eine sehr ermutigende Nachricht: Wissenschaftler der britischen Universität Portsmouth und des amerikanischen Energieministeriums haben ihre Anstrengungen auf ein Bakterium konzentriert, das vor einigen Jahren in Japan entdeckt wurde: Ideonella sakaiensis. Es ernährt sich ausschließlich von einem Typ Plastik, dem Polyethylenterephthalat (PET), das im Material sehr vieler Getränkeflaschen enthalten ist. Die japanischen Forscher vermuten, dass das Bakterium sich in jüngerer Zeit in einem Recycling-Zentrum entwickelt hat, denn Plastik wurde erst in den vierziger Jahren des vorigen Jahrhunderts erfunden.

Wissenschaftler der Universität von South Florida und der brasilianischen Landesuniversität von Campinas haben gleichfalls experimentiert und ein Enzym entdeckt, das noch sehr viel wirksamer als das natürliche PETase ist (das in dem japanischen Bakterium Ideonella enthalten ist). Sie arbeiten daran, sein Leistungsvermögen so zu verbessern, dass es eines Tages in einem Prozess industrieller Plastikzerstörung eingesetzt werden kann.[278]

Man darf also heute die reale Hoffnung hegen, dass in absehbarer Zeit biologisch abbaubares Plastik hergestellt werden kann. Das französische Unternehmen Lyspackaging hat eine solche kompostierbare Flasche entwickelt, die »Vegan-Bottle«, für die und deren Verschlussstopfen und Etikett es die Bagasse verwendet, die faserigen Überreste des Zuckerrohrs. Aber Achtung auch hier: Dieses Bioplastik sollte nur weiterentwickelt werden, wenn dafür nicht noch mehr Wälder abgeholzt werden müssen, um Zuckerrohr anpflanzen zu können.

Ein isländischer Student, Ari Jónsson, hatte bereits 2016 eine biologisch abbaubare (und essbare!) Flasche auf der Grundlage von *Agar-Agar* entwickelt (einem natürlichen Bestandteil mancher Meeresalgen und Rotalgen, der seit Jahrhunderten als kulinarische Zutat in der japanischen Küche und seit Kurzem nun auch in der mikrobiologischen Forschung verwendet wird).[279] Mit Wasser vermischt, ergibt diese Materie einen gelatineartigen Teig, den man formen kann. Solange die Flasche gefüllt ist, behält sie ihre

Form, leer aber beginnt sie sich aufzulösen. Gegenwärtig ist das Hauptproblem noch ebendiese Festigkeit und damit die Möglichkeit, sie aufzubewahren. Noch ist diese Flasche zu fragil, der Prototyp ist noch nicht ausgereift.[280] *Aber wir sehen, das Bewusstsein für das Problem ist inzwischen weltweit vorhanden, und die Lösungen für die Zukunft sind fast schon einsatzbereit.*

So führt uns die ernste Frage des Plastikmülls im Meer auf direktem Weg dahin, dass wir in das Problem der Ozeane selbst eintauchen.

Biep. Schon wieder so ein schwachsinniges Wortspiel, »eintauchen« und »Ozeane«.

Herrje, ich entspanne mich halt einen Augenblick, bevor ich zur bedrohlichen Situation der Ozeane komme. Dazu habe ich doch wohl ein Recht, oder?

Nein.

Erbarmungslos, mein Zensor. Und da dachte ich, er hält gerade ein Nickerchen. Aber nein, so was tut der nicht.

Beginnen wir mit der Übersäuerung dieser Ozeane, die schon mal gewaltig ist. Sie erfolgt, wenn das CO_2 aus der Atmosphäre vom Wasser absorbiert wird, und zwar zu einem Drittel. So hat der Ozean seit Beginn des Industriezeitalters bereits an die 525 Milliarden Tonnen CO_2 geschluckt. Wenn der CO_2-Ausstoß sich im selben Rhythmus wie heute fortsetzen sollte (was nicht geschehen darf), wird die Übersäuerung erheblich zunehmen. Die Forscher meinen, dass das für 2100 errechnete Säuerungsniveau seit der Periode des mittleren Miozäns vor ungefähr vierzehn Millionen Jahren nicht mehr beobachtet wurde (welches eine Phase globaler Erwärmung mit hohem atmosphärischem CO_2-Gehalt war).[281] Und sie denken, dass schon ab dem Jahr 2050, umso mehr aber gegen 2100, starke Veränderungen und ein Rückgang der maritimen biologischen Vielfalt – die sich heute bereits andeutet – einsetzen werden.[282]

Zu dieser Übersäuerung kommt die Abnahme des Sauerstoffs in den Meeren hinzu. Denn die Erwärmung der oberen Wasserschichten, die diese mehr und mehr von den kalten Wassern der Tiefe isoliert, verringert auch ihre Versorgung mit Sauerstoff. Am stärksten äußert sich diese Abnahme des Sauerstoffs in Küstennähe, wo verunreinigtes Wasser Nährstoffe ausschüttet, die das Wachstum von Phytoplankton und Grünalgen an der Wasseroberfläche fördern. Wenn diese absterben, vermehren sie die organische Materie, die in die Tiefe absinkt, wo aerobe Bakterien leben, die Sauerstoff zum Leben benötigen. Wenn diese sich von diesen Depots ernähren, vermehren sie sich rasch, verbrauchen in zunehmendem Maß allen Sauerstoff der Tiefengewässer und produzieren dabei auch CO_2, was wiederum den Säuregrad des Wassers erhöht. Solche »anoxischen«, das heißt, sauerstofffreien »toten Zonen«, wo die Tiere an Erstickung sterben, zeigen sich schon heute.[283]

Die Erwärmung der Ozeane führt außerdem zur Migration zahlreicher Fischarten und Meeressäuger, Wanderungsströmen bis zu vierhundert Kilometern in einem Jahrzehnt, die sich auch auf die Reproduktion der Tiere und die Verteilung der Arten auswirken.

Die von den einzelnen Regierungen eingegangenen Verpflichtungen zur Minderung der Treibhausgas-Emissionen sind nicht ausreichend, um wesentlich unter einem Temperaturanstieg von 2 °C im Jahr 2100 zu bleiben. Tatsächlich läuft es auf eine Steigerung um 2,7 °C bis 3,5 °C bis 2100 (oder 2070, ja nach den Quellen) hinaus. Die Wassertemperatur würde im gleichen Zeitraum um 2 °C bis 2,6 °C steigen und der Säuregrad gleichfalls zunehmen. Handeln ist also geboten, und zwar sehr schnell.

Diesem Thema sollte die dritte Etappe des sechsten Auswertungszyklus des IPCC gewidmet sein, mit der Veröffentlichung – im September 2019 – des Sonderberichts über den Ozean und die Kryosphäre (die vereisten Regionen der Erde) im Kontext des Klimawandels.[284] Hoffen wir, dass die Regierenden dieser Welt sich endlich der Gefahr bewusst werden, denn mit der Klimaerwärmung kommt das Problem des Anstiegs des Meeresspiegels auf uns zu. Und das könnte sie vielleicht endlich aufrütteln. Nach dem IPCC-Bericht von 2018, wenn nichts getan wird, um den CO_2-Ausstoß zu begrenzen, wird der durchschnittliche Anstieg des Meeresspiegels, ausgelöst durch die Eisschmelze und die Ausdehnung des Wassers (denn Wasser dehnt sich bei Erwärmung aus), bis zum Jahr 2100 etwa 72 Zentimeter betragen. Diese Daten verschieben sich um fünfundsechzig Jahre bei einer Erwärmung von »nur« +2 °C und um hundertdreißig Jahre bei +1,5 °C.[285] Und dies mittelfristig unumkehrbar. In der Tat braucht die Erwärmung der

Atmosphäre Dutzende von Jahren, um den Meeresgrund zu erreichen, wodurch ein thermisches Phänomen entsteht, das den Anstieg der Ozeane über mehrere Jahrhunderte strecken könnte.[286] Ein Ansteigen des Meeresspiegels um 65 Zentimeter würde alle Bewohner von Inseln, Küstenregionen und großer Städte wie London, Miami, Sydney, Durban, New York und vieler anderer in Gefahr bringen. Weiß Gott ein Grund, sich ernsthaft Gedanken zu machen! Ich füge hinzu, dass das Abschmelzen der Arktis und das *vollständige* Abschmelzen der Antarktis (das allerdings schwer vorstellbar ist bei den sehr niedrigen Temperaturen des Inlandeises, die bei −60 °C liegen) einen Anstieg der Meere um sechzig Meter nach sich ziehen würden!

Und das Eis schmilzt bereits, es schmelzen sowohl die Gletscher und der ewige Schnee im Hochgebirge als auch die Arktis und die Antarktis. Bei einer globalen Erwärmung von über 1,5 °C könnten der Eisschild, der die Antarktis bedeckt, und auch das Grönlandeis verstärkt schmelzen. Bei über 2 °C wird die Arktis einen Sommer ohne Packeis erleben (IPCC-Bericht von 2018).[287, 288] Andere Quellen kommen zu noch alarmierenderen Schlüssen. Die Hochgebirgsgletscher ziehen sich weiter zurück und dürften in fünfzig bis hundert Jahren alle verschwunden sein, was Millionen Menschen, deren Versorgung sich aus den Gletschersystemen speist, in schwere *Wassernot* bringt. Das wird ganz sicher in Asien der Fall sein, am Hindukusch und im Himalaya, wo die Gletscher mit zunehmender Geschwindigkeit schmelzen, was auch den Wasserzufluss in große Ströme wie Ganges und Jangtsekiang gefährdet.[289] Und die Arktis erwärmt sich etwa zweimal schneller als der globale Durchschnitt: 280 Milliarden Tonnen Eis verschwinden jährlich. In diesem Rhythmus dürfte das Packeis in den 2050er Jahren vollständig verschwunden sein.[290]

Amerikanische Wissenschaftler haben einen Plan entwickelt – den ich für nahezu unrealisierbar halte, aber hier dennoch zitiere –, um die Arktis mit windbetriebenen Pumpen neu einzufrieren. Ein außerordentlich kostspieliges Projekt, das aber die Eisdecke des Nordpols retten könnte: *zehn Millionen windbetriebene Pumpen über dem arktischen Eisschild zu installieren.* Zehn Millionen ... Ziel des Vorhabens ist es, die Eisdecke während des Winters zum Anwachsen zu bringen, sodass sie im Sommer weniger schmilzt. Im Einzelnen bedeutet ihre Methode, dass die Pumpen das kältere Wasser aus den Tiefen an die Oberfläche holen. Dieses Wasser würde dann schneller gefrieren. Die Forscher meinen, mit dem Einsatz dieser zehn Millionen Pumpen auf einem Zehntel des Nordpolarmeers könnte es gelingen, das Schmelzen in den empfindlichsten Regionen zu stoppen und die vereiste Oberfläche um einen Meter zu verdicken. Unabhängig von den Kosten (47 Milliarden Euro jährlich über zehn Jahre ...) stellt allein die Herstellung der Pumpen eine Herausforderung dar. Sie müssten mit Windrädern von einem Durchmesser von sechs Metern ausgerüstet sein, das Ganze eine Masse von etwa 4 000 Kilo Stahl. Und wenn diese Pumpen in der ganzen Arktis eingesetzt werden sollten, würden sich die Kosten auf 470 Milliarden Euro im Jahr erhöhen. Dazu die Forscher: »*Wir schätzen, dass das die Produktionskapazität der gesamten amerikanischen Stahlindustrie verschlingen würde, aber nur von 6 Prozent der Weltproduktion.*«[291]

Andere Wissenschaftler schlagen den Bau einer Mauer vor, die die wärmeren Wasser am Kontakt mit dem Eis hindern sollte. Sichtbar ist das Problem an der unterseeischen Basis des Gletschers, die vom wärmeren Wasser praktisch ausgehöhlt wird. Um gegen dieses Phänomen vorzugehen, stellen sie sich eine Mauer von fünfzig bis hundert Meter Höhe und achtzig bis hundertzwanzig Kilometer Länge vor, durch die das warme Wasser in den oberen Bereichen des Ozeans[292] zum Teil abgeblockt werden könnte. Man kann an der Effektivität dieses pharaonischen Projekts zweifeln: Eine Mauer von 120 Kilometer Länge wird wohl kaum die Arktis schützen können.

Manche Industrielle, da könnt ihr sicher sein, reiben sich insgeheim schon die Hände bei dem Gedanken an die Eisschmelze in der Arktis und die Möglichkeiten, die diese für den Abbau von Rohstoffen, insbesondere Erdgas und Erdöl, eröffnet, ohne dass sie in ihrer Gier begreifen, was das für eine Katastrophe bedeuten würde. Der Beweis: Als im vergangenen Jahr, nach dem Abbruch eines riesigen Stücks Eisberg in der Arktis, sich ein neuer Seeweg auftat (die Nordost- und die Nordwestpassage werden in zunehmendem Maß eisfrei)[293], gingen die Börsenwerte sofort nach oben. Man könnte sich die Haare raufen! Und diese Leute gibt es. Sie gehören zu DENEN. Sind sie sich wenigstens der 410 ppm CO_2 bewusst, bei denen wir mittlerweile angekommen sind? Oder haben sie nichts damit zu tun? Wahrscheinlich. WIR aber schon. Weshalb ich unablässig wiederhole, dass WIR alles tun müssen, was in unserer Macht steht, um die kommenden Katastrophen aufzuhalten – und das werden wir tun, behalten wir also unseren Kurs bei.

Die Antarktis ihrerseits hat in den letzten fünfundzwanzig Jahren dreitausend Milliarden Tonnen Eis verloren, bereits jetzt ausreichend, um den Meeresspiegel global um fast acht Millimeter zu erhöhen.[294] Diese Tendenz hat sich in den letzten Jahren in spektakulärer Weise beschleunigt. Seit 2012 verliert der antarktische Kontinent 219 Milliarden Tonnen Eis im Jahr.

Mit anderen Worten, das Eis schmilzt in den letzten fünf, sechs Jahren nahezu dreimal so schnell wie zuvor. Zu 98 Prozent vom antarktischen Eisschild bedeckt, birgt der Südkontinent für sich allein 90 Prozent des Eisvorkommens der Erde und stellt das größte Süßwasserreservoir des Planeten dar. Am 31. Januar 2019 erfuhr man, dass neue Satellitenaufnahmen des Thwaites-Gletschers (in der West-Antarktis), der Opfer der Erwärmung der Tiefengewässer ist, das Verschwinden eines gigantischen Eisreservoirs »von fast dreihundert Meter Höhe« festgestellt haben, »groß genug, um vierzehn Milliarden Tonnen Eis zu fassen«, und dies innerhalb von drei Jahren. Wenn der Gletscher vollends verschwinden sollte, würde der Meeresspiegel um etwa fünfundsechzig Zentimeter anwachsen.[295] Sein Schmelzen würde eine Kettenreaktion in der westlichen Antarktis auslösen, die »früher oder später« zu einem Anstieg des Wassers um mehr als zwei Meter führen würde![296]

Die Zeit läuft ab, warnt eine internationale Gruppe von Forschern, nach denen *in den kommenden zehn Jahren* gehandelt werden muss, wenn wir die Antarktis retten wollen und mit ihr den restlichen Planeten (aber schon vor fünfzig Jahren war es so weit, dass »in den kommenden zehn Jahren gehandelt werden müsste«!). Die Forschergruppe entwirft zwei gegensätzliche Szenarien: Im ersten Szenario nehmen die Treibhausgas-Emissionen weiter zu. Danach könnten die Temperaturen bis zum Jahr 2070 um 3,5 °C gegenüber 1850, also vorindustriellem Niveau, ansteigen, und die Eisschmelze ließe den Meeresspiegel um fünfundzwanzig Zentimeter steigen. Da aber auch die Temperatur der Ozeane sich global erhöht, würde deren Fähigkeit abnehmen, den Kohlenstoff aus der Atmosphäre zu binden, wodurch wiederum die Klimaerwärmung beschleunigt würde. Im zweiten Szenario, bei dem die Temperaturerhöhung auf 2 °C begrenzt bliebe, würde das Abschmelzen der Polkappen zu einer Erhöhung des Meeresspiegels von nur sechs Zentimetern führen. Die Meeresströmungen blieben erhalten wie auch die Aufnahmefähigkeit für CO_2.[297] Kann man bei der Untätigkeit unserer Regierenden noch an eine solche Perspektive glauben?

Außer den Gletschern seiner Küstenregionen hat der weiße Kontinent, mit seiner Fläche von vierzehn Millionen Quadratkilometern und einer Tiefe von stellenweise bis zu viertausendachthundert Metern, Temperaturen von −35 °C im Sommer und −70 °C in seinem Zentrum im Winter,[298] mit einem Rekord von jüngst −98 °C in seinem Kern. Das vollständige Abschmelzen des Eisschildes ist also − so können wir zumindest hoffen − ziemlich unwahrscheinlich.

An dieser Stelle würde ich euch gern aufatmen lassen und, ich gestehe, selber gern aufatmen, wäre da nicht das Problem der tauenden Permafrostböden, das sich mit der Klimaerwärmung stellt, eine »tickende Zeitbombe«, wie es heißt. Der letzte Bericht des Weltklimarats weist zwar auf das Problem hin, beziffert in seinen Voraussagen aber noch nicht den Temperaturanstieg, den dieses Tauen zur Folge haben wird.

Der Permafrost wird von gefrorenen Böden gebildet, die fünfzehn bis zwanzig Millionen Quadratkilometer, das heißt, ein Viertel des Landes in der nördlichen Hemisphäre in Russland, Kanada, Alaska und Grönland, bedecken. Sie können aus mikrokristallinem Eis oder auch aus großen Mengen reinen Eises bestehen und eine Tiefe von mehreren Metern bis zu einigen hundert Metern haben. Was die Sache aber so problematisch macht, ist, dass in diesem Boden nicht weniger als 1 700 Milliarden Tonnen Kohlenstoff gebunden sind, also etwa die doppelte Menge des CO_2, das schon in der Atmosphäre ist, und gewaltige Mengen an Methan.[299] Würden diese beiden klimaerwärmenden Gase aus den Permafrostböden freigesetzt, wäre dies gleichbedeutend mit fünfzehn Jahren Treibhausgas-Emissionen, wie sie derzeit erfolgen (aber wartet, wartet, noch gibt es ein wenig Hoffnung). Und das Abtauen des Permafrosts bei unserem gegenwärtigen Temperaturanstieg von 1 °C hat bereits begonnen, mit zunehmender Freisetzung von Methan und CO_2. Außerdem erfährt man aus einer unlängst im *National Snow and Ice Data Center* veröffentlichten Studie, dass die im Permafrost eingeschlossenen Quecksilbervorräte doppelt so bedeutend wie die auf der übrigen Erde sein sollen. Sie könnten die Ozeane kontaminieren und leicht in die Nahrungskette gelangen.[300]

Eine andere jüngere Studie über das Tauen des Permafrosts erwähnt die Gefahr der Freisetzung von 165 Gigatonnen CO_2 bei 2 °C globaler Erwärmung bis zum Jahr 2100.

Dabei handelt es sich um eine durchschnittliche Schätzung innerhalb einer Spanne, die von 73 bis zu 294 Gigatonnen CO_2 reicht. Was die Temperatur um weitere 0,04 °C bis 0,16 °C ansteigen ließe. Diese Spanne verdeutlicht, wie weit die Einschätzungen derzeitig noch voneinander abweichen.[301]

Es gibt auch positivere Visionen. Eine wurde im Moskauer Institut für Geologie entwickelt und weist nach, dass »Anhäufungen von Methanhydraten nur sehr langsam auf eine Klimaerwärmung reagieren, sprich, mit einer Verzögerung von zwanzig- bis vierzigtausend Jahren. Im Übrigen scheinen die zurzeit beobachteten Wärmeabgaben, die ein amerikanisches Team in direkter Messung festgestellt hat, sehr schwach zu sein, wobei sich das freigesetzte Methan im Meer auflöst.« Methan ist auch druckabhängig. Wenn der Meeresspiegel durch die Klimaerwärmung ansteigt, wird der höhere Wasserdruck es in der Tiefe sogar stabilisieren.[302] Aber diese Studie ist schon zwölf Jahre alt ...

Und schließlich hat eine Forschergruppe der Universität Princeton das Tauen der Permafrostböden im Norden Kanadas studiert und beobachtet, dass bis dahin unbekannte Bakterien dabei freigesetzt wurden. *Diese Bakterien »verbrauchen« das Methan und wandeln es in Alkohol um.* Was bedeutet, je mehr der Permafrost taut, desto mehr wird er in der Lage sein, das Methan in der Atmosphäre zu eliminieren. Diese weitere negative Retroaktion würde zur Verringerung des Treibhausgaseffekts beitragen.[303] Gleichwohl kann man sich fragen: Aber was für Bakterien sind das? Und wohin werden sie wandern?

Ich möchte auch die erstaunliche und sehr interessante

Idee eines russischen Geophysikers und seines Sohnes hier erwähnen, die im äußersten Nordosten Sibiriens versuchen, die Ökosysteme der letzten Kaltzeit, die vor etwa zwölftausend Jahren zu Ende ging, wiederauferstehen zu lassen. Ihr Ziel: das Tauen des Permafrosts zu verhindern. Um es zu verlangsamen, versuchen beide Wissenschaftler, die Bodentemperatur zu senken, indem sie das alte Ökosystem der arktischen Region wiederherstellen, die aus weiten Graslandschaften bestand und von pflanzenfressenden Großtierarten beweidet wurde. Und dieses »silbrige Grasland« reflektiert das Sonnenlicht wie Schnee. »So kann die Kälte tiefer in den Permafrostboden eindringen« (Sergej Simow). Und seit 1996 haben Sergej und Nikita Simow begonnen, in den Grenzen dieses von ihnen begründeten *Pleistozän-Parks* Tiere wie Jakutenpferde, Yaks, Elche, Rentiere, Moschusochsen und Wisente anzusiedeln, die das Gras abweiden, den Boden nähren, die Vegetation niedertreten und die Steppe wieder bevölkern. Da sie häufig weiterziehen müssen, um Wölfe und andere Raubtiere zu meiden, lassen die Tiere dem Gras Zeit nachzuwachsen, was auf lange Sicht dazu führt, dass sich eine vielfältigere Fauna entwickelt. Bis jetzt scheint ihr Vorhaben aufzugehen: Da, wo die Tiere weiden, verharrt die Bodentemperatur bei etwa −24 °C. Anderswo kann sie bis auf −5 °C steigen, und das ist zu warm, um den Permafrost in seinem Zustand zu erhalten.[304]

Das nächste Projekt der Simows war, zwölf Bisons aus Alaska in den hundertfünfzig Quadratkilometer großen Park zu holen. Das Geld dafür wurde über eine Crowdfunding-Kampagne beschafft,[305] die sie beim Transfer der Tiere unterstützte.[306, 307] Dieser Versuch, gesteuert von der North East Scientific Station, einer der wichtigsten Forschungsstationen der Arktis, läuft bereits auf einem Terrain von Tausenden Hektar dort im Fernen Osten von Russland.

Und schließlich könnte das Tauen des Permafrostbodens in Verbindung mit der Erderwärmung sowohl Kohlenstoffquellen als auch Kohlenstoffsenken (natürliche oder künstlich angelegte Reservoire, die Kohlenstoff aus der Atmosphäre absorbieren) radikal verändern. In der Region von Fort Simpson (Kanada) in jüngerer Zeit erzielte Ergebnisse legen den Gedanken nahe, dass sich nach dem Tauen der Permafrostböden (dank der höheren Aufnahmefähigkeit der Moore für CO_2) die Speicherung von Kohlenstoff verdoppeln könnte. Aber die häufiger gewordenen Waldbrände und schweren Brände in der Tundra (durch das Tauen des Permafrosts wird die Vegetation freigelegt und trocknet aus)[308] könnten andererseits gewaltige Kohlenstoffflüsse zur Folge haben und damit wieder die Mengen an Treibhausgasen in die Höhe treiben. Forschungen im Mackenzie-Tal in Kanada schließen ebenfalls Studien zur Lagerung von Kohlenstoff und zu Kohlenstoffflüssen in den Mooren ein.

Manche Wissenschaftler meinen, dass der Temperaturanstieg die Entwicklung der Pflanzen begünstigen könnte, die dann auch mehr Kohlenstoff aufnehmen würden. Wieder andere dagegen sehen in Anbetracht des steigenden CO_2-Ausstoßes eine Verringerung dieser Aufnahmefähigkeit voraus.[309]

Die Vermutungen, welche Auswirkungen das Tauen des Permafrosts haben wird, gehen also, wie man sieht, noch weit auseinander.

Haltet ihr's noch aus? Weil ich selbst nämlich schon so manches Mal die Hände vors Gesicht geschlagen habe. Aber Fachleute für solche Erschütterungen haben mir erklärt, diese Reaktion sei normal, und wenn sie einmal vorüber ist, kommt die Zeit der *Anpassung* (die Fähigkeit, sich anzupassen, ist eine der mächtigsten psychologischen Triebfedern des Menschen), dann die der Reaktion und schließlich der *Aktion*. Gut, wenn die das sagen, dann muss es wohl stimmen. Und unsere Aktion wird gewaltig sein, auch wenn es nicht in unserer Macht steht, mit Mikro-Windrädern über die Arktis oder die Permafrost-Regionen zu spazieren, um sie abzukühlen.

Biep. Ihre Gemütszustände (-verfassungen) und albernen Scherze interessieren niemanden. Sie schweifen schon wieder ab, korrigieren Sie unverzüglich Ihren Kurs.

Mein Zensor scheißt mich zusammen, was ich mir ja denken konnte. Er kann mich nicht in Ruhe lassen.

Diese Eisschmelze in der Arktis bringt mich auch gleich auf den Golfstrom, der von der Veränderung der Ozeane ja nicht unberührt bleibt.

Dass sich das milde Klima im Westen Nordeuropas zum Teil durch die sogenannte »nordatlantische Drift« des Golfstroms erklärt, das weiß man. Was man aber viel weniger weiß: Laut Studien der britischen wissenschaftlichen Zeitschrift *Nature* und der Londoner Universität beginnt der Golfstrom langsamer zu werden. Sein Kreislauf könnte zum Versiegen kommen und das Klima in Europa viel kälter werden. Mehrfache übereinstimmende Beobachtungen zeigen, dass dieses Strömungssystem sich derzeit wie noch nie im Verlauf des Jahrhunderts abschwächt. Mögliche Ursache: das Abschmelzen des grönländischen Eisschilds.

Und so geht das vor sich: Auf Höhe des Nordatlantiks fließt das warme (also leichtere) Wasser aus dem Süden Richtung Norden, während das kalte (also schwerere) Wasser aus dem Norden in die Tiefe sinkt und gen Süden abfließt. Mit einem Unsicherheitsfaktor von eins zu zwei schätzt man, dass ein solches Phänomen der Abkühlung eintreten könnte. Sicher sind wir dessen natürlich noch nicht. Es würde im Zeitraum der nächsten zwanzig Jahre eintreten und in zehn Jahren beginnen und sich durch eine rapide Abkühlung von 2 °C oder 3 °C in der Gegend der Labradorsee äußern – einer der wenigen Zonen, die sich seit Beginn der planetarischen Temperaturaufzeichnungen nicht erwärmt haben. Dieser – irreversible – Stillstand des Golfstroms könnte »ein starkes Absinken der Temperaturen in den Küstenregionen des Nordatlantiks« zur Folge haben (CNRS, 2017). Das ist die Westküste Europas (von Großbritannien bis nach Spanien und Portugal, auf dem Weg über Frankreich, die sich um durchschnittlich 1 °C bis 2 °C (oder auch 3 °C) abkühlen würde, was mehr ist als in der Kleinen Eiszeit, die im 17. Jahrhundert in Westeuropa herrschte, aber doch nicht vergleichbar mit einer Eiszeit, bei der die Temperaturen im Schnitt um 6 °C sinken. Nun könnte man sich sagen: »Na, umso besser, das wird den Temperaturanstieg aufhalten.« Genau das passiert aber nicht. Die Forscher sind der Ansicht, dass diese Abkühlung, da sie lokal begrenzt ist, nur eine schwache Auswirkung auf die weitere globale Erwärmung haben wird.[310, 311]

Gleichwohl wäre nicht zu befürchten, dass Frankreich und seine Nachbarn fortan kanadische Winter bekämen, denn die geografische Lage beider Kontinente ist sehr verschieden. Die in unseren Breiten dominierenden Winde wehen in westlicher Richtung, während Québec unter dem Einfluss eisiger kontinental-arktischer Luftmassen liegt. Und Westeuropa ist unter dem Einfluss von Winden, die zuvor über den Atlantischen Ozean geweht sind: Sogar, wenn dieser kälter wird, bleiben die Luftmassen immer noch sehr viel milder als in Québec. Simulationen legen die Vermutung nahe, dass die Abkühlung des Nordatlantiks eher auf Island und in Skandinavien zu härteren winterlichen Temperaturen führen könnte.

Diese Abkühlung des Nordatlantiks und des Norwegischen Meeres könnte zu häufigeren Einbrüchen arktischer Luftmassen führen: Kältewellen würden zahlreicher werden und Schneefälle reichlicher. Die Sommer in Westeuropa würden kühler und feuchter werden, während sie jenseits des Atlantiks heiß und gewittrig bleiben würden. Der Nordosten der Vereinigten Staaten und auch Québec würden noch strengere Winter erleben, mit häufigeren Schneestürmen: In Montréal dürften im Jahr 2050 im Schnitt fünfzig Zentimeter mehr Schnee fallen als heute (nach einer Studie der Universität Winnipeg)[312]. Die ungewöhnliche Kältewelle, die der Nordosten der USA im Januar 2019 erlebt hat (mit Temperaturen bis zu −50 °C im Mittleren Westen)[313], war sie ein Vorbote? (Es ist fahrlässig von mir, so was zu schreiben, da ich doch nichts Genaues weiß, ich sollte also besser schweigen.) Jedenfalls scheint ein Donald Trump nicht zu begreifen, dass der Klimawandel, der die Temperatur auf der Erde erhöht, an bestimmten Orten sogar zu viel strengeren Wintern führen kann.

Nach diesen Zeilen, bei denen es einem schon ein bisschen kalt den Rücken runterläuft …

Biep. Sie können es nicht lassen, immer wieder solche absurden, an den Haaren herbeigezogenen Wortspiele einzuflechten. Streichen Sie das auf der Stelle.

Ach, lassen Sie mich doch in Ruhe. Ich sagte, ich entspanne mich gerade ein bisschen, und der Leser mit mir.

… bei denen es einem schon ein bisschen kalt den Rücken runterläuft, schlage ich euch vor, und das wird uns guttun, uns nunmehr wieder *positiven Aktionen* zuzuwenden. Wir hatten ja bereits einige davon im Verlauf dieses Textes (namentlich *das Ende der intensiven Landwirtschaft und Viehzucht,* ich werde nicht müde werden, es zu wiederholen! Wie oft habe ich den Nagel nun schon eingeschlagen? Fünfmal?).

Ich beginne mit der Wiederaufforstung, einem sehr erfreulichen Thema, wenn man sich vorstellt, wie überall neue Bäume wachsen. Aber gut, so einfach ist es nun auch nicht, dass man irgendwo ein paar Bäumchen hinpflanzt. Man muss schon genaue Strategien befolgen, damit diese Wiederaufforstung ihre Wirkung tut und neue Kohlenstoffsenken dabei entstehen.

Wälder sind, wie man weiß, die entscheidenden Ökosysteme im Kohlenstoffkreislauf. Sie bedecken eine Fläche von vier Milliarden Hektar, und vorausgesetzt, sie sind in gutem Zustand, binden sie eine sehr große Menge Kohlenstoff pro Jahr, etwa drei Milliarden Tonnen, das sind 30 Prozent des vom Menschen verursachten CO_2-Ausstoßes. Aber es bräuchte mehr, viel mehr.

Wir sahen, dass das Projekt Amazonasbecken, wonach geplant war, 73 Millionen Bäume zu pflanzen, die 30 000 Hektar Regenwald bis 2023 wiederaufgeforstet hätten, nun dem Willen des neuen brasilianischen Präsidenten unterworfen ist. *Doch wenn wir unsere Nachfrage nach Fleisch, nach Biotreibstoff und tropischen Hölzern wesentlich reduzieren, macht es keinen Sinn mehr, das Amazonasbecken abzuholzen, um Futter für die Tierproduktion anzubauen, Palmöl zu exportieren und diese Hölzer verkaufen zu wollen.* Das ist unsere Hoffnung. Und für den Fall, dass sie wahr wird (es könnte ja sein, dass Jair Bolsonaro in vier Jahren nicht wiedergewählt wird), wäre es auch möglich, die neue, »mucava« genannte Technik in Anwendung zu bringen. Sie besteht darin, auf den abgeholzten Flächen Saatgut von über zweihundert Arten heimischer Bäume in den Boden zu bringen, die vierhundert örtliche Mitarbeiter für die Gründung eines Samenregisters gesammelt haben.

Natürlich wächst nicht jedes Saatkorn zu einem Baum heran. Man sät sie aus, lässt sie keimen, sich gegenseitig ernähren und wählt nach natürlicher Auslese die kräftigsten Pflänzchen aus, um sie zu einem Baum heranwachsen zu lassen. Der Vorteil dieser heimischen Arten ist, dass sie sehr widerstandsfähig sind und bis zu sechs Monate ohne Wasser auskommen. »Für gewöhnlich erbringt die Aufforstungstechnik Baum für Baum 160 Bäume pro Hektar«, erklärt Rodrigo Medeiros, verantwortlich für das brasilianische Programm bei Conservation International in Washington. »Aber mit der Technik von ›mucava‹ kann man bis zu 2 500 Bäume pro Hektar pflanzen. Und nach zehn Jahren bis zu 5 000 Bäumen auf einen Hektar.« Aber noch ist man weit entfernt von der Verpflichtung, die Brasilien auf der Klimakonferenz COP21 eingegangen war: bis zum Jahr 2030 zwölf Millionen Hektar wiederaufzuforsten.[314]

Eine andere Methode wurde von Akira Miyawaki, einem japanischen Botaniker, entwickelt, die es ermöglicht, Urwälder zu pflanzen oder, genauer gesagt, sich der Organisation von Urwäldern anzunähern. Sie hat bis zum heutigen Tag schon dazu geführt, zwanzig Millionen Bäume neu zu pflanzen. Ihr Verfahren dauert länger: Es beginnt mit einer Auslese aus einer Vielfalt von einheimischen Pflanzen einer Region. Sobald die Samen zu keimen beginnen, werden sie in Baumschulen verpflanzt, in einer rein zufälligen Anordnung, um die natürliche Biodiversität neu zu schaffen. Innerhalb von drei Jahren wachsen die Pflanzen zwei Meter hoch und werden dann umgepflanzt.

Die Methode von Miyawaki könnte sich als wirkungsvoller erweisen als klassische Aufforstungsmethoden, da sie eine bessere Verwurzelung und eine größere Widerstandskraft bei extremen Wetterlagen gewährleistet. Durch die Interaktion zwischen den Pflanzen entwickeln sich diese neuen »jungfräulichen Wälder« schneller, und da sie dreißigmal dichter sind, nehmen sie, wenn sie erst einmal gepflanzt sind, auch ohne Zutun des Menschen mehr CO_2 auf.

Ich hoffe, ich langweile euch nicht zu sehr mit diesen

Pflanzmethoden, aber ich finde, es ist sehr wichtig, sie zu kennen. Und so wiederhole ich meine Entschuldigung für diese technischen Passagen (ich habe das im Lauf dieses Buches wahrscheinlich oft getan!). Wenn ich einen Kriminalroman schreibe, passe ich instinktiv sehr auf, dass ich meine Leser nicht langweile, aber bei so einem Thema hier kann ich kaum kürzen, das werdet ihr verstehen.

Biep. Aber Ihre Kriminalromane haben hier nichts zu suchen. Kehren Sie sofort um.

Er akzeptiert noch nicht mal, dass man sich entschuldigt! Vielleicht findet er es naiv oder einen reinen Zeitverlust. Dagegen protestiere ich. Sich zu entschuldigen ist nie ein Zeitverlust. Aber gut, ich komme auf meine Schäfchen zurück (und auf die Gefahr hin, euch zu nerven: Vergesst nicht, ein simples Kilo Lammfleisch kostet in der Herstellung so viele Treibhausgase wie eine Autofahrt über 180 Kilometer! Womit ich noch einmal den Nagel einschlage, stimmt's?).

Wir waren bei der Wiederaufforstung stehengeblieben … nein, ich habe den Faden nicht verloren.

Sechs Millionen Hektar Urwald verschwinden jedes Jahr, könnt ihr euch das vorstellen? Und Miyawakis System wurde schon an tausenddreihundert Orten in Japan und in mehr als fünfzehn weiteren Ländern wie in Thailand und China umgesetzt. Das ist ein erster Lichtblick, so was brauchen wir. In Belgien begrünt ein Urban Forest Industriegebiete, und in Frankreich wird das Unkraut auf den

Randstreifen der Pariser Stadtautobahn ersetzt durch junge Eichen und Birken.[315]

Und da ich nun auf dem Pariser Boulevard Périphérique (mit seiner widerwärtigen Atmosphäre) bin, mache ich gleich noch einen Umweg durch Frankreich zu den Akteuren der Holzbranche, die einen Aufruf zur »Erneuerung des französischen Waldes« unterzeichnet haben. So wollte, zum Beispiel, die NGO Reforest'Action Spender mobilisieren, um »im Herbst/Winter 2018–2019 eine Million Bäume zu pflanzen«.[316] Frankreich gehört zu den Top Ten der Länder, die am aktivsten auf dem Gebiet der Wiederaufforstung tätig sind und 113 000 Hektar Land pro Jahr dazugewonnen haben.

Auch anderswo in der Welt geschieht etwas. Pakistan hat in vier Jahren eine Milliarde Bäume gepflanzt. In der Provinz Khyber Pakhtunkhwa arbeiten 16 000 Menschen an der Wiederaufforstung der Böden. Sodass das 2014 gesteckte Ziel von einer Milliarde längst erreicht und überschritten sein wird.[317]

China hat sich ebenfalls an die Wiederaufforstung gemacht. Nach Jahrzehnten der Abholzung bemüht sich das Land, die Hektar an verlorenem Wald zurückzugewinnen. Seit 2015 hat es erneut eine bewaldete Gesamtfläche von 208 Millionen Hektar erreicht. Neue Bäume werden in der Provinz Hebei gepflanzt, die Peking umgibt (verständlich angesichts des entsetzlichen Smogs, unter dem die Stadt erstickt), sowie in der Provinz Qinghai (im Zentrum). In einem Jahr sollten 23 Prozent des chinesischen Territoriums (oder 35 Prozent nach anderen Quellen) von Wald bedeckt sein. Pläne von »Waldstädten« wurden vor drei Jahren ebenfalls angekündigt. Die »Waldstadt« Liuzhou für 35 000 Einwohner ist gegenwärtig in Bau, Kriterium die Luftqualität, die Biodiversität und die Energiewirtschaft,[318] ein Vorhaben, das in einem Land, das so viel Kohle verbraucht, wirklich unerlässlich ist.

Die NGO Planète Urgence unterstützt die Sanierung des Ökosystems der Mangrovenwälder und des geschädigten Waldes in Indonesien und Madagaskar. 135 000 Bäume wurden in Indonesien und 1 221 564 in Madagaskar gepflanzt.[319]

Die Laubbäume Europas haben leider nur wenig Einfluss auf die Klimaerwärmung,[320] weshalb es so außerordentlich wichtig ist, die tropischen Wälder zu schützen. Die Forscher haben verschiedene Strategien studiert (veränderte Vegetation, Wiederaufforstung mit identischem Bewuchs, das Auflichten des Waldes …) und deren Wirkungen auf Temperatur, Albedo (dazu komme ich gleich) oder Holzernte als Biomasse auf das Jahr 2100 hochgerechnet. Das effektivste Modell, um ein Maximum an CO_2 zu speichern, nämlich acht Milliarden Tonnen bis 2100, bestünde darin, 475 000 Hektar Laubwald in Nadelwald zu verwandeln.

Aber dieser Gewinn an Aufnahme von Kohlenstoff würde durch den »Albedo-Effekt« fast vollständig aufgehoben. Diesen Effekt kennt ihr, wenn ihr euch bei heißem Wetter in helle Farben kleidet und nicht in dunkle, die die Wärme absorbieren. Die Farbe von Nadelgehölzen aber ist, wie man weiß, sehr viel dunkler als die von Laubgehölzen. Sodass die Albedo (die Rückstrahlung des Sonnenlichts) sich verringert und die umgebende Temperatur ansteigt. In Irland, zum Beispiel, wurden weite Flächen natürliches

Grasland in Monokulturen schnell wachsender Fichten umgewandelt. Mit dem Ergebnis, dass ökologisch tote Zonen entstanden, »*wo kein Vogel mehr singt, keine Biene mehr Pollen sammelt und keine Blume mehr blüht*«.[321] *Nadelbäume in Europa zu pflanzen ist also keine wünschenswerte Option.* Aus dem gleichen Grund würde ein Wiederaufforsten in nördlichen Regionen die Albedo verändern, denn damit würde man weiß glitzernde Schneeflächen durch dunkle Wälder ersetzen.

Heute Nacht kam mir, noch immer beim Nachdenken über diese Albedo, eine vollkommen absurde Idee, aber ich sage sie euch dennoch: Da weiße Flächen das Sonnenlicht reflektieren und die Temperatur sinken lassen – was erklärt, dass die Städte mit ihren schwarz asphaltierten Straßen, abgesehen von ihrer Verschmutzung, wärmer sind als das Land –, während das Abtauen verschneiter Flächen die Temperaturen steigen lässt, warum sollte man dann nicht (ihr werdet lachen) alle Straßen und Bürgersteige in Städten und Dörfern sowie die Autobahnen weiß streichen, um die Temperatur zu senken? Ich amüsierte mich ein Weilchen mit dieser verrückten Idee, aber dann habe ich doch ein wenig recherchiert, und ich fand – ihr könnt es mir glauben, es stimmt wirklich – eine vollkommen ernst gemeinte Anregung des Regionalrats für das Umland von Montréal, die genau in diese Richtung geht! Ich zitiere:

»Um die Wärmeaufnahme zu verringern, sind zwei Arten von Maßnahmen möglich. Die erste zielt darauf ab, dunkle Flächen (schwarze Dächer, asphaltierte Straßen) gegen helle, reflektierende Flächen auszutauschen. Eine Studie der Heat Island Group über die Temperaturabweichungen zwischen verschiedenen Pflastertypen deutet an, dass alter Asphalt eine Albedo (Rückstrahlfähigkeit) von 15 Prozent bei einer Außentemperatur von 46 °C hat. Mit einem Anstrich versehen, der die Oberfläche aufhellt, steigt die Albedo auf 51 Prozent und lässt die Bodentemperatur auf 31 °C sinken. Das gleiche Verfahren, das heißt, hohe Albedo-Werte durch Aufhellen von Flächen zu erreichen, könnte auch auf die Fassaden und Dächer der Gebäude Anwendung finden.«[322]

Zu meiner großen Überraschung war meine nächtliche Idee also gar nicht so einfältig! Deshalb setzte ich mich hin und begann, die gegenwärtige Fläche urbaner – also dunkler – Zonen in der Welt zu berechnen. Nicht ganz einfach … Aber da ich wusste, dass seit dem Jahr 2000 die Stadtfläche um etwa eineinhalb Millionen Quadratkilometer in dreißig Jahren gewachsen sein würde, das heißt, um hundertzehn Quadratkilometer jeden Tag,[323] und ich – von dieser Zahl ausgehend – auf die nächsten dreißig Jahre, also bis 2060 hochrechnen konnte, kam ich zu dem Schluss, dass die urbane Fläche dann bei ca. zweieinhalb Millionen Quadratkilometern liegen würde, in Wirklichkeit aber bei noch mehr, da die Städte schneller wachsen als die Statistiken. Folglich bei ungefähr drei Millionen Quadratkilometern im Jahr 2050. Und das arktische Packeis erstreckte sich 2012 über drei Millionen Quadratkilometer und Ende 2017 über viereinhalb Millionen Quadratkilometer. Wenn die Arktis im Jahr 2050 vollständig abgeschmolzen sein wird, könnten dann diese drei Millionen Quadratkilometer »weiße Städte« nicht den Albedo-Verlust kompensieren, der uns durch das Verschwinden der vereisten und verschneiten

Flächen entstanden ist, und uns die sommerlichen Hitze-wellen erträglicher machen? Da stehe ich nun mit meiner verrückten Idee, obwohl sie ja *rein theoretisch* gar nicht mal so blödsinnig ist. Auf jeden Fall müsste eine sagenhafte Menge weißer Anstreichfarbe produziert werden!

Wo war ich stehengeblieben? Jetzt habe ich doch wirklich den Faden verloren. Ach, richtig, ich war bei den Wäldern.

Wenigstens sollten wir nicht mehr an die Wälder rühren, die wir in Europa noch haben. Wir müssen sie schützen durch eine *nachhaltige* Bewirtschaftung (Biodiversität, Pro-duktivität, gut geplante Regeneration …) *und nur Holz kaufen, wenn es von dort kommt.*[324] Man erkennt es an den beiden Siegeln PEFC und FSC, die garantieren, dass es aus solchen kontrollierten Wäldern stammt. 2017 waren 313 Millionen Hektar Wald PEFC-zertifiziert und 198 Mil-lionen Hektar FSC-zertifiziert. Und es werden heute auch mehr und mehr zertifizierte Produkte auf dem Markt an-geboten.[325]

Um unsere Moral zu stärken, können wir uns bei den er-neuerbaren Energien umschauen, wo wir offensichtlich ganz gut dastehen, auch in dem Wissen, dass der Weltkli-marat dringend empfiehlt, ihren Einsatz bis zur Mitte des Jahrhunderts von 20 auf 70 Prozent der Elektroindustrie zu steigern. Doch um es gleich zu sagen, sie sind nicht ganz unbedenklich. Es müssen noch enorme Fortschritte erzielt werden, bis wir auf eine Weise erneuern, dass wir bei der Herstellung dieser »sauberen« Energie nicht die Ressourcen an Seltenen Erden und Metallen erschöpfen. »Sauber«, und so sauber wieder nicht. Sie ist auch eine gefräßige Energie.

Bei der Produktion erneuerbarer Energien haben wir Europäer im Jahr 2017 zum ersten Mal 30 Prozent der von uns verbrauchten Elektrizität erreicht. Dieses Wachstum verdanken wir der Anstrengung vor allem einiger Länder: Dänemark (mit 74 Prozent seines Energieverbrauchs), Deutschland (mit 30 Prozent, aber auch noch 37 Prozent Kohlestrom) und Großbritannien (28 Prozent). Unter den Nachzüglern sind Frankreich (das noch sehr auf seine Kernenergie setzt, mit der es allerdings in gut zwanzig Jahren ohnehin zu Ende geht, wenn die Ressourcen an Uran erschöpft sind, oder schon in zehn Jahren, mit dem Ende von Helium, das in den Kernreaktoren als Kühlmittel gebraucht wird) und Polen (das seinen Strom noch zu 77 Prozent aus Kohlekraftwerken bezieht)[326]. IRENA (die Internationale Organisation für Erneuerbare Energien) drängt auf die Beschleunigung dieser Entwicklung, um bis zum Jahr 2030 34 Prozent des Endverbrauchs zu erreichen. »Aber beim aktuellen Stand der angekündigten Politik wird die Europäische Union ihr Ziel wohl kaum erreichen, den Anteil an erneuerbaren Energien auf 27 Prozent […] im Jahr 2030 zu steigern.«[327] Alles hängt also von den Anstrengungen der nächsten … zehn Jahre ab.

Es macht ein bisschen traurig, sehr sogar, es erbost einen, sich immer wieder dasselbe sagen zu müssen: *Wenn SIE sich eher darangemacht hätten, statt die Dinge laufen zu lassen …*

Sehen wir sie uns also an, diese erneuerbaren Energien, von denen man sich für die Zukunft so viel verspricht:

Da ist die Wasserkraft, die die Energie des Wassers im Oberlauf von Strömen, Flüssen, Wildwassern nach dem guten alten Prinzip der Mühle nutzt. Diese Energie wird danach in Elektrizität verwandelt (über Turbine und Generator, ich vereinfache, wenn ihr nichts dagegen habt). Wasserkraftwerke liegen in Sümpfen oder an Orten, wo es einfach ist, große Mengen Wasser zu stauen, aber sie können sich auch im Meer befinden, wo sie die Gezeiten nutzen (doch dieser Sektor ist mangels ausgereifter Technologien noch eher schwach entwickelt).[328]

Der Vorteil der Wasserkraft ist, dass sie unerschöpflich ist und ihre Betriebskosten gering sind. Was aber nicht immer gesagt wird: Der Bau eines Kraftwerks bedingt zugleich die Anlage großer Staubecken, für die ausgedehnte Landschaften geflutet werden müssen, sei es für die Energiegewinnung aus Flüssen oder aus Gezeiten. *Und diese Staudämme und -becken sind auch immer eine starke Quelle von Methan-Emissionen,*[329, 330, 331] die, wie ich schon sagte, von der Verwesung der gefluteten Vegetation in den stehenden Gewässern ausgehen, besonders natürlich in den Tropen, aber auch in gemäßigten Zonen. Laut dem brasilianischen Nationalen Institut für Raumfahrtforschung sind Staudämme die hauptsächliche vom Menschen ausgelöste Quelle von Methan, verantwortlich für 23 Prozent der mit menschlichen Aktivitäten verbundenen Methan-Emissionen. Und 23 Prozent könnte noch eine optimistische Schätzung sein.[332]

Andere Forscher wiederum meinen, dass das Ökosystem des Staubeckens, gebildet von Algen, verschiedenen Arten von Plankton und Fischen, sogar auf natürliche Weise CO_2

aus der Atmosphäre aufnehmen würde. Wodurch letztendlich der Anteil der Staudämme auf 1 Prozent der Treibhausgas-Emissionen sinken würde.[333] Ehrlich gesagt, daran zweifle ich.

Unterschiedliche Meinungen also und eine Produktionsweise, die man sehr genau verfolgen muss …

Dann die Windkraft. *»Ein Tausendstel der auf der Erde verfügbaren Windenergie einfangen zu können würde den gesamten Bedarf der Welt an Elektrizität decken.«*[334] Fantastisch, nicht wahr? Auch da könnte man ins Träumen geraten. Zumal die in den letzten zehn Jahren erreichten technologischen Fortschritte die Produktion von Windrädern zugleich effizienter und sehr viel kostengünstiger gemacht haben.

Aber (und hier haben wir wieder unser vertracktes »aber«) die Windenergie hat den großen Nachteil, dass sie eine zeitweilige Produktionsform ist. Ihre Speicherung in Batterien muss sich darum in den nächsten Jahren sehr verbessern, und zwar ohne den Einsatz von Werkstoffen, deren Ressourcen bald erschöpft sein werden. Und das, könnt ihr euch denken, wird uns geradewegs zu einem weiteren »aber« führen.

Das Windrad auf dem Meer (wie Frankreich es favorisiert) hat einen zusätzlichen Einfluss auf das Windrad an Land, aufgrund einer Technik elektrischer Konversion (fragt mich nicht nach Einzelheiten!), *die spezifische Permanentmagnete erfordert, die bis heute nicht recycelt werden können.* Für die Herstellung dieser Magnete aber werden zwei Seltene Erden verwendet, Neodym und Dysprosium, und die Ressourcen beider werden noch im Lauf dieses Jahrhunderts zu Ende gehen.[335] Aber (und in diesem Fall ist es ein erfreuliches »aber«) Fortschritte bei der Herstellung dieser Magnete erlauben es bereits jetzt, den Bedarf an Seltenen Erden zu senken. Und das verringerte Gewicht der Generatoren würde auch deren Einsatz um vieles reduzieren, von 200 kg/MW auf unter 2 kg/MW. *Jüngste Entwicklungen in der Forschung machen es sogar möglich, Seltene Erden direkt zu ersetzen.*[336] Ein Generator mit Permanentmagneten auf der Basis von Ferrit wurde als Weltpremiere von dem britischen Unternehmen GreenSpur Renewables entwickelt. *Aber* der Werkstoff Ferrit, der in natürlichem, jedoch auch synthetischem Zustand verwendet wird (in Verbindung mit Mangan, Nickel oder Kobalt)[337], hat ebenfalls ein Ressourcenproblem: Mit Eisen geht es gegen 2078 zu Ende, mit Nickel um 2048, mit Mangan um 2064 und mit Kobalt gegen 2120. Besser, wir wissen es … und recyceln das Eisen, solange es möglich ist.

Und natürlich zieht der Bau von Windparks auch den Verbrauch von Treibstoff nach sich. Doch angesichts der ersten Auswirkungen, die Windkraft auf die Umwelt hat, gewinnen Windparks auf dem Meer, die in der Zukunft ohne Seltene Erden auskommen werden, zunehmend an Bedeutung in der Energiewende.[338] Immerhin eine gute Nachricht.

Windparks im Binnenland (*onshore*) verwenden keine Seltenen Erden. In der Wallonie, zum Beispiel, arbeitet die Windkrafttechnologie im Wesentlichen nicht mit Permanentmagneten. Auch das eine gute Nachricht.

Und schließlich sind da die Baukosten der Windräder.

Jede Anlage benötigt einen Betonsockel von etwa eintausendfünfhundert Tonnen pro Turm! »Es mag gewaltig erscheinen, wenn man sagt, für die gesamte Windkraft werden im Jahr eine Million Tonnen Beton verbaut. Aber in unserem Übergangsszenario ist damit zu rechnen, dass sich parallel zu vierzig Millionen Tonnen Beton in allen Bereichen, namentlich im Bausektor, auch hier eine Verringerung ergeben wird.«[339] Ich füge hinzu, dass für die Betonherstellung viel Energie benötigt wird (wenn auch zum Glück sehr wenig Wasser). *Aber* es wird CO_2 dabei freigesetzt, und die Forschung arbeitet daran, diesen Ausstoß um 70 Prozent zu reduzieren. Außerdem werden auch Sand und Kies verarbeitet, und man kann sich fragen, wo man noch solche Mengen finden und wie sich ihr Abbau auf die Umwelt auswirken wird, denn es werden, je nach Modell, zwanzig bis vierzig Tonnen Stahl für den Turm gebraucht. (Niob, das zur Verstärkung des Stahls beim Bau von Pipelines dient, wird zwischen 2052 und 2062 restlos abgebaut sein, aber ich weiß überhaupt nicht, ob es auch für den Stahl von Windradtürmen verwendet wird, darum verfolge ich den Gedanken nicht weiter.) Dagegen wird Kupfer gebraucht, das allerdings zu 90 Prozent recycelt werden wird.[340] Zum Glück, denn die Kupfervorkommen werden in neun bis zwanzig Jahren erschöpft sein … Und schließlich altern Windräder auch, man schätzt ihre Lebensdauer auf zwanzig Jahre (Materialverschleiß, sich verringernde Leistungsfähigkeit).[341] Dann wird der Turm rückgebaut, und im Prinzip werden die meisten seiner Einzelteile (aus Plastik und Stahl) recycelt.[342] Das Recyceln der Rotorblätter aber stellt ein Problem dar.

Ich habe mir angesehen, aus welchem Material sie hergestellt werden: Sie werden aus einer Mischung von Glasfasern, Karbonfasern, Polyesterharzen oder Epoxidharzen geformt. Noch besser: Die Wissenschaftler der amerikanischen Forschungsuniversität Case Western haben, ausgehend von Polyurethan, ein Material entwickelt, das sie mit Kohlenstoffnanoröhren verstärkten (ich kann euch nicht erklären, was das ist, hier stoße ich an meine Grenzen!). Die daraus hergestellten Rotorblätter sind achtmal stabiler und leichter als herkömmliche Blätter. Besser noch: Das Unternehmen Blade Dynamics erklärt, in Bälde Rotorblätter von hundert Meter Länge herstellen zu können, die ganz und gar aus Karbonfasern bestehen. Aber (natürlich, ein »aber« ...) die Rotorblätter sind die einzigen Teile einer großen Windkraftanlage, die nicht recycelt werden können. Doch sie werden zur Wärmerückgewinnung verbrannt oder aber zerkleinert, um in der Zementfabrikation weiterverwendet zu werden.[343] Ich fand diese Quelle etwas alt (sie stammt von 2013), recherchierte weiter und fand eine einzelne Information zu Rotorblättern aus Glasfaser: »Zerkleinert und mit anderen Komponenten gemischt, ergeben sie ein ausgezeichnetes festes Brennmaterial für die Zementindustrie, das traditionell verwendete fossile Treibstoffe wie Heizöl ersetzen kann.« Sehr schön. Aber über das Recyceln von Rotorblättern aus Karbonfaser wissen wir damit noch nicht mehr.[344]

Schließlich lese ich, dass eine Reihe von Vereinigungen und Experten, die bekannteste unter ihnen die französische Association négaWatt, an Szenarien arbeiten, die für Frankreich das Ziel 100 Prozent erneuerbare Energie bis 2050 anpeilen. Nach ihrem jüngsten Szenario dürfte die Windenergie mit 247 produzierten Terawattstunden im Jahr 2050 und ungefähr 18 000 Windrädern an Land und auf dem Meer (das heißt also – mindestens – 27 Millionen Tonnen Beton und 450 000 Tonnen Stahl) die Hauptquelle erneuerbarer elektrischer Energie sein, während sie heute mit einer Jahresproduktion von 20 TWh (zwanzig Milliarden Kilowattstunden) noch weit hinter der Biomasse und der Wasserkraft rangiert.[345]

Mit Windkraft und Photovoltaik bleibt die Frage: Wie speichert man die überschüssige Energie? Für den Augenblick handelt es sich dabei um Lithium-Batterien (oder um Einrichtungen rund um die Wasserkraft, also Speicherbecken, und damit Methan-Emissionen). Ob es sich nun aber um E-Autos, um Elektronik oder Batterien für erneuerbare Energien handelt – Lithium kann man vergessen, weil es, wie gesagt, im ungünstigsten Fall in zehn bis sechzehn Jahren erschöpft sein wird.

Die Sonnenenergie aber ist vermutlich die mit den meisten Problemen. Ihre Leistung hängt vom Wetter ab und ist in Regionen mit häufig bedecktem Himmel schon gar keine Option. Der Vorteil der Solarthermie (die die Strahlung in Wärme umwandelt) gegenüber der Photovoltaik ist, dass sie zahlreiche Anwendungen ermöglicht (Heizung, Strom usw.), während bei der Photovoltaik mittels Solarzellen nur elektrische Energie produziert wird.[346]

Aber (dieses »aber« habt ihr erwartet, nicht wahr?) eine Photovoltaikzelle besteht aus verschiedenen Materialien, deren Förderung nicht umweltneutral ist. Die Produktion von Solarmodulen in China ist, gefördert durch staatliche

Subventionen, in den letzten Jahren explodiert, was dazu beigetragen hat, dass die Preise sanken, oft genug auf Kosten der Natur und der Beschäftigten in den Fabriken. Außer den niedrigen Löhnen und den extremen Arbeitsbedingungen haben in den letzten zehn Jahren immer wieder Skandale von sich reden gemacht, wo Siliziumpuder (ein im Überfluss vorhandener Grundbaustoff der Photovoltaikzelle) in erheblichem Umfang in die Atmosphäre entwichen ist und bei der Raffinierung von Silizium die Umwelt verschmutzt wurde.

Man kann Umweltauswirkungen heute schon sehr eingrenzen und Produkte, die bei der Raffinierung anfallen, recyceln, was immer mehr Hersteller auch machen. So produziert das elsässische Unternehmen Voltec Solar Solarmodule, deren Wiederverwertbarkeitsquote bei annähernd 100 Prozent liegt. Heute sind Solarpaneele am Ende ihrer optimalen Lebensdauer (die man auf etwa fünfundzwanzig Jahre schätzt), egal, ob in China oder in Europa hergestellt, für die meisten Konstrukteure zu 95 bis 99 Prozent recycelfähig. Ganze Recycling-Branchen für Solarmodule organisieren sich in Europa. Seit 2014 sind Hersteller und Importeure von Photovoltaikanlagen gesetzlich verpflichtet, die Anlagen kostenlos zurückzunehmen und sich an der Abfallbehandlung zu beteiligen.

Die große Mehrheit der Solarmodule sind aus kristallinem Silizium gemacht, das man aus Sand oder Quarz gewinnt und das wie Glas hundertprozentig recycelbar ist. Sie enthalten auch Teile aus Silber, Aluminium oder Kupfer und manche Modelle Plastik. Die Silbervorkommen erlöschen in den nächsten zwei bis drei Jahren und Kupfer im Jahrzehnt 2028 bis 2039 (oder später, wenn man es recycelt).

Diese Solarpaneele decken 90 Prozent des Marktes ab. Andere verarbeiten seltene und umstrittene Metalle (keine »Seltenen Erden«), aber sie machen weniger als 10 Prozent des Marktes aus. Solarzellen der dritten Generation, die aus organischen Molekülen bestehen, sind ebenfalls bereits in der Erforschung und Entwicklung.[347]

Problematischer sind sogenannte Dünnschicht-Solarmodule. Denn manche unter ihnen enthalten Cadmium: *»ein giftiges Element, dessen Konzentration in elektronischen Erzeugnissen durch eine europäische Richtlinie eingeschränkt ist. Aber für Solarpaneele gilt eine Ausnahme«!*[348] Es gibt ein Risiko für Mensch und Umwelt, wenn das Paneel zerbricht. Und obwohl die Quellen das nicht erwähnen – in etwa zwanzig Jahren sind die Cadmium-Vorräte erschöpft. Es wäre also besser, auf Solarmodule mit Cadmium zu verzichten.

Andere Dünnschicht-Paneele weisen Spuren von seltenen Metallen wie Indium und Gallium[349, 350] auf. Doch mit Indium könnte es in vier bis sechs Jahren zu Ende sein, und auch die Gallium-Vorräte sind im Schwinden begriffen. Die Abbautechniken und die Reinigung der Seltenen Erden sind darüber hinaus umweltbelastend für Boden und Wasser. Bei den dabei angewandten Verfahren werden Schwermetalle, Schwefelsäure und radioaktive Elemente (Uran und Thorium) freigesetzt. Die in den Dörfern der Inneren Mongolei im Norden Chinas, die nahe an den Abbaugebieten Seltener Erden von Baotou liegen, gemessene Radioaktivität beträgt das 32-Fache der normalen Radioaktivität (in Tschernobyl beträgt sie das 14-Fache); auffällig sind die zahlreichen Fälle von Krebserkrankungen in diesen Dörfern – Umweltfolgen, die von Greenpeace China und mehreren internationalen Umweltorganisationen zu Recht angeprangert wurden.[351]

Man sollte sich deshalb unbedingt für monokristalline Solarmodule entscheiden, die keine Seltenen Erden verwenden. Jedes Modul wird aus einem einzigen Siliziumkristall hergestellt, es ist leistungsfähiger, wenn auch teurer als die Technologien dünnschichtiger polykristalliner Module. Und *monokristalline Solarmodule sind ungefährlich für die Umwelt und überdies leicht zu recyceln.*[352]

Eine Gruppe von Forschern der Universität Lund in Schweden hat an einer Alternative gearbeitet. *Die Wissenschaftler schlagen vor, die Metalle der Seltenen Erden durch Eisen zu ersetzen.* Sie haben 2017 auf der Grundlage von Eisen ein Molekül entwickelt, das fähig ist, ein Licht aufzufangen und dann auszusenden. Es ist in der Lage, die Eigenschaften von Metallen zu imitieren, die zur Herstellung von Photovoltaikzellen benutzt werden.[353] Sicher, noch gibt es Eisen im Überfluss, aber man schätzt – ich weiß, ich habe es schon gesagt –, dass die Eisenvorräte gegen 2087 zu Ende sein könnten.

Zwischen der Existenz monokristalliner Solarmodule, der laufenden Forschung über Solarzellen der dritten Generation aus organischen Molekülen und dieser jüngsten Recherche über die Verwendung von Eisen hat die Photovoltaik zweifellos eine dauerhafte Zukunft (doch Achtung, wenn Kupfer und Silber nicht mehr verfügbar sein werden …). *Aber die neuen polykristallinen Module gehören eindeutig verboten.*

Schließlich habe ich mich noch umgesehen, was die CO_2-Emissionsquoten beim Bau der Einrichtungen für diese erneuerbaren Energien angeht. Gegenüber einem Kohlekraftwerk, das 950 Gramm CO_2 pro Kilowattstunde freisetzt, und einem Gaswerk mit 350 Gramm CO_2 pro Kilowattstunde bringt es die Wasserkraft auf 4 Gramm, die Windkraft auf 3 bis 22 Gramm und die Photovoltaik auf 60 bis 150 Gramm CO_2 (Zahlen nach ADEME 2015).[354]

Daran muss ich denken, jetzt, wo wir von Energie reden und endlich anfangen, WIR, uns zu quälen, um ein wenig davon zu sparen (den Heizkessel runterdrehen in der Nacht, das Licht hinter uns ausmachen, wenn wir den Raum verlassen, die Wäsche bei 40 °C waschen, nicht mehr genüsslich lange in der Wanne liegen, sondern duschen), jetzt, wo die Suche nach Energie etwas so Entscheidendes geworden ist – findet ihr es da normal, dass in Paris jeden Abend der Eiffelturm im Licht seiner zwanzigtausend Glühbirnen erstrahlt, zu Jahreskosten von 93 000 Euro? Gut, das kostet keine fünf Cent für jeden Pariser im Jahr, aber symbolisch, was kostet es da? Dass man unsere historischen Bauwerke, den Invalidendom usw. anstrahlt, dass man den ganzen Weihnachtsmonat über alle Bäume auf den Champs-Élysées mit Tausenden von Glühbirnen schmückt, als wenn nichts wäre? Ich weiß, das sind unbedeutende Details. Aber ich finde, es verleitet einen dazu zu denken, dass unsere Energie unerschöpflich ist.

Biep. Sie entfernen sich vom Thema, Sie waren bei den erneuerbaren Energien. Kehren Sie sofort um.

Ach, der mal wieder, man hatte lange nichts von ihm gehört.

Ich bin am Thema, der Beweis: Ich mache mich auch gleich noch an die erneuerbare Energie Biomasse.

Ein Bericht der internationalen Organisation BirdLife weist darauf hin, dass das Produktionswachstum dieser Energie das Phänomen der Waldzerstörung verschärfe, was hinsichtlich CO_2-Emissionen, Klimaregulierung und Biodiversität eine echte ökologische Katastrophe sei.[355] Mit anderen Worten, die energetische Nutzung von Biomasse sei längst nicht so grün, wie es scheint. Man muss also bei ihrer Nutzung *sehr gewissenhaft* vorgehen.

Die für energetische Zwecke bestimmte Biomasse ist die Hauptquelle erneuerbarer Energien in Frankreich: Sie macht über 55 Prozent der Erneuerbaren aus und trägt somit zur Reduzierung unseres Verbrauchs fossiler Energien bei. Fest, flüssig oder gasförmig liefert sie Energie für so unterschiedliche Nutzungen wie Wärme, Elektrizität, Biogas oder Treibstoff.[356] Es gibt zwei Arten, auf der einen Seite die holzige Biomasse: Holz, Stroh oder die schon erwähnte Bagasse, volkstümlich gesprochen das Zuckerrohr, deren Verbrennung Energie erzeugt; auf der anderen Seite die vergärbare Biomasse: Abfälle, Gülle oder Abwässer.

Im Einzelnen entstammt diese Biomasse dem Wald, der Landwirtschaft und Abfällen (einschließlich Haushaltsabfällen, solchen aus der Lebensmittelindustrie und dem Fischfang, die unbedingt aufgefangen und verwertet werden müssen; Abfällen aus der Holzindustrie: Sägemehl, Sägespäne, heruntergefallenes Holz usw.). Bioabfälle aus den

Haushalten füllen in Frankreich zu einem Drittel die Mülltonnen: Eine riesige Verschwendung, wie ebenso die Abfälle aus Restaurants, Läden, kleinen und großen Supermärkten, die Produkte mit abgelaufenem Haltbarkeitsdatum wegwerfen. Lebensmittelabfälle sind, nebenbei bemerkt, die reinsten Fundgruben für Phosphor. Ein Grund mehr, sich schnellstens um ihre Wiederverwendung zu kümmern.

Die Bioenergie muss sich stark entwickeln, allerdings unter der ausdrücklichen Bedingung, *dass sie aus Ressourcen schöpft, die nachhaltiger Bewirtschaftung unterliegen*, ob es sich um Wälder, Landwirtschaft oder Abfälle handelt.[357] Da Holz einen großen Anteil an der Energie aus Biomasse hat, muss darauf geachtet werden, dass Bäume *nicht zu mehr als 60 Prozent* dessen, was jährlich nachwächst, gefällt werden, damit die Wälder Zeit haben, sich zu erholen. Zumal Holz nicht allein dazu da ist, Biomasse zu liefern. Über die Wälder dieser Erde zu wachen ist ein unumgängliches Gebot. Die aus ihrer Biomasse erzeugte Energie nennt sich *natürlich* und *sauber*: Indem das Holz verbrennt, setzt es CO_2 frei, das zum größten Teil von Pflanzen aufgenommen und in deren Wurzeln gespeichert wird, damit sie wachsen.[358] Die brennende Biomasse produziert also CO_2, aber der verbrannte Baum gibt damit alles CO_2 zurück, das er während seines Lebens absorbiert hat, um sein Wachstum zu sichern. Im Maßstab einer Baumgeneration ist die Klimabilanz also neutral. Übrigens wird die gleiche Menge CO_2 ebenso freigesetzt, wenn der Baum am Ende seines Lebens vermodert. In dem Maß, *wie man nicht mehr Holz schlägt, als wächst* (das Prinzip einer gesunden Waldbewirtschaftung), hätte das Abfackeln des Holzes darum keinerlei Einfluss auf die unheilvolle Menge von Kohlenstoffdioxid in der Natur. Das Verbrennen von Biomasse, wie aller anderen Treibstoffe, ist nur sauber (das heißt, es erzeugt lediglich CO_2 und Wasser), wenn es *vollständig* und damit vollkommen kontrolliert abläuft (das heißt, wenn das Abbrennen zur vollständigen Oxidation des Brennmaterials führt, im Allgemeinen unter starker Luftzufuhr).[359] Das sind die Argumente, die für die Biomasse als Energiequelle sprechen. Aber die »Sauberkeit« und die »Neutralität« dieses Verbrennungsvorgangs bereiten mir Sorge: Wäre es nicht besser, man ließe diese Bäume ihren Lebenszyklus vollenden und würde dann ihre toten Überreste verbrennen, anstatt ihr Wachstum zu unterbrechen, den natürlichen Rhythmus der Wälder zu beschleunigen und das Ökosystem aus dem Gleichgewicht zu bringen? Zu diesem Punkt habe ich in den Quellen keine Antwort gefunden.

Der gesamte Bereich Biomasse setzt sich aus drei Unterbereichen zusammen. Pardon, das Thema ist zweifellos etwas dröge abzuhandeln, aber gehen wir es trotzdem an:

Das für die individuelle Heizung verwendete Holz ist in Frankreich die erste Quelle erneuerbarer Energie (noch vor der Wasserkraft, die an zweiter Stelle kommt). 2014 lieferte Holz nahezu 60 Prozent der Wärmeerzeugung aus erneuerbaren Energien und ungefähr zwei Drittel der Produktion aus fester oder gasförmiger Biomasse. Die Anzahl der Haushalte, die Holz für ihre Heizung verwenden, ist stark gestiegen, von 5,9 auf 7,4 Millionen, und diese Haushalte verwenden es auch öfter als Hauptheizquelle. Es versteht sich von selbst, dass offene Feuerstellen verboten gehören, da sie natürlich CO_2 und Feinstaub ausstoßen. Ebenso verboten ist das Verbrennen von Gartenabfällen im Freien, wegen der gleichen Feinstaub-Emissionen: Fünfzig Kilo brennender Abfälle haben eine Klimabilanz wie eine Autofahrt über mehr als 8 500 Kilometer oder die Heizung eines Einfamilienhauses mit Öl über vier Monate.[360]

Es gibt leistungsstarke Geräte neuerer Bauart, die diese CO_2-Emissionen und den Feinstaub um vieles reduzieren. Der Anteil der Heizkamine (oder »Inserts«) verringert sich heute zugunsten von Kaminöfen, die 60 Prozent der Verkäufe ausmachen. Aber die Emissionen sind nicht an sich schadstoffneutral, es kommt alles auf das jeweilige Gerät an. Ob Heizkessel, Inserts, Kaminöfen, geschlossene Kamine, Küchenherde oder Holzheizkessel, sie sind umso umweltschädlicher, je älter sie sind.[361] Ein vor 1996 gebauter Scheitholzkessel setzte 2,6 Gramm CO_2 pro gelieferter Kilowattstunde frei. Heute sind die umweltfreundlichsten die Granulatöfen (mit 0,25 Gramm) und Heizkessel für Granulat (mit 0,025 Gramm freigesetztem CO_2).[362] Das »Granulat«, also Holzhackschnitzel oder Pellets, wird hergestellt durch Raffination, Trocknung und Verdichtung von Holzsägemehl, Hobelspänen und mitunter sogar landwirtschaftlichen Abfällen.[363]

Heute tragen sowohl mit Scheiten als auch mit Pellets betriebene Öfen und ebenso geschlossene Kamine obligatorisch ein von der Europäischen Kommission geschaffenes Energielabel, das die Effizienzklasse des Geräts kennzeichnet (von G bis A++).[364] Kohlenmonoxid (CO) entweicht, wenn die Sauerstoffzufuhr ungenügend ist und der Brennprozess unvollständig. Für eine effiziente Verbrennung muss das Gerät korrekt installiert und der Brenner richtig eingestellt sein.[365]

Das französische Label *Flamme verte*, das im Jahr 2000 von den Herstellern von Heizungsanlagen im Verbund mit der ADEME lanciert wurde, ist im Augenblick die verlässlichste Referenz, was die Betriebsleistung der auf Holz basierten Heizsysteme angeht. So wurde Anfang des Jahres 2018 die 5-Sterne-Klasse abgeschafft. Nur die Geräte der Klassen 6- und 7-Sterne dürfen das Label *Flamme verte* tragen.[366] Die Klasse 7 ist die leistungsstärkste, was die geringen Kohlenmonoxid- und Feinstaub-Emissionen angeht, sowohl bei den mit Scheitholz wie mit Pellets betriebenen Anlagen. Weshalb die öffentliche Hand sie durch Zuschüsse fördert. Klasse 6 wird ab 2020 abgeschafft. Die zulässigen Kohlenmonoxid-Emissionen, die vor 2000 noch bei über 1 Prozent lagen, liegen heute bei maximal 0,3 Prozent für einzelne Kaminöfen und bei 0,04 bzw. 0,06 Prozent für Zentralheizungskessel. Auch die Feinstaub-Emissionen wurden inzwischen stark reduziert, von 500 mg/Nm^3 vor dem Jahr 2000 (Nm^3, Normkubikmeter, bezeichnet die Volumeneinheit für Gase in Bezug auf den Inhalt eines Kubikmeters – mehr dürft ihr mich nicht fragen) auf 90 mg ab 2015 und 40 bis 60 mg für Zentralheizungen.[367, 368, 369] (Und man bildet sich ja auch inzwischen weiter … Ich hatte bis vor Kurzem keine Ahnung, was ein Normkubikmeter ist.)

Biep. Ihre persönlichen Wissenslücken interessieren den Leser nicht. Der vielleicht sehr wohl weiß, was ein Nm^3 ist. Kehren Sie auf der Stelle um.

Da ist er wieder. Aber diesmal gebe ich zu, dass er nicht ganz unrecht hat, und vollziehe meine Kehrtwendung.

Die *chaufferies biomasse,* und das ist der zweite Bereich der Verwendung von Biomasse, sind ein Netz von zentralen Heizanlagen in der Industrie, in gemeinnützigem Wohnraum wie Schulen und Krankenhäusern, im Dienstleistungssektor und im Agrarsektor, die Wärme in großem Maßstab für diese Einrichtungen produzieren. Mit Unterstützung des Wärme-Fonds der ADEME sind in Frankreich mehr als 3 400 dieser Einrichtungen finanziert worden, und der gegenwärtige Bestand an solchen Wärmenetzen, der sich noch weiter ausgedehnt hat, dürfte es dem Land erlauben, seine Klimaziele für 2018 und 2023 auf dem Gebiet der erneuerbaren Energien zu erreichen.[370]

Der dritte Bereich ist die Stromerzeugung: Ziel war es, ausgehend von Biomasse eine Leistung von 540 MW im Jahr 2018 und von 790 bis 1 040 MW bis 2023 zu erreichen.[371] Um eine Vorstellung zu erhalten, was das bedeutet: Im Jahresdurchschnitt verbraucht ein Einfamilienhaus 15 600 kWh, das sind 15,6 MW.[372]

Ich bin, ehrlich gesagt, nicht sonderlich begabt für Zahlen und Umrechnungen, ich habe diese Angaben von meinem Sohn überprüfen lassen, der sehr beschlagen ist auf diesem Gebiet.

Biep. Der Leser kann rein gar nichts mit diesem Detail über die Verteilung der Kompetenzen in Ihrer Familie anfangen. Also kommen Sie auf der Stelle zurück.

Selbst für drei so lächerliche Zeilen muss er mir auf den Wecker fallen, was? So, jetzt hat der Idiot sogar erreicht, dass ich den Faden verloren habe. Ach ja, bei der Biomasse war ich gerade.

Hier sieht die Bilanz eigentlich ganz positiv aus, aber – dieses »aber« habt ihr erwartet, jetzt seid ihr schon daran gewöhnt – die Biomasse hat auch so ihre Kehrseiten. Das Holz kann schnell mal ausgehen, wenn Raubbau damit getrieben wird. Um das zu verhindern, nutzen die Wärmekraftwerke andere Arten von Biomasse, unter anderem Stroh, Zuckerrohr (Vorsicht auch hier bei Übernutzung!) oder die Schalen von Kokosnüssen (Achtung allerdings vor zu vielen Kokosplantagen!). Insgesamt kann man sagen, bei all den Nutzungsmöglichkeiten von Biomasse – für Heizung, Strom und die Industrie – über Biotreibstoffe bis zu natürlichem Agrardünger könnte der Bedarf enorm steigen. Achten wir vor allem darauf, dass diese Biomasse nicht Böden und Wälder erschöpft.

Ein anderes Problem dieser Energie sind ihre Kosten, die tendenziell steigen werden. Das Verbrennungsverfahren oder die Erzeugung von Biogas aus flüssiger Biomasse kann teuer sein. Und die Ausgaben für die Beförderung der Ressourcen (Zuckerrohr, Kokosnuss …) zum Ort der Verbrennung hängen vom Preis des für den Transport verwendeten Treibstoffs ab.

Und schließlich ist die Ausbeute dieser Bioenergie im nationalen Gesamtmaßstab doch recht gering (wir beziehen uns hier auf die Daten aus Frankreich als einem Beispiel unter vielen) und rangiert weit hinter der Energie aus Wasser- oder Windkraft.[373] (Und ich nutze gleich noch mal die Gelegenheit, mich zu wiederholen: Die Energie aus Wasserkraft macht mich nach wie vor sehr misstrauisch, wegen der starken Methan-Emissionen ihrer Staubecken.)

Bleibt uns noch die geothermische Energie. Verlasst mich nicht auf halbem Weg, wir sind ja bald fertig mit diesen ganzen Energien. Ihr großer Vorteil: Sie nutzt ausschließlich natürliche Elemente, nämlich Erdwärme und Wasser. Keinerlei chemische oder physikalische Reaktion ist dafür nötig. Diese natürlichen Quellen erneuern sich ständig selbst, es ist also eine unerschöpfliche Energie, die keinerlei Auswirkung auf die Umwelt hat und ununterbrochen funktioniert.[374] Ihr Prinzip besteht darin, den natürlichen geothermischen Fluss, der sich im Erdinnern abspielt, an der Erdoberfläche zu nutzen, wo er aber nur noch so schwach wahrnehmbar ist, dass Bohrungen nötig sind, um ihn aufzufangen.

Ich spüre, diese idyllische Vorstellung geht nicht ohne ein »aber« ab. Und in der Tat, die Geothermie setzt auch ein bisschen CO_2 frei (aber sehr wenig) und ist nicht zu 100 Prozent erneuerbar, da sie einen Generator braucht, also Strom. Ah. Viel ärgerlicher aber: Einige ihrer Wärmepumpen benutzen Freon (einen Fluorkohlenwasserstoff, der ab 2040 weltweit verboten werden soll): Normalerweise sind nur bestimmte »grüne« Fluide erlaubt.[375]

Diese Energiequelle ist überdies sehr diskret, denn die Bohrungen verschandeln weder Landschaften noch Gärten, der Bohrkopf verschwindet im Boden. Aber sie ist in der Anschaffung sehr teuer, man muss 20 000 bis 40 000 Euro investieren, was nicht jedem möglich ist. Und dann muss man regelmäßig dafür sorgen, dass das für die

Energieerzeugung im Boden benutzte Wasser in eine sehr genau bemessene Tiefe zurückgeführt wird.[376] Es ergeben sich einige Fragen zu dieser Entnahme von Wasser, und ich beginne zu recherchieren. Ah, hier, ich zitiere: »Die verfügbare Energiemenge in den unterirdischen Wassermassen und in den Böden ist beträchtlich. Ihre Nutzung muss im größten Respekt des Gleichgewichts zwischen Entnahme und natürlicher Wiederauffüllung vor sich gehen. Das Wiedereinspritzen der *gesamten* Flüssigkeitsmenge nach dem Temperaturaustausch muss die Regel sein, die Mengenbilanz der Nutzung muss neutral sein.«[377] Es handelt sich also irgendwie um einen geschlossenen Kreislauf, was mich beruhigt.

Ich wüsste gern mehr über diese Bohrungen, die vermutlich sehr viel tiefer gehen als das Loch, das wir graben, um eine Hortensie einzupflanzen, und die Technik, die sehr viel komplexer ist als ein Spatenstich.

Also fahre ich mit meiner Recherche fort: Die »Tiefengeothermie«, bei der Wärme und Elektrizität erzeugt werden, setzt Bohrungen von einem bis zu mehreren Kilometern Tiefe voraus (was hatte ich gesagt?), durch die die heißen Wasser oder Dämpfe nach oben geholt, zur Bereitstellung von Wärme oder zur Stromerzeugung genutzt und meistens (man würde lieber lesen »immer«) über eine zweite Sonde in den Untergrund zurückgeleitet werden.

Die Installation einfacher Wärmepumpen, um die Wohnung zu beheizen, gilt dagegen als »oberflächlich«, da sie in zu geringer Tiefe angebracht sind. Wärmepumpenanlagen haben bereits in viele französische Haushalte Eingang gefunden; im Jahr 2020 dürften etwa zwei Millionen Wohnhäuser damit ausgestattet sein. Dennoch, es bleibt eine aufwändige Installation. Und schon sind wir wieder bei den berühmten Kehrseiten: Wenn eure Erdwärmekollektoren horizontal angebracht werden sollen, werden sie in einer Tiefe von sechzig Zentimetern bis zu einen Meter zwanzig verlegt. Dazu aber bedarf es einer Fläche, die das Eineinhalb- bis Dreifache der zu beheizenden Wohnfläche betragen muss! Entscheidet man sich dagegen für vertikale Kollektoren, benötigt man eine Bohrtiefe von zwanzig bis hundertzwanzig Metern. Man stelle sich allein das Ausmaß der Erdarbeiten vor! Weil man ungefähr ein Meter Tiefe pro Quadratmeter zu beheizender Wohnfläche vorsehen muss, also zum Beispiel zwei geothermische Sonden von fünfzig Metern Tiefe, um ein Haus von hundert Quadratmetern Grundfläche zu beheizen. Die Geothermie ist in der Tat eine interessante Alternative, aber für den kleinen Hausbesitzer, das wird klar, ist sie schon ein großes Kaliber.

Und sind eure Kollektoren erst mal installiert, könnt ihr sie nicht etwa sich selbst überlassen. So eine Erdwärmeanlage muss gewartet werden, zu Kosten zwischen hundert und dreihundert Euro im Jahr. Und sie hat eine Lebensdauer von etwa zwanzig bis fünfundzwanzig Jahren. Was, so sage ich mir, in Anbetracht ihrer Kompliziertheit und ihrer Investitionskosten[378] nicht besonders lang ist. Ich will niemanden entmutigen, aber ich neige zu der Ansicht, dass die Geothermie eher etwas für größere Wohnensembles und die Industrie ist als für den einzelnen Bürger. Mit anderen Worten, wir sollten nicht der naiven Vorstellung erliegen, wir könnten uns mit einem Fingerschnipsen die »oberflächliche« Geothermie in unseren Garten holen.

Hiermit sind wir fertig mit der Technologie der Erneuerbaren! Machen wir zum Schluss noch eine kleine Rundumschau, wie es damit in anderen Ländern aussieht.

Für die Zukunft dürfen wir hoffen, dass die warmen Länder genügend Energie mit (monokristallinen) Photovoltaikanlagen erzeugen, um den eigenen Verbrauch zu gewährleisten, was bei den meisten bisher nicht der Fall ist.

Hier einige Beispiele: Marokko, das nicht über Kohlenwasserstoffe verfügt, setzt nach und nach einen umfassenden Plan zur Erschließung erneuerbarer Energiequellen um. Im Jahr 2018 zeigte sich das Land zuversichtlich, fast die Hälfte seines Energiebedarfs durch Wind oder Erdwärme, vor allem aber durch Sonnenenergie zu decken (ich weiß nicht, wie es heute aussieht). Jedenfalls wurde im Februar 2016 der erste Abschnitt des imposanten Solarkraftwerks Noor eingeweiht. Das Kraftwerk befindet sich etwa zwanzig Kilometer von Ouarzazate entfernt, vor den Toren der Sahara, und man rechnet damit, dass es früher oder später mehr als zwei Millionen Menschen mit Strom versorgen wird (Marokko hat ungefähr 32 Millionen Einwohner). Die vierte Anlage des Kraftwerks ist mit einer Gesamtleistung von 72 MW (72000 kW) geplant und mit Batterien, die die Energie während acht Stunden speichern können.[379]

Auch Kamerun ist in die Solarenergie eingestiegen. In Djoum, im Süden des Landes, wurde ein solarthermisches Kraftwerk mit 600 Paneelen auf etwa 3 500 Quadratkilometern in Betrieb genommen. Sechs weitere Standorte in Kamerun sind in Prüfung, und drei neue Kraftwerke sollten in der ersten Jahreshälfte 2019 an den Start gehen. Trotz des enormen Potenzials, das die Wasserenergie für das Land birgt, sind die Behörden dazu übergegangen, den nationalen Energiemix durch Nutzung anderer verfügbarer Quellen alternativer Energie besser aufzuteilen. Und in Anbetracht der durchschnittlichen Sonnenscheindauer im Land versteht man, warum sich Kamerun so stark im Bereich der Solarenergie engagiert.[380, 381]

In den Emiraten existiert »eines der leistungsstärksten Solarpark-Projekte der Welt«. Es handelt sich um den ersten Abschnitt einer 800-MW-Anlage. Bis 2020 sollen weitere 600 MW bereitstehen. Es ist möglich, dass die Vereinigten Arabischen Emirate bis 2050 75 Prozent saubere Energie produzieren. Laut EDF sind diese installierten MW jedoch nur ein Anfang: »*Mit einer Investition von insgesamt vierzehn Milliarden Dollar wird der Park über eine installierte Gesamtkapazität von 5 000 MW verfügen, mehr als tausend Arbeitsplätze während seiner Entwicklung schaffen und den Ausstoß von 6,5 Millionen Tonnen Kohlendioxid pro Jahr vermeiden, wenn er 2030 voll in Betrieb geht.*«[382] Insbesondere in Dubai soll ein riesiges CSP-Kraftwerk entstehen. Die bereits begonnenen Arbeiten werden erst 2030 abgeschlossen sein. Das Projekt stellt die vierte Entwicklungsphase des Solarparks *Mohammed bin Rashid Al Maktoum (MBR)* dar, der bis 2020 1 GW Solarkapazität erreichen und bis 2030 auf 5 GW ansteigen soll.

Saudi-Arabien möchte sich ebenfalls unabhängiger vom Öl machen und strebt an, seine Stromproduktion bis 2032 zu 50 Prozent auf Erneuerbare (und Kernenergie …) umzustellen.

Auch der Iran will verstärkt auf Windkraft setzen, wobei das Potenzial des Landes auf 100 GW geschätzt wird. Die

Regierung hatte sich vorgenommen, bis Ende 2018 eine installierte Leistung von 5 GW aus erneuerbaren Energien zu erreichen, darunter 4,5 GW aus Windkraft – ein Ziel, das aufgrund der finanziellen Sanktionen und des Embargos gegen das Land verfehlt wurde, aber echten politischen Willen zeigt.

Katar plant, bis 2030 seine Stromerzeugungskapazität auf Basis von erneuerbaren Energien um den Faktor 60 zu erhöhen. In Oman, Jordanien und Bahrain befinden sich PV-Großprojekte im Bau, während Kuwait einen Mix aus Solar- und Windkraftkonzepten verfolgt. Der im Wiederaufbau begriffene Irak würde sich gern in gleicher Weise ausrüsten, wenngleich es sehr schwierig ist, ausländische Investitionen und Partnerschaften zu realisieren.

Parallel zu solchen Parks wird auch die Installation von PV-Anlagen auf Dächern von Häusern oder Fabriken vorangetrieben. Der jemenitische Minister für Elektrizität und Energie erklärte kürzlich, dass in seinem vom Krieg zerrütteten Land etwa 400 MW Strom aus Solarpaneelen auf Dächern erzeugt werden.[383]

Der Wettlauf um Erneuerbare in kohlenwasserstoffreichen Regionen mag überraschen: Abgesehen von der klimatischen Notlage ist diesen Ländern jedoch bewusst, dass das schwarze Gold nicht unerschöpflich und es an der Zeit ist, sich allmählich davon zu verabschieden.

Ein Schlüsselthema im Zusammenhang mit erneuerbaren Energien ist ihre Speicherung. Der Energietransfer bringt die Forschung in diesem Bereich derzeit in Wallung.

Im Jahr 2016 installierte die EDF auf La Réunion ein

»Microgrid« (hier kommen wir nicht um eine Definition herum: Es handelt sich um »Mikronetze« – oder Microgrids –, sprich, um »Anlagen zur lokal abgegrenzten regenerativen Stromerzeugung und -versorgung«, zum Beispiel in abgelegenen ländlichen Gegenden. Aber »dies ist nicht das einzige Anwendungsgebiet für solche Mikronetze, sie werden zunehmend auch im Industrie- und Wohnsektor als billigere und zuverlässigere Alternative zu zentralisierten Stromnetzen angeboten.« Ende der Definition![384]). Auf La Réunion wird also die überschüssige Solarenergie in zwei Formen gespeichert: in Kurzzeit-Batteriespeichern und zur längeren Bevorratung in Wasserstofftanks. Später wird sie dann zur Stromerzeugung in Brennstoffzellen dienen.

In Französisch-Guayana verfügt das Kraftwerk Montsinéry-Tonnegrande über 55 000 photovoltaische Dünnschichtpaneele (die giftiges Cadmium enthalten, dessen Vorkommen bis 2040 erschöpft sein wird), um eine besonders abgelegene Region zu versorgen. Die installierte Leistung kann eine Stadt mit 4 000 Einwohnern versorgen. Um diese intermittierende Produktion in das Netz einzuspeisen, speichern 288 Batterien (Lithium-Ionen-Batterien) den Strom und geben ihn bei Bedarf wieder ab.[385]

Zu den Wegen, die man technologisch erkundet hat, um effizientere oder kostengünstigere Batterien zu entwickeln, gehört der »Metall-Luft«-Weg (Zinkbatterien, die auf der Basis von Zink, Wasser und Luft funktionieren). Allerdings ist Zink ein Metall, das wahrscheinlich in den nächsten sechs Jahren nur noch selten zu finden sein wird …[386] Diese Technologie ist daher keine dauerhafte Lösung, ebenso wenig wie es Batterien sind, die Lithium enthalten, denn dessen Reserven werden in etwa dreißig Jahren ebenfalls aufgebraucht sein.

Eine andere Strategie erwägt die Speicherung von Energie im Schwungrad eines Betonzylinders (ein technisch sehr komplexes Verfahren, das ich kaum verstehe, deshalb fasse ich das Prinzip so einfach wie möglich zusammen: Es handelt sich um ein rotierendes System, das in einem Betonzylinder installiert ist). Die Lösung erfährt viel Lob, aber auch Kritik: Um 15 Prozent des Energieverbrauchs von Frankreich im Winter zu decken, wären vierzig Millionen dieser rotierenden Systeme erforderlich, sprich hundert Millionen Tonnen Beton auf eine Fläche von achttausend Hektar.[387]

Die EDF hat sich mit ihrem »Plan zur Speicherung von elektrischer Energie« das Ziel gesetzt, bis 2035 weltweit 10 GW zu installieren (was der Leistung von etwa zehn Kernreaktoren entspricht).[388]

Eine weitere Richtung in der Forschung verfolgt das Konzept »Power to Gas«, das darin besteht, überschüssige Elektrizität zur Gewinnung von Wasserstoff oder synthetischem Methan zu verwenden. Mithilfe von einfachem elektrischen Strom wird Wasser in Sauerstoff und gasförmigen Wasserstoff aufgespalten, Letzterer ergibt, mit CO_2 gemischt, Methan. Einmal in Gas umgewandelt, kann die Energie in das bestehende Erdgasnetz eingespeist werden, und es ist dann möglich, dieses Gas zu transportieren, zu speichern und zum Heizen zu nutzen oder es zu Treibstoff weiterzuverarbeiten.[389] Es stimmt zwar, dass Erdgas 30 Prozent weniger Treibhausgase emittiert als Heizöl und 45 Prozent weniger als Kohle.[390] Aber es bleibt doch eine CO_2-emittierende Energie und kann daher nicht als »sauber«

betrachtet werden. Trotzdem nehme ich zur Kenntnis, dass sich 35 bis 40 Prozent des Biogases in Elektrizität transformieren lassen.[391] Nach der Reinigung von CO_2 (Entkarbonisierung), Schwefelwasserstoff (Entschwefelung) und Wasser (Dehydrierung) wird Biogas zu Biomethan.[392] Die Verbrennung von Biomethan ist weniger umweltverschmutzend als seine Freisetzung, der Feinstaub wird quasi eliminiert, und es findet eine Reduzierung der Stickoxide um 50 bis 90 Prozent statt (wenn 50 Prozent als Rest bleiben, ist das allerdings immer noch viel), dennoch werden dabei CO_2-Emissionen erzeugt, die sich, im Vergleich zu einem benzinbetriebenen Fahrzeug, nur um 25 Prozent geringer ausnehmen ... Große Begeisterung für diese Lösung will da nicht aufkommen, oder?

Auf dem asiatischen und amerikanischen Markt mehren sich die Wasserstoffprojekte. In Frankreich entstehen Start-ups, und große Industriekonzerne setzen auf die neuen Möglichkeiten, die dieser Energievektor bietet.

So zum Beispiel das Jupiter-1000-Projekt, ein »Power to Gas«-System, das sich auf die Fahnen geschrieben hat, »sauberen« Wasserstoff zu erzeugen (Wasserstoff ist nur dann sauber, wenn er aus erneuerbaren Quellen produziert wird. Bei diesem Verfahren wird nur Wasserdampf ausgestoßen, es entstehen keine Treibhausgase.). Das Projekt vereint mehrere Vorteile: die Installation einer CO_2-Abscheidungsanlage auf den Schornsteinen der lokalen Industrie (endlich) und einer Methanisierungsanlage, die den durch recyceltes CO_2 generierten Wasserstoff in »grünes« Methan umwandelt. Und schon sind wir wieder beim Biomethan ... Die »Power to Gas«-Wasserstoffenergie würde eine hohe Speicherkapazität über einen sehr langen Zeitraum garantieren.[393]

Aber es bleiben ernsthafte Zweifel (dieses »aber«, immer dieses »aber« …). Einige Experten, wie etwa Etienne Beeker, der Energiebeauftragte von France Stratégie, äußern große Bedenken und glauben, dass zu vieles überstürzt angegangen wird. »*Frankreich folgt dem 2011 eingeführten deutschen Modell. Damals setzten unsere Nachbarn jenseits des Rheins im Zusammenhang mit dem von ihnen geplanten regenerativen Energiepark auf Wasserstoff zur Massenstromspeicherung. Die Erfahrungswerte haben jedoch gezeigt, dass die Kosten extrem hoch sind. Heute liegt ihre Priorität woanders, sie ziehen es vor, Hochspannungsleitungen im ganzen Land zu installieren, auch wenn dies, angesichts des öffentlichen Widerstands, bedeutet, sie unterirdisch zu verlegen.*« Beeker zufolge sind die Elektrolyseure und Brennstoffzellen noch nicht ausgereift. »*Wir wollen zu schnell vorankommen. Öffentliche Gelder (…) sollten eher in die Forschung investiert werden, insbesondere in die Suche nach weniger kostspieligen Elektrolyse-Membranen (eine kleine Definition am Rande: Es handelt sich um ein Verfahren, bei dem elektrischer Strom erzeugt wird, der es ermöglicht, bestimmte Substanzen zu modifizieren), für die keine Edelmetalle wie Platin verwendet werden.*« Dieses für den Elektrolyseur benötigte Metall trägt erheblich zu den Kosten der Elektrolyse bei, ganz zu schweigen von anderen »Hürden, die sich reihenweise auftun«. »*Die Herstellung von Wasserstoffenergie ist nicht nur teuer, (Wasserstoff) ist außerdem ein sehr flüchtiges und explosives Gas, und seine Lagerung wie auch sein Transport werfen viele technologische und verfahrensrechtliche Hindernisse auf.*«[394]

Derzeit stammen 95 Prozent des industriellen Wasserstoffs aus Kohlenwasserstoffen und nicht aus erneuerbaren Energien. Eines der gängigsten Verfahren besteht in der Herstellung von Wasserstoff durch »Dampfreforming«, einer Methode, bei der Erdgas verwertet wird. Vorrangiges Ziel sollte es also sein, die industrielle Wasserstoffproduktion auf der Basis fossiler Brennstoffe durch eine Produktion mit Erneuerbaren zu ersetzen.

Zusammenfassend lässt sich sagen (und ich glaube, wir brauchen ein kleines Resümee), dass mehrere neue Verfahren den Weg für einen grünen Wasserstoff ebnen, der aus überschüssiger intermittierender regenerativer Elektrizität erzeugt wird. Dieser Wasserstoff würde das Zuviel an erneuerbarer Energie absorbieren und könnte auf verschiedene Weise genutzt werden: »Man könnte ihn lokal speichern und dann in Spitzenzeiten in Strom umwandeln« (bis hierher bin ich einverstanden). »Er kann als Kraftstoff für saubere Mobilität eingesetzt werden« (aber ich habe euch ja bereits gesagt, was ich von wasserstoffbetriebenen Autos und ihren Batterien halte). »Er kann auch direkt in Gasnetze eingespeist werden, allein oder in Kombination mit Erdgas.«[395] Womit wir wieder mit dem Problem der Verschmutzung konfrontiert sind, die durch diese Verbrennung entsteht.

Nein, abgesehen von der Umwandlung in Elektrizität, überzeugen mich die Wasserstoff- und Biogaslösungen nicht.

Nach den erneuerbaren Energien und ihrer Speicherung (uff, das wäre geschafft), stellt sich die Frage nach dem

Export. In Europa beispielsweise, die südlichen Regionen einmal ausgenommen, besteht die Schwierigkeit, dass über viele Monate Kälte herrscht und die Sonneneinstrahlung gering ist.

Biep. Egoismus. Sie denken nur an sich und daran, wie Sie es im Winter schön warm haben können. Kommen Sie augenblicklich zurück zur Sache.

Überhaupt nicht. Europa dient nur als Beispiel für ein Gebiet mit geringer Sonneneinstrahlung. Glauben Sie, dass ich mich, wenn es allein um meine Person ginge, in ein so verrücktes Abenteuer wie dieses Buch gestürzt hätte?

Er bringt mich zur Verzweiflung. Er überinterpretiert, was ich schreibe. Ich setze mich darüber hinweg und fahre fort.

In den letzten Jahren wurde viel über das beträchtliche Potenzial der Erzeugung von Solarenergie im Mittleren Osten und in Nordafrika berichtet. Laut Internationaler Energieagentur *könnte allein die Entwicklung der konzentrierten Solartechnologie mehr als das Hundertfache des kumulierten Strombedarfs in Nordafrika, dem Mittleren Osten und Europa abdecken.* Bereits im Jahr 2012 gab es Initiativen zur Verabschiedung eines Importprogramms für erneuerbare Energien aus Marokko nach Deutschland (über Spanien und Frankreich). Aber der Handel zwischen Nordafrika und Europa wurde durch unzureichende Stromtransportnetze zwischen beiden Kontinenten behindert. Die Europäische Union, die sich in Bezug auf erneuerbare Energien *theoretisch* ehrgeizige Ziele gesetzt hat (deren Ergebnisse bisher ausbleiben), weiß, dass es unerlässlich ist, die Verbindungen zwischen den Stromnetzen auszubauen.[396]

Damit bin ich fertig mit meiner langen Liste der dramatischen Gefährdungen aller Art für unsere Lebenswelt und auch mit der Aufzählung bereits laufender Maßnahmen oder Innovationen in den einzelnen Bereichen, von denen sich einige als Sackgasse erwiesen haben, andere aber wirklich vielversprechend und schon im Einsatz sind.

Sicher ist, dass wir auf kurze Sicht vor einem tiefgreifenden und notwendigen Wandel unserer Lebensweise und unserer Gesellschaften stehen. Und zweifellos vor großen Bevölkerungsmigrationen – Stichwort Umweltflüchtlinge –, auf die sich die Welt vorbereiten muss, *ohne zu Mitteln der Gewalt zu greifen, denn das würde alles nur schlimmer machen.* Wir müssen uns auf mögliche Konflikte einstellen: um Wasser und Nahrung und wegen der Fluchtbewegungen aus Gebieten, die von extremer Hitze betroffen sind. Es wird Auseinandersetzungen, Chaos, Umwälzungen, wirtschaftlicher Art natürlich, im gegenwärtigen globalen Gleichgewicht geben – sofern man überhaupt von »globalem Gleichgewicht« sprechen kann, angesichts der enormen Kluft zwischen den armen und den reichen Ländern, die seit Jahren nichts dafür getan haben, um diese Kluft zu verringern und eine stärkere Harmonisierung der Lebensumstände aller Menschen zu erreichen.

In Anbetracht dieser Situation und der Klimaerwärmung lassen sich heutzutage mehrere Reaktionen beobachten.

Eine davon besteht in der Leugnung, der Vermeidung, der Verweigerung von Wissen, der Sehnsucht nach Unkenntnis. Wie bereits erwähnt, schützt diese Leugnung unsere Psyche instinktiv vor der Angst, die eine derart bedrohliche Zukunft hervorruft.

Am anderen Extrem befinden sich die Verfechter der Theorie vom »Zusammenbruch«, für die auch schon ein Name existiert: die Kollapsologen, etwas salopper »Kollapsos« genannt. Erfunden haben dieses Wort und den Begriff der »Kollapsologie« Pablo Servigne und Raphaël Stevens in ihrer Publikation *Comment tout peut s'effondrer. Petit manuel de collapsologie à l'usage des générations présentes* aus dem Jahr 2015. Sie untersuchen und dokumentieren darin den zu erwartenden globalen Zusammenbruch, halten es jedoch noch für vorstellbar, ihn abzumildern. Allerdings kann man, *wenn nichts geschieht*, die Möglichkeit eines solchen Kollapses nicht in Abrede stellen.

Außerdem gibt es die »Survivalisten«, die mit der unmittelbar bevorstehenden totalen Katastrophe rechnen. Ihre Methode, sich dagegen zu wappnen, umfasst im Wesentlichen das Eintauchen in die freie Natur, den Versuch zu erlernen, wie man ohne Komfort, fernab urbaner Strukturen, in einer Welt des Teilens und der Solidarität überleben kann.

Freilich aus einem anderen Holz geschnitzt sind die reichen Survivalisten, die sich, durch und durch egoistisch, auf den Ernstfall vorbereiten, indem sie sich bis an die Zähne bewaffnen, Bunker bauen und dort Lebensmittel lagern[397] oder aber in Betracht ziehen, sich mit Gleichgesinnten auf großen Schiffen zu sammeln und dort abzuwarten, bis das Schlimmste vorüber ist. Solche Pläne sind einfach nur töricht und zeugen in erster Linie von Unbedarftheit.

Bleiben noch diejenigen, die ich als »Esperantisten« bezeichnen würde, Menschen, die sich der bevorstehenden großen Umwälzungen vollständig bewusst sind und wissen, dass sich die Welt, ihr gewinnorientiertes System sowie unsere Lebensweise grundlegend ändern müssen, die aber gleichwohl hoffen, dass aktuelle und zukünftige Maßnahmen *sehr schnell* greifen und die Auswirkungen eindämmen werden. Deshalb versuchen sie, sich gemäß ihren Fähigkeiten und Möglichkeiten zu engagieren (was sie in die Nähe der ebenfalls nicht hoffnungslosen Kollapsologen rückt).

Ihr werdet beim Lesen dieses Buches und der von mir skizzierten Handlungsmöglichkeiten durchschaut haben, dass ich mich natürlich zu Letztgenannten zähle. Die Esperantisten setzen auf das zunehmende Bewusstsein in der Bevölkerung, geißeln die Trägheit der Regierungen, die einander in den letzten vierzig Jahren abgewechselt haben, und deren finanzpolitische Bande mit den großen Lobbys, aber auch unser eigenes schuldhaftes Verharren in Unwissenheit und Illusion.

Ich formuliere es noch einmal deutlich: Die Entscheidung von Lobbys und Regierungen, die Empfehlungen des Weltklimarats und der UNO zu ignorieren, eine Klimaerwärmung von +2 °C (und mehr) in Kauf zu nehmen und sich einer Veränderung der gegenwärtigen Produktionssysteme zu verweigern, kommt einem Votum für die Auslöschung der Menschheit bis zum Ende dieses Jahrhunderts gleich. Es ist eine Entscheidung für den Tod – keine »freiwillige«, aber eine sehr reale –, die für Esperantisten und junge Menschen inakzeptabel ist und die sie mit aller Kraft bekämpfen werden.

Bevor ich euch meine Erkenntnisse präsentiere, muss ich euch noch von den berühmten und verblüffenden »Meadows-Kurven« berichten (benannt nach einem der Autoren der Studie), die ich in diesem Buch, das die Fortsetzung unseres gegenwärtigen unsinnigen Modells betrachtet hat, nicht berücksichtigt habe. Bei den Meadows-Kurven handelt es sich um die vom Club of Rome durchgeführte mathematische Simulation der »*Grenzen des Wachstums*«, die Höchst- und Tiefstwerte abbildet.[398] Interessant ist, dass die Berechnungen aus dem Jahr 1970 stammen und keine Einzelbetrachtung von Ereignissen vornehmen, sondern die verschiedenen wesentlichen Parameter der Welt in einem mathematischen Modell zusammenführen. Es sind insgesamt sechs Parameter (jeweils unterteilt in weitere): Bestand an nicht erneuerbaren Ressourcen, Demografie, Nahrungsmittel pro Kopf, Industrieproduktion pro Kopf, Dienstleistungen pro Kopf, globale Umweltverschmutzung. Diese komplexe Parametrisierung ergibt ein Dutzend Szenarien, die die Gesamtentwicklung seit 1900 bis ins Jahr 2100 darstellen. Im Nachhinein hat sich gezeigt, dass das für den Zeitraum von 1970 bis 2000, und sogar das von 1970 bis 2010 entworfene Szenario, das auf dem berühmt-berüchtigten und von der Menschheit tragischerweise seit fünfzig Jahren verfolgten *Business as usual* basiert, ziemlich genau dem entspricht, was sich *tatsächlich* in dieser Zeit ereignete. (2012 veröffentlichte Graham M. Turner[399] eine Aktualisierung der Grafik, die er um die bis 2010 vorliegenden reellen Daten ergänzt hatte.)

Und darauf läuft es hinaus, *wenn die Menschheit weiterhin das Szenario des Business as usual verfolgt*: Die nicht erneuerbaren Ressourcen werden bis 2030 kontinuierlich sehr stark schrumpfen (was zutrifft, jedoch schreitet dieser Prozess langsamer voran als erwartet, weshalb sich die Daten der Modellrechnung nach hinten verschieben können), danach ist der Rückgang etwas schwächer. Die Pro-Kopf-Industrieproduktion steigt der Simulation zufolge stetig an, bis sie um 2015 ihren Höhepunkt verzeichnet, dann merklich absinkt und im Jahr 2100 das Niveau der 1920er Jahre erreicht. Die Kurve der Nahrungsmittel je Einwohner führt seit 1900 aufwärts, ab 2020 (2025 …) jedoch fällt sie bis 2100 wieder auf einen Stand, der knapp unter dem von 1900 liegt. Die Dienstleistungen pro Kopf, die sich aus dem marktbestimmten Dienstleistungssektor (Verkehr, Bankwesen …) und dem nicht marktbestimmten Dienstleistungssektor (Bildung, Gesundheit …) zusammensetzen, erzielen ihr Maximum um 2025, danach geht diese Entwicklung deutlich zurück und bewegt sich 2100 leicht unter dem Niveau von 1900. Die Weltbevölkerung wächst bis 2030–2035, nachfolgend flacht die Kurve ab, langsamer als die anderen Kurven, und weist im Jahr 2100 den Stand von 1975 auf. Und schließlich die globale Umweltverschmutzung: Sie steigt bis 2030–2035 stark an, danach erreicht sie bis 2100 das Level von 1950.

Dieser spannende »Meadows-Report« legt besorgniserregende Schlussfolgerungen nahe, allerdings hat er zwei erschwerende Parameter seinerzeit nicht mit ins Kalkül gezogen: die globale Erwärmung und den Verlust der Biodiversität. Andererseits konnte er 1970 auch noch nicht dem Aufkommen der erneuerbaren Energiequellen Rechnung tragen. Trotzdem handelt es sich um eine bemerkenswerte und lehrreiche Simulation, und die in diesem kleinen Buch aufgezeigten Fakten widerlegen sie in keiner Weise. Alle, die mehr über die genannten Prognosen erfahren wollen, verweise ich auf die Hinweise in den Anmerkungen.[400, 401] Und diejenigen, die sich selbst ein Bild von der faszinierenden Grafik machen wollen, werden sie überall im Netz finden.[402]

Um die massiven Schäden, die uns erwarten, *wenn nichts geschieht*, so weit wie möglich einzugrenzen, werde ich abschließend für euch zusammenfassen, was einerseits die Regierenden dieser Welt zuwege bringen müssen, *was andererseits aber auch WIR, die LEUTE, tun können, und das ist gewiss nicht unerheblich.*

Ein solches Resümee erscheint mir unumgänglich, denn angesichts der Menge an Daten, die ich euch zugemutet habe, wird es sonst schwierig, sich alles zu merken und nicht den Faden zu verlieren – jedenfalls für mich.

Die Regierenden haben die immense Aufgabe, schnell und entschlossen zu handeln. Sie wissen das schon lange, auch wenn sie ihre Rolle mit einer Zurückhaltung ausfüllen, die einen zur Verzweiflung bringen kann. Der folgende Überblick mag daher lächerlich wirken, aber ich richte mich damit ja nicht an die politische Führungsetage, sondern rekapituliere die Punkte für uns, damit wir wachsam bleiben und nicht, wie zuvor, in Passivität verharren:

- Unsere CO_2-Emissionen müssen bereits ab 2020 signifikant gesenkt werden, um bis 2050 die Null-Emission von Kohlenstoff und anderen Treibhausgasen zu erreichen. (Und folglich darf man sich auch nicht auf die noch verfügbare Kohle stürzen, um den Rückgang der Erdölreserven auszugleichen.)
- In puncto Finanzierung der weitreichenden Veränderungen hinsichtlich unserer Produktionsweise, unseres Konsumverhaltens, Denkens und Lebenswandels müssen die Regierungen *endlich den Mut aufbringen, gegen den internationalen Steuerbetrug vorzugehen.* Hier werden sich ausreichend Mittel finden, um weltweit die große Energiewende zu bestreiten.
- Sollte es zu einem ökonomisch-ökologischen Schock kommen, was nicht auszuschließen ist, müssen Entscheidungen getroffen werden: Die Priorität sollte hier beim Erhalt des Gesundheitswesens und der pharmazeutischen Industrie liegen; bei der Ausbildung von Ingenieuren, *aber auch* (sehr wichtig) von Spezialisten für Kernenergie, damit kompetentes Personal zur Verfügung steht, um den Rückbau der stillzulegenden Kraftwerke zu gewährleisten; bei der Sicherung der Nahrungsmittel- und Wasserversorgung; bei der Instandhaltung von Kläranlagen.
- Es gilt, Unternehmen zu unterstützen, die in den Umweltschutz investieren, was sie tun müssen, wenn sie wettbewerbsfähig bleiben wollen. Einige haben bereits damit begonnen.
- *Es muss dringend Gesetze gegen die unheilvolle Lebensmittelindustrie geben, Viehzüchter und Landwirte müssen gezwungen werden, jede massive Bewässerung zu unterlas-*

sen und ihre Kulturen per Tröpfchen- beziehungsweise kontrollierter Bewässerung zu versorgen, also mit nur so viel Wasser, wie unbedingt notwendig. Die Massentierhaltung sollte man zugunsten der Weidewirtschaft verbieten.

- *Die ökologische Viehzucht und Landwirtschaft bedürfen einer wirksamen Förderung und Finanzierung,* sie müssen die industrielle Landwirtschaft sehr bald verdrängen, zumal ihre Erträge vergleichbar oder höher sind.

- *Man muss gesetzliche Regelungen gegen den übermäßigen Einsatz von Wirtschaftsdünger, Phosphor, Phosphat und Stickstoffdünger (Hauptursache für Lachgas- und Nitrit-Emissionen) schaffen, nur die für die Pflanzen unbedingt notwendigen Dosen dürfen erlaubt sein.*

- *Weiterhin braucht es Gesetze gegen gefährliche Schadstoffe wie Pestizide, Herbizide und Fungizide, und schon ab morgen sollten Pestizide verboten sein, die bestäubende Insekten töten und das Wachstum von Pflanzen wie auch unsere Gesundheit ernsthaft beeinträchtigen. Das Verbot von Glyphosat wurde in Frankreich um drei Jahre verschoben, und die neuen* SDHI (ein Stoff, der die Wirkung des Enzyms Succinat-Dehydrogenase verhindert) *sind zugelassen. Das Unkraut an Eisenbahnschienen darf nicht weiterhin mit Herbiziden bekämpft werden* (zur Erinnerung: Die SNCF ist der größte Verbraucher von Herbiziden in Frankreich).

- *Man muss gesetzlich gegen die vorprogrammierte Obsoleszenz vorgehen.*

- *Die Industrie muss gezwungen werden, weniger wasserverbrauchende Technologien zu entwickeln* und Wasser minderer Qualität für Zwecke zu verwenden, die kein Trinkwasser erfordern. *Fabriken müssen dazu verpflichtet wer-*

den, sich mit eigenen Wasseraufbereitungsanlagen auszu-
statten und in einem geschlossenen Kreislauf zu funktionieren, indem sie ihr Wasser recyceln.

- *Verbrauchtes Wasser muss bestmöglich recycelt werden.*
  Häusliches Abwasser kann mit ziemlich geringem
  Aufwand aufbereitet und zur Bewässerung wiederver-
  wendet werden.

- Es gilt, insbesondere im Winter, *die unterirdische Spei-*
  cherung von überschüssigem Wasser voranzutreiben.

- In Hinblick auf die beträchtliche Verschmutzung durch
  Unwetter in stark urbanisierten Gebieten, sollte man
  dazu übergehen, *getrennte Sammelnetze zu entwickeln*
  und das gesammelte Regenwasser zu reinigen. *Außerdem*
  sollten Speicherbecken angelegt werden, um den Überlauf
  von Abwasser bei Regenwetter zurückzugewinnen.

- *Weiterhin ist die Einrichtung hydrogeologischer Naturparks*
  geraten.

- *Die Abscheidung von CO_2, Methan und Quecksilber aus*
  emittierenden Anlagen muss verpflichtend werden. Es gibt
  neue erfolgreiche Methoden für diesen Zweck, und andere werden sich schnell herausbilden, da die Wissenschaftler in der Zwischenzeit nicht Däumchen drehen
  (was CO_2 und Methan angeht, fanden die Enzymsen-
  soren der Forscher aus Albuquerque Erwähnung, oder
  auch das Lösungsmittel von Carbon Clean Solutions Limited; im Fall von Quecksilber die Technologien von
  Vosteen Consulting oder Götaverken Miljö). Allerdings
  müssen die genannten Sensoren noch importiert und installiert werden, und zwar so bald wie möglich. Derlei
  neue Verfahren müssen gefördert und finanziert werden.

- Um bei der CO_2-Reduzierung zu bleiben, hier empfiehlt sich *die Wiederbelebung des alten Schienennetzes, die Erhöhung der Frequenz von Busverbindungen an Bahnhöfen und Haltestellen öffentlicher Verkehrsmittel,* darüber hinaus die Unterstützung des flächendeckenden Einsatzes von Elektrotaxis an ebendiesen Bahnhöfen und Haltestellen.

- *Die von der Bildfläche verschwundenen kleinen Läden in den Dörfern müssen dringend wieder eröffnet werden,* mit finanzieller Beteiligung der Supermärkte, die Ursache für ihre Verdrängung sind. Außerdem muss dafür gesorgt werden, dass Lieferwagen (Verkauf von Fleisch, Fisch, Brot usw.) in diesen Dörfern die Runde machen.

- *Man sollte den Bau jener 100-Meter-Türme in Erwägung ziehen,* die in der Lage sind, die Luft ganzer Städte zu reinigen.

- In Bezug auf Methan ist eine Verringerung der weltweiten Viehbestände angezeigt, und die Methanisierung in Faulbehältern, die verwesende Stoffe in Biogas und Kompost umwandeln, muss obligatorisch werden.

- *Viehzuchtabwässer und landwirtschaftliche Abfälle müssen durch Umwandlung in Biomasse genutzt werden,* Gleiches gilt für (wiederverwertbaren) Haushalts- und Gewerbemüll, Abfälle der Großgastronomie, der Kantinen.

- *Eine Modifikation der Anbaumethode von Reis ist dringend erforderlich,* denn Reisfelder gehören zu den Hauptverursachern von Methan-Emissionen.

- *Was die äußerst gefährlichen fluorierten Gase betrifft, so sollte auf die Verwendung von Isolierschäumen und -sprays in Gebäuden vollständig verzichtet werden* (und nicht

»eine schrittweise Reduzierung« erfolgen, wie in der Verordnung von 2015 vorgesehen); es gibt bereits alternative Technologien mit gleicher Effizienz und geringerer oder keiner Umweltbelastung, die sie ersetzen können. Auch *in Hinblick auf die Kühlkette* sollte man auf diese Alternativen zurückgreifen. Solarpaneele der neuen Generation, für deren Herstellung man das schädliche NF_3-Gas benötigt, gehören verboten. *Biep. Diese gleichförmige Aufzählung ist unglaublich einschläfernd. Die Leser werden auf der Strecke bleiben, wenn das nicht sowieso längst passiert ist. Hören Sie sofort auf damit.*

Denken Sie, mir ist nicht klar, wie beschissen langweilig sich das liest?

»Beschissen langweilig« ist ziemlich vulgär.

Ist mir egal. Diese beschissen langweilige Zusammenfassung muss nun mal sein. Wir verlieren sonst den Überblick in dieser Datenflut. Lassen Sie mich also meine Arbeit tun.

Mein Zensor hat recht, ich weiß es nur zu gut, aber ich muss weitermachen. Haltet tapfer bis zum Ende durch, ich komme sehr bald dazu, was WIR unternehmen können.

• *Es muss ein Gesetz geben zur obligatorischen Rückgewinnung von wertvollem Phosphor* und von Stickstoff aus Abwässern, Klärschlamm, menschlichen und tierischen Exkrementen, Fäkalien und Urin, da die Wiederverwertung aus Fäkalien auch eine große Menge Strom liefern kann. Der Abbau von Phosphor muss zugunsten der Nutzung von natürlichem Phosphor organischen Ursprungs in Bio-Kulturen gestoppt werden.

- Der Wald und damit das so lebensnotwendige Wasser müssen geschützt, *die Urwälder am Amazonas, in Indonesien und im Kongobecken als Welterbe klassifiziert werden, man muss ihrer Abholzung Einhalt gebieten. Die Anpflanzung neuer »Urwälder« muss gefördert werden. Was andere Wälder betrifft, so muss es Regelungen geben, die eine Aufforstung zur Steigerung von Biomasse vorschreiben, außerdem sollte nur streng zertifiziertes Holz genutzt werden dürfen,* und Labels wie PEFC und FSC müssen für ihre nachhaltige Waldbewirtschaftung Unterstützung erfahren.

- *Biodiversität muss zum offiziellen politischen Programm gemacht werden,* es gilt, mit aller Kraft zu bewahren, was von der bestehenden Lebenswelt, Tieren und Pflanzen, noch übrig geblieben ist, denn ohne biologische Vielfalt wird ein Überleben unmöglich.

- *Der Import von Tropenholz muss international verboten werden.*

- *Die Produktion von Biotreibstoffen auf der Basis von Palm-, Soja- und Rapsöl muss eingestellt werden.* Dasselbe gilt für das künftige Algenöl.

- *Es muss ein Einfuhrverbot für Soja und Palmöl geben* (zur Erinnerung: In Frankreich wird Soja zu 97 Prozent importiert und ist die *Hauptursache* für unseren Wald-Fußabdruck. Verwendet wird es vor allem für die Fütterung unseres Schlachtviehs).

- *Die systematische Anpflanzung von Koniferen in Europa sollte eingestellt werden,* die Maßnahme hat wegen der Albedo negative Auswirkungen.
- *Die Versalzung der Böden muss* mithilfe unterschiedlicher *bereits existierender* Verfahren *behoben oder verhindert werden.*
- *Die Flussufer müssen aufgeforstet beziehungsweise wieder- aufgeforstet werden,* um die Böschungen zu befestigen und die Nitrate auf den Anbauflächen zu beseitigen.
- *Die großen Wasserkraftanlagen* mit ihren zum Teil katastrophalen Auswirkungen (Methan) *müssen auf den Prüf- stand.* Kleinen Staudämmen von geringer Höhe sollte der Vorzug gegeben werden. *Biep. Es wird immer öder. Der Leser kann nicht mehr.*

Jetzt halten Sie aber mal die Luft an! Sie werden meinen heroischen Leser noch entmutigen! Glauben Sie etwa, man kann die Welt in drei Zeilen retten?

Sie meinen also, dass Sie die Welt retten können?

Spotten Sie nicht! Ich versuche, die Leute zu informieren. Lassen Sie mich in Frieden.

Dann machen Sie es anders. Diese Art der Aufzählung ist ein- fach anstrengend.

Und wie sollte ich nach Ihrer Meinung die Aufzählung ge- stalten? In Alexandrinern? Indem ich ein Lied singe? In Form eines Unterhaltungsromans, dessen Spannung in der

Zukunft alles Lebendigen liegt? Seien Sie nicht albern, abgesehen davon, dass Sie diktatorisch sind.

Die Beziehung zwischen meinem Zensor und mir ist eindeutig angespannt. Und je mehr er mich daran hindert voranzukommen, desto beharrlicher werde ich. Bleibt an meiner Seite, ich vertraue euch. Vielleicht sollte ich ihn duzen, um ein wenig Herzlichkeit zwischen uns zu bringen?

- Mit Blick auf die Ozeane sollte es ein *Verbot aller Einwegkunststoffe* geben, nur wiederverwertbare dürfen noch erlaubt sein. Es muss ein Beitrag zur Entwicklung neuer biologisch abbaubarer Kunststoffe geleistet werden.
- Unterstützenswert sind die Forschungsarbeiten an dem in Japan entdeckten Bakterium Ideonella sakaiensis, das sich ausschließlich von einer Kunststoffart ernährt, dem Polyethylenterephthalat (PET), aus dem sich sehr viele Plastikflaschen zusammensetzen.

Was das Thema Energie anbelangt, so sollte man mit Nachdruck die Weiterentwicklung der Erneuerbaren vorantreiben:

- *Das Recycling der Materialien, die in den Rotorblättern von Windrädern enthalten sind, muss organisiert werden.*
- *Die Gewinnung und Produktion Seltener Erden hat unter Einhaltung strenger Umweltschutz- und Gesundheitsnormen stattzufinden*, das ist heute möglich. Andernfalls dürfen keine Seltenen Erden abgebaut werden.
- *In Windkraftanlagen sollten Magnete verboten sein, die Sel-*

tene Erden enthalten. Die jüngsten Fortschritte bei der Substitution von Seltenen Erden bedürfen der Förderung und Finanzierung.

- *Im Bereich der Photovoltaik müssen die neuen Dünnschicht-Solarpaneele, die giftiges Cadmium enthalten, sowie andere Dünnschichtpaneele, die Spuren seltener Metalle aufweisen, verboten werden.* Man sollte unbedingt die monokristallinen Solarmodule fördern, die keine Seltenen Erden verwenden, und darüber hinaus die laufende Forschung zu Solarzellen der dritten Generation aus organischen Molekülen unterstützen, ebenso wie die Recherchen zur Verwendung von Eisen, das die seltenen Metalle ersetzen könnte.
- *Es braucht ein verstärktes Recycling von Eisen und Kupfer.*
- *Neue Speicherungsverfahren* von Strom, die auf die Verwendung von Lithium verzichten, *müssen gefördert und finanziert werden.*

Es stimmt, man langweilt sich zu Tode, ganz zweifellos, und ich möchte mich aufrichtig dafür entschuldigen. Mein Zensor verunsichert mich, seine Kritik nimmt mir den Wind aus den Segeln, ich muss mich dagegen wehren. Es ist nichts Lustiges an der Sache, die wir hier verhandeln, das war von Anfang an klar. Wir werden jetzt im gestreckten Galopp vorwärts Richtung Schluss eilen.

Was Elektroautos betrifft:

- *Man sollte auf Natrium-Ionen-Batterien setzen* (oder andere, die *ohne Phosphor* auskommen werden) und nicht auf die heutigen umweltschädlichen Batterien, die Lithium verwenden, dessen Vorkommen sich allmählich erschöpfen.

- *Im Zusammenhang mit der Herstellung dieser Autos, die große Mengen CO_2 ausstoßen, sollte es Vorteile für Unternehmen geben, die mit erneuerbaren Energien arbeiten,* oder aber man verpflichtet sämtliche Fabriken, sich mit 100-%-CO_2-Sensoren auszustatten.

- *Weiterhin gilt es, neue Verfahren zur Begrenzung der Feinstaub-Emission* durch Reifenabrieb und Bremsbelagsverschleiß zu fördern.

- *Es muss ein ausreichendes, einheitliches Netz von Ladestationen* gewährleistet werden, die kompatibel mit allen Automarken, frei zugänglich und mit Informationstafeln versehen sind.

So, das war's, wir sind durch mit der Agenda für die politisch Verantwortlichen – wobei ich keinen Anspruch auf Vollständigkeit erhebe. Ihr seht, es wartet Arbeit auf sie, und zwar eine ganze Menge. Werden sie ihren Verpflichtungen nachkommen? Werden künftig unterzeichnete Zusagen endlich bindend für alle Länder sein und nicht mehr bloß fakultativ (!) wie zuvor? Wichtige Fragen, auf die weder ihr noch ich die Antwort kennen. Aber dennoch, Achtung: Die politischen Akteure sind in hohem Maß abhängig von den Wählern, die ihnen zur Macht verhelfen, das heißt, von UNS. Und wir sind in der Lage, Kandidaten mit einem echten ökologischen Programm zu wählen. Sicher, die letzten Wahlen in den USA oder in Brasilien haben zu niederschmetternden Ergebnissen geführt. Und wie immer münden Anspannung, Angst und Unsicherheit gegenüber dem, was kommen wird, allzu oft in der Wahl »starker Männer«, aggressiver, engstirniger, um nicht zu sagen zurückgebliebener Zeitgenossen (wohlgemerkt, ich nenne keinen Namen: Mir fehlt die Zeit, mich auch noch mit einem Prozess herumzuschlagen), die der extremen Rechten zuzuordnen sind. Die extreme Rechte ist obendrein klimaskeptisch. Und Klimaskeptiker denken und leben realitätsfern. Die Zukunft der Menschheit ist das Letzte, worum sie sich sorgen. Diese Versuchung des »starken Mannes«, der einen glauben macht, die Rückkehr zur alten Ordnung sei möglich, was grundfalsch ist, diese Versuchung der extremen Rechten *würde unweigerlich jede Anstrengung zur Rettung der heutigen Welt zunichtemachen.* Im Gegenteil, angesichts der tiefgreifenden Umgestaltung unserer Lebensführung ist es absolut notwendig, sich jedem Gefühl von Feindseligkeit oder Gewalt-Reflexen zu widersetzen, sich stattdessen auf den Instinkt des Zusammenrückens (und nicht der Selbstabschottung), der Solidarität und des Austauschs zu verlassen, den Menschen in Stresssituationen ebenso entwickeln.[403]

Aber, wie ich nicht müde werde zu wiederholen, gibt es auch für UNS, abgesehen vom Gang zur Wahlurne, viel zu tun. Wir können den erforderlichen Wandel, der auf uns zukommt, *ganz beträchtlich beeinflussen.*

Ich beginne mit dem wesentlichen Sektor, wir haben es gesehen, *dem der Viehzucht und der damit verbundenen Landwirtschaft, die völlig unverhältnismäßige und zerstörerische Dimensionen angenommen haben.* Kurz zur Erinnerung:

Das Gespann aus Viehzucht und Landwirtschaft ist verantwortlich für 37 Prozent des Methans, 65 Prozent des Lachgases und 9 Prozent des CO_2, das die Menschheit insgesamt ausstößt, hinzu kommen die in der Kühlkette verwendeten fluorierten Gase. Es stellt außerdem den *größten Posten* bei der Betrachtung des weltweiten Wasserverbrauchs dar (70 Prozent) und ist Hauptursache für die Verschmutzung des Wassers. Auch die Entwaldung, die Ausbeutung des Bodens und der Phosphorvorräte sowie der saure Regen gehen auf sein Konto. Eine gewaltige und katastrophale Bilanz, der wir schnell und direkt entgegenwirken müssen: *indem wir unseren Fleischkonsum einschränken, um 90 Prozent, insbesondere in den hochentwickelten Ländern, indem wir nitritverseuchte, krebserregende Wurstwaren ächten und Biotreibstoffe ablehnen.*

Ich habe es ja schon geschrieben: Auch mir macht es keinen Spaß, auf Fleisch zu verzichten! Aber indem wir an dieser Stelle Verzicht üben – und wir müssen es tun –, können wir das Nahrungsmittelsystem in der Welt grundlegend verändern, können unseren Treibhausgas-Fußabdruck, die Erschöpfung der Wasserressourcen, die Entwaldung, die Wasserverschmutzung und die Zerstörung des Bodens maßgeblich reduzieren, können ein Ende der Phosphor-Vorkommen vermeiden, den sauren Regen erfolgreich bekämpfen und der einheimischen Bevölkerung ihr Ackerland zurückgeben, damit sie in der Lage ist, sich von den Erträgen zu ernähren oder es aufzuforsten. Um euch Mut zuzusprechen, und ich zweifle nicht, dass ihr welchen habt, denkt an die schwerwiegenden Konsequenzen, die der exzessive Genuss von Fleisch und verarbeitetem

Fleisch (Wurstwaren), von Milchprodukten und Käse nach sich zieht. Und ersetzt das Fleisch nicht leichtsinnigerweise durch Fisch (viele Arten sind vom Aussterben bedroht), der mit Schwermetallen belastet ist. Lasst uns die Anstrengung unternehmen, den wöchentlichen oder monatlichen Verbrauch einzuhalten, den ich in diesem kleinen Band vorgeschlagen habe.

Wie ich ebenfalls bereits erwähnte, wird dieses unbedeutende Büchlein nicht dazu führen, dass Millionen und Abermillionen Menschen aus Ländern, die sich ganz besonders im Verzehr von Fleisch hervortun, plötzlich diesen einschränken. Doch ist genau das unumgänglich, wenn wir unsere Ziele, und sie sind überlebenswichtig, erreichen wollen. Nur wenn die entsprechenden Informationen in den sozialen Netzwerken kursieren, können wir darauf hoffen, es zu schaffen. Ich gebe zu, auch das habe ich schon gesagt, dass ich auf eure Hilfe setze. Und ihr seht ja, dass WIR, wenn wir nur zahlreich genug sind, einen gewaltigen Hebel in der Hand haben, mit dem wir die gegenwärtige Agrarindustrie in die Knie zwingen können.

Nach diesem wichtigen Appell möchte ich nun wieder zu einer Aufzählung übergehen (mein Zensor wird schäumen), die sich hoffentlich als anregender erweist als die vorherige, denn sie soll uns einen kleinen Überblick über unseren Handlungsspielraum bieten. Darüber, wie wir uns verhalten, was wir tun, wie wir Einfluss ausüben, etwas bewirken können, kurz: mit welchen Mitteln wir uns schlagen können, um die Welt zu retten. Was weitaus belebender und tröstlicher ist, als darauf zu warten, dass die Regierenden sich an die Arbeit machen. Wir werden ihnen in gewisser Hinsicht sogar vorausgehen, und das wird ungemein befriedigend sein.

Um gegen die Entwaldung zu kämpfen, sollten wir, unabhängig vom Ende der halsbrecherischen Agrarwirtschaft, *selbstverständlich die endemischen Tropenhölzer boykottieren*, indem wir die Herkunft der Produkte, die wir für unsere Wohnungseinrichtung kaufen, sorgfältig prüfen und uns für das PEFC-, FSC- oder ein gleichwertiges Label entscheiden.

Gleichfalls boykottieren sollten wir das üble Palmöl und außerdem alle Biokraftstoffe meiden.

Wenden wir uns lieber den Produkten der ökologischen Landwirtschaft und Viehzucht zu, was nicht nur den Niedergang der aktuellen Agrar- und Lebensmittelsysteme beschleunigen, sondern auch verhindern wird, dass wir uns mit Pestiziden vollstopfen (was wiederum den petrochemischen Lobbys einen Hieb versetzen wird, die diese produzieren).

Die Zahl der Bioläden nimmt rapide zu und wird, dank des Drucks, den die Käufer, also WIR, ausüben, weiter ansteigen. Ich erinnere daran, dass eine Entwicklung der ökologischen Landwirtschaft auf globaler Ebene es erlauben würde, die gesamte gegenwärtige und zukünftige Bevölkerung zu ernähren, sogar bis zu elf Milliarden Menschen, wenn man die jüngsten Verfahren anwendet. Ebenso sollten wir, und das gilt für alle Haushaltsprodukte, vom Waschmittel bis zum Toilettenpapier, *ausschließlich ökozertifizierte Ware kaufen, die es heutzutage in Hülle und Fülle gibt*.

Lasst uns unseren Konsum von Zucker (zur Erinnerung, es handelt sich um eine für die Erde und die Gesundheit schädliche Kultur), Schokolade (ja … es sei denn, es handelt sich um eine wenig zuckerhaltige, ökozertifizierte Sorte), Soja, Tofu, nicht-biologischen Honig herunterfahren. Kaffee können wir weiterhin trinken, sofern wir uns für ein Produkt entscheiden, das im Schatten wächst und ein Waldschutz-Zertifikat trägt. Lasst uns außerdem weniger Reis essen.

Biep. »Macht dies, macht jenes«, diese Liste hat einen Befehlscharakter, der kein Vergnügen für den Leser darstellt. Sie sind keine Auftraggeberin, soweit ich weiß.

Meine Leser wissen ganz genau, dass ich in gar keinem Fall als jemand, der Aufträge erteilt, in Erscheinung treten will. Ich bleibe aber auf diesem Kurs, weil die Ziele, die wir erreichen müssen, dringlich sind und es gebieten. Es geht schließlich um unser Überleben.

Na schön. Sie übernehmen die Verantwortung dafür.

Sehr aufbauend, mein Zensor, findet ihr nicht? Man könnte meinen, er versuchte, mir ins Handwerk zu pfuschen.

WIR, die LEUTE und die Landwirte, die ich dazuzähle, müssen *unseren Wasserverbrauch reduzieren*, indem wir Wasserhähne und Toiletten im Auge behalten (bis zu 1 300 Liter pro Tag können auslaufen, wenn beide undicht sind), indem wir duschen statt baden, indem wir Leitungswasser trinken (Einsparung von Plastik). Die Landwirte dürfen keine andere Wahl mehr haben, als moderne Bewässerungs-methoden (Tröpfchen-, Sprinklerbewässerung usw.) einzu-setzen, wie ich weiter oben in der, laut meinem Zensor, »stinklangweiligen« Aufzählung ausgeführt habe. (An dieser Stelle merkt man, dass er mich beleidigt hat, zweifelsohne.) Zur Information: Würde man den Wasserverbrauch in der Landwirtschaft um nur 13 Prozent senken, erreichte man Einsparungen, die dem weltweiten Haushaltsverbrauch entsprächen! Um das Trinkwasser zu schützen, sollten wir die Produkte der großen Raubtierunternehmen, die ich euch genannt habe, meiden.

WIR, die LEUTE, können auch der Textillobby zuset-zen, die eine wasserverbrauchende, stark umweltverschmut-zende Industrie unterstützt (1,2 Milliarden Tonnen Treib-hausgase pro Jahr), bei der 73 Prozent der Rohstoffe auf Deponien oder in der Verbrennung landen und nur 13 Pro-zent der verwendeten Materialien am Ende ihrer Lebens-dauer recycelt werden. 50 bis 70 Prozent unserer Kleidung benutzen wir nicht, *im Idealfall sollten wir also versuchen, uns auf etwa 30 Kleidungsstücke pro Person zu beschränken* und uns für Mode aus Naturfasern entscheiden. Kleidung, die wir nicht mehr tragen, *sollten wir auf keinen Fall weg-werfen*, sondern in die Kleidersammlung geben. Für syn-thetische Anziehsachen gibt es spezielle Waschbeutel, die 90 Prozent der Fasern zurückhalten (zur Erinnerung, denn die Zahl ist beeindruckend: 1 224 819 Kunststoffmikrofa-sern werden bei einer Sechs-Kilo-Wäsche ins Wasser abge-geben!), oder aber man schafft sich eine neue Waschma-schine an, die mit Filtern ausgestattet ist, die die Fasern auffangen. Und bevor ich es vergesse: Wir sollten unsere

Wäsche eher bei 30 °C oder 40 °C waschen als bei 60 °C. Bei 40 °C spart man, im Vergleich zu einer 90-°C-Wäsche, 70 Prozent der Energie ein, das ist schließlich nicht nichts.

Genauso entschieden müssen wir uns in Bezug auf Plastik verhalten, es sollte uns ein Gebot sein, eigene Taschen für unsere Einkäufe zu verwenden, Plastikschalen und -verpackungen zu meiden, Plastik und Kippen nicht auf die Erde zu werfen (ein einziger Zigarettenfilter verschmutzt fünfhundert Liter Wasser!). Generell sollten wir anderen Materialien als Plastik den Vorzug geben.

Wenn möglich, besorgt euch mit staatlicher Unterstützung einen Heizkessel vom Typ »Grüne Flamme« (in anderen Ländern etwas Entsprechendes), der sehr niedrige Emissionen von Treibhausgasen und Feinstaub aufweist, und dreht nachts den Thermostat herunter. Wenn ihr einen offenen Kamin habt, in einem Haus auf dem Land zum Beispiel, werdet ihr nicht umhinkommen, ihn gegen ökologische Geräte auszutauschen (was wirklich ein großes Opfer bedeutet, ganz ernsthaft, denn was ist am Abend gemütlicher als ein echtes Feuer im Zimmer?). Im Gegensatz dazu sollten wir, was unsere Kühlkette betrifft, so weit wie möglich abrüsten (denkt an die fluorierten Gase …). Wenn euch das Gefrierfach eines Kühlschranks ausreicht, um tiefgefrorene Produkte aufzubewahren, und ihr keinen Mega-Kühlschrank benötigt, zögert nicht, euch an dieser Stelle zu verkleinern! Und da wir gerade bei der Küche sind, fällt mir ein: *Wir sollten unseren gesamten Abfall recyceln.* Und wenn ihr eine Klimaanlage habt, stellt sie bei warmem Wetter eher auf 25 °C ein als auf 19 °C.

Apropos fluorierte Gase: *Wir dürfen nicht das äußerst be-*

sorgniserregende NF$_3$-Gas aus dem Blick verlieren, dessen Volumen jedes Jahr um 11 Prozent steigt. Da wir wissen, dass es bei der Herstellung von Flachbildschirmen, Fernsehern, Computern, Tablets und Smartphones vermehrt zum Einsatz kommt (ganz zu schweigen davon, dass die Digitaltechnik von der Produktion bis zur Datenverarbeitung schätzungsweise ebenso viel Treibhausgas ausstößt wie die Luftfahrt und dass die Batterien dieser Geräte mit Lithium betrieben werden), müssen wir unser Equipment limitieren, und das ist eine ernstzunehmende Angelegenheit: Wir können sehr gut mit nur einem Fernseher und nur einem Tablet (oder gar keinem) leben. Auch ein einziger Computer sollte ausreichen, denn fast jeder besitzt ein Smartphone, das in derselben Weise genutzt werden kann. Heutzutage erscheint es schwierig, auf ein Handy zu verzichten (obwohl wir es vor zwanzig, dreißig Jahren problemlos geschafft haben), aber wenigstens sollten wir uns nicht immer gleich auf das neueste Modell stürzen, wenn unser bisheriges noch einwandfrei funktioniert. Benutzen wir es doch einfach so lange wie möglich, bevor wir uns ein neues anschaffen. Wie schon erwähnt, zeigen sich die jungen Leute, die diesen Geräten am meisten verfallen sind, gerade in Bezug auf die Zerstörung der Umwelt besonders alarmiert und werden schneller als andere die Notwendigkeit einer Reduzierung verstehen.

Ein schwieriger Punkt: *Für kürzere Strecken sollten wir lieber den Zug als das Flugzeug nehmen* und *in der Stadt vom Auto auf den öffentlichen Nahverkehr umsteigen* (oder zu Fuß gehen! Was sehr gesund ist …). Wenn wir uns zum Kauf eines Elektroautos entschließen, sollte unsere Wahl auf Natrium-Ionen-Batterien fallen, die ohne Lithium auskommen. Aber aufgepasst, was deren Phosphorgehalt angeht, man muss sie sich daraufhin ganz genau ansehen.

So viel zu unseren Handlungsmöglichkeiten, deren Auswirkungen, wie ihr seht und wie ich es zu Beginn dieses Buchs angekündigt habe, enorm, wenn nicht gar ausschlaggebend sein können. Also, los geht's!

Ich finde es schwierig, abschließende Worte zu finden, da ich, genau wie ihr, keine Ahnung habe, wie es um die Haltung der mächtigsten Regierungen unserer gefährdeten Welt steht, das heißt, reicher Länder oder stark verschmutzender Länder wie China oder Indien. Bleiben sie weiter dabei, Vereinbarungen zu unterzeichnen, die sie nicht einhalten werden, uns Maßnahmen zu versprechen, die niemals getroffen werden? Sind sie bereit, *wenn nichts geschieht,* die Verantwortung für die Folgen der Klimaerwärmung, den drohenden Wassermangel, für Hungersnöte zu übernehmen, dafür, dass sie die Hälfte oder drei Viertel, fast die Gesamtheit der Menschen und Lebewesen in Gefahr bringen? Oder werden sie endlich aufwachen, sich endlich das drohende Unheil vor Augen führen – wenn ja, wann? *Wann?* Haben sie so viel Angst vor einer Veränderung unserer Lebensweise, die WIR sehr wohl unterstützen würden? Wie viele Jahre wollen sie die Welt noch ihrer Zerstörung entgegenrasen lassen? Dabei gibt es, wie wir in dieser eilig niedergeschriebenen Zusammenschau gesehen haben, in allen Sparten schon so viele neue Handlungsansätze, die ab morgen wirksam werden, den laufenden Prozess aufhalten, zurückfahren und schließlich unterbrechen könnten. Worauf warten sie denn? Es ist ein absolutes Rätsel, da es sich doch um die schlimmste Bedrohung handelt, der die Menschheit jemals ausgesetzt war. *Worauf warten sie?*

WIR hingegen, für so unbedeutend, wie SIE uns auch halten mögen, WIR werden nicht warten. Ob wir nun die Maßnahmen ergreifen, die ich aufgezählt habe, oder uns mit Petitionen, Demonstrationen oder bei Wahlen zu Wort melden, WIR werden nicht warten. Wir haben gesehen, dass UNS wirksame Mittel und darüber hinaus unsere äußerst wertvolle Stimme bei Wahlen zur Verfügung stehen. Überall in der Welt, nach jeder Enttäuschung, erheben sich die Menschen, widersetzen sich, stellen sogar Forderungen. Diese Menge kann sehr schnell wachsen, und sie wird ganz sicher wachsen. Ich habe es gesagt, das Vertrauen und die Gutgläubigkeit der Leute sind weitgehend zerstört. Und wenn die ersten Hungersnöte, Versorgungslücken und Bevölkerungswanderungen über die Welt hereinbrechen – das tun sie ja bereits –, dann wird es vorbei sein mit der Macht gleichgültiger (Trump, Bolsonaro und andere) oder erstarrter und ohnmächtiger Verantwortungsträger, die, fest im Griff der Lobbys, wie gelähmt wirken, unfähig, von dem Ziel »Geld zuerst« loszukommen. Ob SIE sich darüber im Klaren sind, dass ihre Untätigkeit sich nicht weiter in die Länge ziehen darf?

Und wenn das Ende ihrer passiven Herrschaft erreicht

ist, dann, endlich, werden wir die Welt und unsere Lebensweise korrigieren und neu denken können, dann, endlich, wird die Zeit für ein nachhaltiges Leben beginnen. Diese Zeit wird kommen. Aber machen wir es nicht wie SIE: Krempeln wir die Ärmel hoch und machen uns an die Arbeit. Lasst uns handeln, wachsam bleiben und zur Wahl gehen. Geben wir pflichtbewussten, aktiven, aufrichtigen Politikern unsere Stimme. Und lasst uns Hunderte Millionen sein, die schnell, sehr schnell zur Tat schreiten, denen sich in der Folge weitere Hunderte anschließen werden. Genau das ist die Dritte Revolution.

Wir werden sie erfolgreich stemmen.

In solidarischer Verbundenheit mit allen,
Fred Vargas

Zur Nachhaltigkeit dieser Ausgabe

Die Penguin Random House Verlagsgruppe hat die *Healthy Printing Charta* unterzeichnet und verpflichtet sich damit, daran zu arbeiten, dass alle Inhaltsstoffe und Materialien in den Kreislauf zurückkehren und weiter genutzt werden können. Das bedeutet beispielsweise, dass das Papier recycelt und die verwendeten Farben oder Leime rückstandslos entfernt werden können. Alle Materialien sind damit bestmöglich verträglich für Mensch und Natur.

Dieses Buch wurde auf einem Cradle-to-Cradle-zertifizierten Papier mit umweltfreundlichen Druckfarben gedruckt. Wir verzichten bei dieser Ausgabe bewusst auf Schutzlack sowie Folieneinschweißung.

Bei diesem Buch wurden die durch das verwendete Material und die Produktion entstandenen CO_2-Emissionen ausgeglichen, indem die Penguin Random House Verlagsgruppe ein Projekt zur Aufforstung in Brasilien unterstützt. Weitere Informationen zu dem Projekt finden Sie unter:

www.ClimatePartner.com/14044-1912-1001

Weitere Informationen zur Nachhaltigkeit in der Penguin Random House Verlagsgruppe GmbH finden Sie unter:

www.penguinrandomhouse.de/nachhaltigkeit

Anmerkungen

Dieses Buch verdankt seine Entstehung den Arbeiten von Forschern aus der ganzen Welt. Die Autorin hat für uns Daten und Analysen von Universitäten, wissenschaftlichen Fachblättern, Internetseiten zum Thema, von Umweltschutzorganisationen, die über Fortschritte und Expertenmeinungen zur aktuellen und zukünftigen Situation unseres Planeten berichten, durchgesehen. Man findet auf den folgenden Seiten ein nahezu vollständiges Repertoire der zahllosen Quellen, auf die Fred Vargas sich stützt.

So kann der Leser die in diesem Buch aufgeworfenen Themen weiter vertiefen. Den jeweiligen Autoren sei an dieser Stelle dafür Anerkennung und Dank.

1. Jared Diamond, *Kollaps. Warum Gesellschaften überleben oder untergehen.* (S. Fischer Verlag, Frankfurt am Main, 2005)

2. https://youtube.com/watch?v=lkDEnlylgGRO.

3. https://www.statistiques.developpement-durable.gouv.fr/emissions-nationales-de-gaz-effet-de-serre-0

4. http://www.statistiques.developpement-durable.gouv.fr/fileadmin/documents/Produits_editoriaux/Publications/Datalab/2017/datalab-27-CC-climat-nov2017-b.pdf

5. *Ibid.*

6. https://www.ecologie.gouv.fr/biogaz – 01/02/2017.

7. https://www.ecologique-solidaire.gouv.fr/substances-impact-climatique-fluides-frigorigenes – 22/11/2017.

8. https://eia-international.org/wp-content/uploads/eia_
    euf_gas_french_abridged_medres-1.pdf – Mai 2016.

9. Source Oxfam – http://www.lefigaro.fr/conjoncture/2018/
    01/22/20002-20180122ARTFIG00140-plus-de-80-de-la-
    richessemondiale-va-au-1-les-plus-riches.php – 23/01/2018.

10. https://www.tdg.ch/monde/fondation-bill-gates-
    ecologique/story/29565649 – 20/03/2015.

11. https://www.lefigaro.fr/conjoncture/2017/11/07/20002-
    20171107ARTFIG00163-les-chiffres-astronomiques-de-l-
    evasion-fiscale.php – 07/11/2017.

12. http://cdurable.info/COP24-le-temps-de-l-action.html –
    18/12/2018.

13. https://www.latribune.fr/technos-medias/alphabet-la-
    maisonmere-de-google-evite-des-milliards-de-dollars-d-
    impots-763396.html – 03/01/2018.

14. https://www.europe1.fr/international/climat-
    nous-sommes-en-train-de-perdre-la-course-alerte-
    guterres-3844553 – 24/01/2019.

15. *Aujourd'hui en France*, 04/12/2018.

16. Alerte du journal *Proceedings of the National Academy
    of Sciences (PNAS)*, https://www.notre-planete.info/
    actualites/1441-rechauffement-climatique-Terre-non-
    retour – 08/08/2018.

17. Pablo Servigne et Raphaël Stevens, *Comment tout peut
    s'effondrer*, Le Seuil, 2015.

18. *Ibid.*

19. https://www.nationalgeographic.fr/environnement/
    les-trois-quarts-de-lhumanite-menaces-de-mourir-de-
    chaud-en-2100 – post 2017.

20. https://www.france24.com/fr/20171229-vague-

froid-trump-ironise-le-rechauffement-climatique –
30/01/2019.

21. https://www.laterredufutur.com/accueil/un-monde-
alarmiste-et-qui-veut-faire-peur-lapocalypse-annoncee/ –
11/08/2017.

22. https://www.nationalgeographic.fr/environnement/
les-trois-quarts-de-lhumanite-menaces-de-mourir-de-
chaud-en-2100 – post 2017.

23. GIEC, *in:* https://hitek.fr/actualite/la-canicule-tuera-
lemonde_13327 – 21/06/2017.

24. *Nature Climate Change, in:* https://www.sciencesetavenir.
fr/sante/en-2100-les-trois-quarts-de-l-humanite-risquent-
de-mourir-de-chaud_113963 – 20/06/2017.

25. https://www.futura-sciences.com/planete/actualites/
climatologie-taux-gaz-effet-serre-atmosphere-atteignent-
nouveau-record-58177/ – 23/11/2018.

26. Jean-Marc Jancovici, https://inis.iaea.org/collection/
NCLCollectionStore/_Public/40/108/40108843.pdf.

27. Jean-Marc Jancovici, *L'Avenir climatique. Quel temps
ferons-nous?*, Le Seuil, 2017.

28. *Ibid.*

29. https://jancovici.com/changement-climatique/gaz-a-effet-
de-serre-et-cycle-du-carbone/quels-sont-les-gaz-a-effet-
de-serre-quels-sont-leurs-contribution-a-leffet-de-serre/ –
August 2007.

30. https://www.letemps.ch/sciences/chaleur-humide-menace-
rendre-lasie-sud-invivable-dici-2100 – 03/08/2017.

31. https://www.rtl.fr/actu/meteo/rechauffement-climatique-
lasie-pourrait-devenir-invivable-d-ici-2100-7789591297 –
03/08/2017.

32. https://news.mit.edu/2018/china-could-face-deadly-heat-waves-due-climate-change-0731 – 31/08/2018.

33. Source Massachusetts Institute of Technology (MIT).

34. https://solidarites-sante.gouv.fr/soins-et-maladies/maladies/maladies-infectieuses/article/la-dengue-information-et-prevention – 20/08/2015.

35. https://actu.lachainemeteo.com/actualite-meteo/2018-12-18/2018-annee-la-plus-chaude-en-france-depuis-1900-49519 – 18/12/2018.

36. https://www.futura-sciences.com/planete/questions-reponses/rechauffement-climatique-consequences-rechauffement-climatique-1298/

37. https://www.lesechos.fr/monde/enjeux-internationaux/0302370846171-climat-le-rapport-alarmant-du-giec-en-quatre-chiffres-2211763.php – 09/10/2018.

38. *Ibid.*

39. https://www.lemonde.fr/planete/article/2018/03/23/surtous-les-continents-la-nature-et-le-bien-etre-humain-sont-en-danger_5275433_3244.html – 30/1/19.
Selon les experts mondiaux de l'IPBES (Plateforme intergouvernementale scientifique et politique sur la biodiversité et les services écosystémiques) et du GIEC de la biodiversité.

40. *Ibid.*

41. https://www.coralguardian.org/les-coraux-importants/

42. *Ibid.*

43. *Ibid.*

44. https://www.20minutes.fr/planete/2403815-20181226-japonreprise-chasse-baleine-non-sens-economique – 26/12/2018.

45. https://www.lemonde.fr/planete/article/2018/03/23/
    surtous-les-continents-la-nature-et-le-bien-etre-
    humain-sont-en-danger_5275433_3244.html –
    24/03/2018.
46. https://www.lexpress.fr/actualite/societe/environnement/
    lesmegots-de-cigarettes-principale-pollution-des-oceans_
    2032723.html– 28/08/2018.
47. Nicolas Hulot, 22/11/2018 – »L'émission politique«,
    France 2.
48. https://www.viande.info/les-emissions-de-gaz-effet-de-
    serre-dans-le-monde.
49. https://www.franceinter.fr/environnement/cop24-la-
    chine-largement-en-tete-du-top-20-des-plus-gros-
    emetteurs-de-co2 – 24/11/2018.
50. https://www.actu-environnement.com/ae/dictionnaire_
    environnement/definition/gaz_a_effet_de_serre_ges.
    php4 – 02/03/2018.
51. https://information.tv5monde.com/info/rechauffement-
    climatique-le-n2o-l-autre-gaz-a-effet-de-serre-43468 –
    03/12/2015.
52. http://www.univers-nature.com/actualite/agriculture-
    chasse/de-l%C2%92arsenic-dans-le-riz%C2%85-
    55066.html
53. https://www.novethic.fr/actualite/environnement/
    agriculture/isr-rse/le-chiffre-les-rizieres-emettent-autant-
    de-protoxyde-dazote-que-200-centrales-a-charbon-
    un-gaz-bien-plus-dangereuxque-le-co2-146377.html –
    30/09/2018.
54. https://jancovici.com/changement-climatique/gaz-a-
    effet-de-serre-et-cycle-du-carbone/quels-sont-les-gaz-a-

effet-de-serre-quels-sont-leurs-contribution-a-leffet-de-serre/ – 01/08/2007.

55. https://www.picbleu.fr/page/gaz-effet-serre-qui-absorbent-une-partie-des-rayons-solaires – 27/11/2018.

56. https://www.novethic.fr/actualite/environnement/agri-culture/isr-rse/le-chiffre-les-rizieres-emettent-autant-de-protoxyde-dazote-que-200-centrales-a-charbon-un-gaz-bien-plus-dangereuxque-le-co2-146377.html – 30/09/2018.

57. https://www.notre-planete.info/actualites/4573-augmentationemissions-methane – 23/01/2017.

58. https://www.michele-rivasi.eu/a-la-une/methane-le-gaz-qui-pese-lourd-sur-le-climat – 28/04/2018.

59. https://bio-thorey.fr/fonctionnement-global-de-la-ferme/ferme-a-energies-positives/la-methanisation/presentation-de-notre-unite-de-methanisation-agricole/

60. Produkt entwickelt von der Schweizer Firma Zaluvida.

61. https://www.letemps.ch/sciences/rendre-vaches-polluantes – 05/04/2018.

62. https://www.picbleu.fr/page/gaz-effet-serre-qui-absorbent-une-partie-des-rayons-solaires – 27/11/2018.

63. https://www.novethic.fr/actualite/environnement/climat/isr-rse/vers-l-elimination-des-hfc-un-gaz-23-000-fois-plus-rechauffant-que-le-co2-142915.html – 25/11/2014.

64. https://library.e.abb.com/public/6d9d0f94f7bfe39ac1257aa000314c2a/22-25 %20 1m218_FR_72dpi.pdf

65. https://www.greenit.fr/2016/04/22/quelle-est-l-empreinte-numerique-d-un-salarie/ – April 2016.

66. https://blog.wika.fr/savoir-faire/qu-est-ce-que-l-hexafluorure-de-soufre-ou-gaz-sf6/ – 13/07/2018.

67. https://www.tennaxia.com/blog-ges-fluores-les-enjeux-du-nouveau-reglement/ – 02/09/2014.

68. https://etatdeslieuxfrance.fr/wp/environnement-2/accord-de-reduction-des-hfc/

69. http://www.enerzine.com/des-alternatives-aux-gaz-fluores-afort-potentiel-de-rechauffement-global/16830-2014-01 – 2014.

70. http://www.cemafroid.fr/doc_telechargement/OGF-rapportannuel-201606.pdf – 2016.

71. https://www.cnrs.fr/cw/dossiers/doseau/decouv/mondial/04_risque.htm

72. https://www.nextinpact.com/brief/samsung-travaille-sur-desbatteries-au-graphene-a-charge-rapide-1540.htm – 29/11/2017.

73. https://www.encyclo-ecolo.com/Epuisement_des_ressources_naturelles

74. Pablo Servigne et Raphaël Stevens, *op. cit.*

75. https://sn.boell.org/fr/2017/11/02/le-mensonge-de-la-geo-ingenierie – 02/11/2017.

76. https://www.futura-sciences.com/planete/definitions/developpement-durable-fertilisation-oceans-7065/).

77. https://www.futura-sciences.com/planete/actualites/oceanographie-geoingenierie-fertiliser-oceans-fer-idee-toxique-23060/.

78. https://sn.boell.org/fr/2017/11/02/le-mensonge-de-la-geo-ingenierie – 02/11/2017.

79. http://encyclopedie-dd.org/encyclopedie/neige-neige-territoires-neige/3-1-quels-choix-energetiques/la-geo-ingenierie-climatique.html

80. Veröffentlicht in *Nature Communications*: http://www.

journaldelenvironnement.net/article/le-captage-du-co2-grace-aune-enzyme-biologique,91336 – 13/04/2018.

81. https://www.livingcircular.veolia.com/fr/industrie/une-nouvelle-action-pour-capter-et-recycler-le-co2 – 14/02/2018.

82. http://www.outthere.fr/briefs/suffirait-il-daspirer-le-co2-danslair-pour-sauver-le-monde/.

83. http://www.malinet.net/flash-info/carbon-engineering-veutproduire-a-lechelle-industrielle-de-lenergie-a-partir-du-co2/ – 2017.

84. https://www.livingcircular.veolia.com/fr/industrie/des-chercheurs-transforment-le-co2-en-pierre – 28/10/2016.

85. https://www.heitzmann.ch/fr/bon-a-savoir/11-arguments-convaincants-en-faveur-dune-chaudiere-a-pellets/

86. https://www.neozone.org/ecologie-planete/cette-gigantesque-tour-depolluante-aurait-reussi-a-ameliorer-la-qualite-de-lair-dans-la-ville-de-xian-en-chine/ – 28/01/2018.

87. https://carnouxprogres.wordpress.com/2018/08/14/un-designer-aux-idees-lumineuses/ – 14/08/2018.

88. *Le Parisien*, 7 décembre 2018, »Tours du monde écolos«.

89. https://www.leroymerlin.fr/v3/p/magazine-l1501772904 – 2018..

90. Rapport de l'ONU – http://www.skyfall.fr/2008/06/05/quelques-gestes-simples-pour-reduire-ses-emissions-deco2/ – 05/06/2008.

91. https://www.greenpeace.fr/impact-environnemental-solaire/.

92. Studie im Auftrag der NGO Transport & Environment.

93. Prüfstelle Luftqualität Airparif – 2012.

94. https://www.francetvinfo.fr/economie/automobile/diesel/
pourquoi-la-voiture-electrique-pollue-plus-que-ce-que-
vous-pensez_3030669.html – 05/10/2018.

95. https://lexpansion.lexpress.fr/actualite-economique/
freins-etpneus-l-autre-pollution-aux-particules-
fines_2037239.html – 05/10/2018.

96. Firma Mann+Hummel.

97. Tallano Technologie.

98. https://www.challenges.fr/automobile/dossiers/le-filtre-a-
particule-de-freins-en-test-a-la-mairie-de-paris_613830 –
20/09/2018.

99. https://www.sciencesetavenir.fr/nature-environnement/
pollution/freins-et-roues-principales-sources-de-
particules-fines-dans-les-villes_149844 – 15/10/2018.

100. International Council on Clean Transportation.

101. https://www.caradisiac.com/une-nouvelle-etude-annonce-
la-voiture-electrique-comme-bien-plus-ecologique-que-le-
thermique-166206.htm – 13/02/2018.

102. https://www.renouvelle.be/fr/debats/lenergie-durable-se-
developpera-sans-terres-rares – 16/04/2018.

103. En cycle NEDC: NEDC, pour New European Driving
Cycle ou Nouveau Cycle de Conduite Européen.

104. https://www.automobile-propre.com/dossiers/
autonomie-voiture-electrique/ –31/07/2018.

105. https://www.auto-moto.com/green/voitures-electriques-
tous-les-modeles-du-marche-leur-prix-leur-autonomie-
renault-teslanissan-peugeot-bmw-55400.html#item=20 –
03/01/2019.

106. https://youmatter.world/fr/transition-energetique-plan-
climat-lithium-reserves/ – 07/07/2017.

107. https://www.encyclo-ecolo.com/Epuisement_des_ ressources_naturelles

108. https://www.digitalcongo.net/ – 18/07/2018.

109. https://easyelectriclife.groupe.renault.com/fr/tendances/ energie/un-accord-europeen-en-faveur-de-leconomie-circulaire-des-batteries/ – 27/06/2018.

110. https://youmatter.world/fr/batteries-voitures-electriques-impact-environnement/ – 19/10/2017.

111. https://www.clubic.com/amp/849915-graphene-materiaumiracle-proprietes-alterees-humidite.html – 27/01/2019.

112. https://www.techniques-ingenieur.fr/actualite/articles/ voiture-hydrogene-energie-56855/ – 29/08/2018.

113. https://www.auto-moto.com/techno/ moteurtransmission/fonctionnent-voitures-a-hydrogene-fp-160786.html – 29/03/2018.

114. https://www.generation-nt.com/batteries-sodium-ion-technologie-progresse-actualite-1957316.html.

115. https://agriculture-de-conservation.com/La-penurie-de-phosphore-d-ici-peu.html, *La Recherche*, 2010.

116. https://www.encyclopedie-environnement.org/eau/ phosphore-et-eutrophisation/ – 27/06/2018.

117. https://www.un.org/sustainabledevelopment/ fr/2017/03/22/face-aux-besoins-les-eaux-usees-representent-une-ressourceprecieuse-selon-lonu/ – 22/03/2017.

118. http://www.eautarcie.org/05e.html – 03/04/2012.

119. https://agriculture-de-conservation.com/La-penurie-de-phosphore-d-ici-peu.html – *La Recherche*, 2010.

120. *Ibid.*

121. Communiqué de presse de l'UNESCO et de l'ONU-Eau N° 2017-26, *in:* https://www.neptune-club-brunoy.fr/index.php/12-activites/biologie/121-eaux-usees.

122. https://www.oie.int/doc/ged/D8186.PDF – sd.

123. https://8e-etage.fr/2015/02/11/on-redessine-le-monde-veauxvaches-cochons/ – 11/02/2015.

124. Qui sont sous forme de pentoxyde de phosphore.

125. Agriculture biologique, rendements équivalents: http://www.fondation-nature-homme.org/magazine/agriculture-bio-permaculture-agroecologie-quelles-differences/ – 01/03/2018.

126. https://www.infohightech.com/un-ultra-condensateur-hybride-francais-augmente-radicalement-la-puissance-et-lefficacitedes-batteries-au-lithium/ – 13/06/2018.

127. https://www.la-croix.com/Economie/France/Le-nombre-bornes-vehicules-electriques-progresse-lentement-2018-07-05-1200952727 – 05/07/2018.

128. https://www.latribune.fr/entreprises-finance/industrie/automobile/vehicules-electriques-il-faut-multiplier-les-bornes-781083.html – 08/06/2018.

129. *Ibid.*

130. https://www.connaissancedesenergies.org/le-marche-mondial-des-vehicules-electriques-en-chiffres-cles-180530 – 30/05/2018.

131. https://controversciences.org/summaries/28

132. https://climat.be/changements-climatiques/changements-observes/rapports-du-giec/2018-rapport-special-sur-la-hausse-de-1-5c – 2018.

133. https://usbeketrica.com/fr/article/les-forets-tropicales-liberent-deux-fois-plus-de-co2-qu-elles-n-en-absorbent.

134. https://www.greenpeace.fr/amazonie-un-inestimable-patrimoine-ecologique-en-danger/ – 2016.

135. Nicolas Bourcier, *Les Amazoniens en sursis,* HDateliers henry dougier, 2016.

136. https://youmatter.world/fr/definition/deforestation-definition-causes-consequences-solutions.

137. *Nature Climate Change, in:* https://www.lefigaro.fr/sciences/2014/12/28/01008-20141228ARTFIG00095-l-impact-meconnu-de-la-deforestation-sur-les-precipitations.php – 28/12/2014.

138. *Science Advances, in:* https://sciencepost.fr/2018/11/amazonie-lequivalent-dun-million-de-terrains-de-football-perdus-en-unan/– 29/11/2018.

139. https://www.consoglobe.com/deforestation-dans-le-mondecg – 05/10/2018.

140. https://sciencepost.fr/2018/11/amazonie-lequivalent-dunmillion-de-terrains-de-football-perdus-en-un-an/ – 29/11/2018.

141. SumOfUs.org – Huile de palme – 30/08/2018.

142. change.org. Et: https://all4trees.org/campagnes/zero-empreinte-foret/tribune/

143. https://leblob.fr/archives/vers-une-exploitation-durable-des-forets-du-congo – 22/12/2014.

144. https://www.futura-sciences.com/planete/questions-reponses/developpement-durable-bambou-il-materiau-ecologique-4848/

145. https://www.futura-sciences.com/maison/questions-reponses/menuiserie-construction-bambou-elle-ecologique-4165/

146. *Ibid.*

147. https://www.consoglobe.com/bambou-ecolo-jusqu-bout-4569-cg

148. https://www.futura-sciences.com/planete/questions-reponses/developpement-durable-bambou-il-materiau-ecologique-4848/ – 29/07/2017

149. https://www.consoglobe.com/les-vetements-en-bambou-sont-ils-vraiment-ecologiques-cg/2 – 24/08/2017.

150. https://www.amisdelaterre.org/huiledepalme.html – 30/10/2017.

151. SumOfUs.org – »Huile de palme« – 20/11/2018.

152. https://www.amisdelaterre.org/huiledepalme.html – 30/10/2017.

153. ONG Transport et Environnement, https://lemonde.fr/energies/article/2016/04/28/les-biocarburants-emettent-plus-de-CO2.

154. https://www.leparisien.fr/societe/energies-du-petrole-a-l-huile-de-palme-des-biocarburants-pas-si-propres-17-05-2018-7721313.php – 17/05/2018..

155. https://www.techniques-ingenieur.fr/actualite/articles/algocarburants-bilan-agrocarburants-53532/ – 29/03/2018.

156. https://www.ademe.fr/entreprises-monde-agricole/reduire-impacts/reduire-emissions-polluants/dossier/protoxyde-dazote-n2o/definition-sources-demissions-impacts-protoxyde-dazote – 28/08/2017.

157. Rapport de la FAO – http://www.conservation-nature.fr/article2.php?id=105

158. http://www.ara.inra.fr/Le-centre-Les-recherches/Elevageal-herbe/Elevage-gaz-a-effet-de-serre-et-stockage-de-carbone/(key)/3 – 23/07/2018.

159. Rapport de la FAO – http://www.conservation-nature.fr/article2.php?id=105.

160. https://www.notre-planete.info/actualites/2202-surconsommation_viande – 16/12/2018.

161. ABCD Agency, https://www.usinenouvelle.com – 08/04/2018.

162. https://www.tuxboard.com/carte-monde-mangent-plusdeviande/ – 18/03/2017.

163. https://www.novethic.fr/actualite/environnement/climat/isr-rse/les-plus-gros-producteurs-de-viande-polluent-plus-que-les-petroliers-146086.html – 24/08/2018.

164. https://www.bioaddict.fr/article/et-les-aliments-les-plus-polluants-sont-a2586p1.html – 22/12/2011.

165. FAO, 2006. Livestock Long Shadow, Rome: Food and agriculture organisation of the United Nations.

166. https://www.notre-planete.info/actualites/2202-surconsommation_viande – 27/11/2018.

167. Revue *Sciences,* estimation de la FAO, https://www.cnews.fr/monde/2020-07-22/la-consommation-de-viande-premiere-cause-du-rechauffement-climatique-725924 – 05/11/2018.

168. *Ibid.*

169. https://www.notre-planete.info/actualites/2202-surconsommation_viande – 16/12/2018.

170. https://www.consoglobe.com/epuisement-fin-phosphor-ecg/2 – 01/01/2013.

171. http://www.inra.fr/Grand-public/Rechauffement-climatique/Tous-les-dossiers/Changement-climatique-gaz-a-effet-de-serre-et-agriculture/Protoxyde-d-azote-gaz-a-effet-de-serre/(key)/3 – 13/02/2015.

172. https://www.conservation-nature.fr/

173. https://www.ademe.fr/entreprises-monde-agricole/
     reduire-impacts/reduire-emissions-polluants/emissions-
     dammoniac-nh3.

174. https://www.notre-planete.info/actualites/2202-
     surconsommation_viande – 16/12/2018.

175. https://www.futura-sciences.com/planete/questions-
     reponses/eau-sont-aliments-plus-gourmands-eau-932/

176. https://www.cnews.fr/monde/2020-07-22/la-
     consommation-de-viande-premiere-cause-du-
     rechauffement-climatique-725924 – 05/11/2018.

177. https://www.notre-planete.info/actualites/2202-
     surconsommation_viande – 16/12/2018.

178. http://alguesvertessurlescotes.e-monsite.com/pages/l-
     originedes-marees-vertes.html

179. https://www.la-croix.com/Actualite/Monde/
     Algues-vertesdecryptage-d-un-phenomene-
     mondial-2014-07-11-1177671 – 11/07/2014.

180. https://www.sciencesetavenir.fr/nature-environnement/
     reduire-la-consommation-de-viande-pour-preserver-le-
     climat-selon-une-etude_128466 – 11/10/2018.

181. https://www.lefigaro.fr/conso/2018/09/06/20010-
     20180906ARTFIG00151-les-francais-consomment-de-
     moins-en-moins-de-viande.php – 06/09/2018.

182. Cahier spécial COP24, *Aujourd'hui en France,*
     01/12/2018.

183. https://www.viande.info/fichiers/pdf/viande.pdf

184. https://www.notre-planete.info/actualites/2202-
     surconsommation_viande

185. *Ibid.*

186. https://www.notre-planete.info/actualites/4364-cancer-alimentation-viande – 25/01/2017.

187. https://www.notre-planete.info/actualites/2202-surconsommation_viande

188. http://www.gauchemip.org/spip.php?article25469 – 21/01/2019.

189. *Ibid.*

190. https://www.notre-planete.info/actualites/2202-surconsommation_viande – 03/01/2019.

191. https://youmatter.world/fr/lait-vegetal-animal-plus-ecologique/ – 06/04/2018.

192. https://www.web-agri.fr/campagne-laitiere/article/138696/l-evolution-du-marche-ne-presente-pas-de-risque-pour-les-producteurs – 04/06/2018.

193. https://youmatter.world/fr/lait-vegetal-animal-plus-ecologique/ – 06/04/2018.

194. *Ibid.*

195. https://www.fermedubec.com/la-permaculture

196. https://www.rts.ch/decouverte/sciences-et-environnement/maths-physique-chimie/9406631-qu-est-ce-qui-est-a-l-originede-la-salinite-des-sols-.html – 13/03/2018.

197. https://www.goodplanet.info/2014/10/31/salinisation-des-sols/ – 31/10/2014.

198. https://www.goodplanet.info/2014/10/31/salinisation-des-sols/ – 31/10/2014.

199. https://www.consoglobe.com/salinisation-des-sols-cg –22/11/2014.

200. https://www.francetvinfo.fr/sante/alimentation/environnement-86-des-poissons-vendus-engrande-

surface-sont-issus-d-une-peche-non-durable-selon-une-
etude_3103295.html – 17/12/2018.

201. https://www.notre-planete.info/actualotes/358-
pressionconsommation-poissons-peche – 18/12/2018.

202. *Ibid.*

203. Brevetée par Vosteen Consulting, *in:* https://record-
net.org/storage/etudes/12-0238-1A/rapport/Rapport_
record12-0238_1A.pdf – Juni 2014.

204. Patentiert und entwickelt vom schwedischen
Unternehmen Götaverken Miljö.

205. https://record-net.org/storage/etudes/12-0238-1A/
rapport/Rapport_record12-0238_1A.pdf

206. https://www.notre-planete.info/actualites/3653-poisson_
mercure_sante – 19/10/2018.

207. https://destinationsante.com/la-liste-des-poissons-
predateurs-vises-par-l-avis-de-l-afssa.html – 27/07/2006.

208. https://www.anses.fr/fr/content/consommation-de-
poissons-et-exposition-au-methylmercure – 12/05/2016.

209. https://www.notre-planete.info/actualites/3653-poisson_
mercure_sante – 19/10/2018.

210. https://www.quechoisir.org/actualite-contaminants-dans-
le-saumon-fume-les-labels-ont-encore-des-progres-a-
faire-n48760/ – 26/11/2017.

211. Étude de l'ONG Bloom.

212. https://www.europe1.fr/societe/le-saumon-delevage-
nonlabellise-le-meilleur-selon-ufc-que-choisir-3533267 –
30/12/2017.

213. https://observatoire-des-aliments.fr/environnement/
poisson-evitons-de-consommer-des-especes-menacees –
23/08/2017.

214. https://www.acteurdurable.org/maison/alimentation/poissons-menaces

215. https://www.bastamag.net/L-Europe-restreint-l-utilisation-du-mercure-dentaire-qui-empoisonne-la-bouche – 06/07/2018.

216. https://www.bfmtv.com/societe/frais-ou-transforme-le-poisson-cache-des-metaux-lourds-968510.html – 21/04/2016.

217. https://www.bioalaune.com/fr/actualite-bio/36132/pesticides-classement-fruits-legumes-plus-contamines – 20/02/2018.

218. *Ibid.*

219. http://www.univers-nature.com/actualite/alimentation-sante-eau/vin-jusqua-5800-fois-plus-de-pesticides-que-dans-leau-55291.html.

220. https://www.economie.gouv.fr/dgccrf/Publications/Vie-pratique/Fiches-pratiques/Etiquetage-des-vins – 20/11/2018.

221. https://www.bioaddict.fr/article/pesticides-et-sante-pourquoi-il-faut-eliminer-les-vins-non-bio-a5278p1.html – 23/02/2016.

222. https://www.quechoisir.org/actualite-agriculture-biologique-le-cuivre-sur-la-sellette-n60934/ – 27/11/2018.

223. https://www.agriculture-environnement.fr/2015/11/16/un-pesticide-present-dans-100-des-vins-bio – 16/11/2015.

224. https://www.bioaddict.fr/article/pesticides-et-sante-pourquoi-il-faut-eliminer-les-vins-non-bio-a5278p1.html – 23/02/2016.

225. PAN UK (Pesticide Action Network UK) et Organic, Naturally Different Campaign.

226. https://www.leparisien.fr/societe/pesticide-du-glyphosate-dans-des-cereales-des-legumineuses-et-des-pates-14-09-2017-7259337.php – 14/11/2017.

227. https://www.economie.gouv.fr/dgccrf/controle-des-residus-pesticides-dans-denrees-vegetales-en-2016 – 20/02/2018.

228. Cahier spécial COP24, *Aujourd'hui en France*, 01/12/2018. https://www.lemieuxetre.ch/eau/frame_eau_histoires.htm

229. https://youmatter.world/fr/10-pires-aliments-environne-ment-populaires/ – 07/06/2016.

230. *Ibid.*

231. https://www.notre-planete.info/actualites/72-miel-contamination-pesticides-neonicotinoides – 06/10/2017.

232. https://www.francebleu.fr/infos/agriculture-peche/videos-abeilles-en-danger-les-chiffres-cles-1528297904 – 06/06/2018.

233. POLLINIS info@pollinis.org – 07/02/2019.

234. Étude conjointe du MNHN et du CNRS, 2018, *in* info@pollinis.org.

235. letemps.ch – 15/08/2018.

236. https://observatoire-des-aliments.fr/environnement/fongicides-sdhi-pesticide-peur-aux-scientifiques – 24/02/2019. Pétition sur pollinis<info@pollinis.org: »Alerte rouge! Ils refont le cup du glyphosate avec les pesticides SDHI«.

237. https://www.valeursactuelles.com/politique/parlement-

europeen-bayer-monsanto-finance-bien-le-parti-alde/ – 12/03/2019.

238. https://www.chroniques-cartographiques.fr/2017/10/carte-stations-pesticides.html – 03/01/2018.

239. *Ibid.*

240. https://www.ecologique-solidaire.gouv.fr/lutte-contre-pollutions-leau – 12/03/2018.

241. https://www.novethic.fr/actualite/environnement/eau/isrrse/en-france-l-eau-est-de-plus-en-plus-rare-et-polluee-a-cause-del-agriculture-intensive-144929.html – 23/10/2017.

242. http://www.lemieuxetre.ch/eau/frame_eau_histoires_penurie.htm.

243. https://www.cnrs.fr/cw/dossiers/doseau/decouv/mondial/04_risque.htm

244. https://www.cnrs.fr/cw/dossiers/doseau/decouv/preservation/menuPreservat.html.

245. »Eau France – Les zones humides« http://www.zones-humides.org/entre-terre-et-eau/une-zone-humide-c-est-quoi

246. https://www.cnrs.fr/cw/dossiers/doseau/decouv/preservation/03_gerer.htm.

247. https://www.sia-partners.com/fr/actualites-et-publications/de-nos-experts/dessalement-de-leau-de-mer-des-evolutions-necessaires – 12/01/2017.

248. https://www.techno-science.net/definition/6672.html.

249. https://www.sia-partners.com/fr/actualites-et-publications/de-nos-experts/dessalement-de-leau-de-mer-des-evolutions-necessaires – 12/01/2017.

250. https://sagascience.cnrs.fr/doseau/decouv/usages/menuUsages.html

251. https://www.cnrs.fr/cw/dossiers/doseau/decouv/
     preservation/08_eduquer.htm.
252. us@sumofus.org.
253. https://www.publicsenat.fr/article/societe/mexique-un-
     pays-colonise-par-coca-cola-75712 – 07/07/2017.
254. https://reporterre.net/Au-Mexique-la-population-
     manque-d – 27/04/2015.
255. https://multinationales.org/Le-Mexique-va-t-il-se-
     vider-de-son-eau-au-profit-des-multinationales –
     30/10/2015.
256. http://kohanntensen.blogspot.com/2015/07/pourquoi-
     boycotter-coca-cola.html – 11/07/2015.
257. https://blog.eaumineralevelleminfroy.fr/bouteilles-
     eauplastique-pet-sante/ – 27/10/2017.
258. https://www.dynamique-mag.com/article/pollution-
     oceans-fleau-nombreuses-solutions.10481 – 20/06/2018.
259. https://www.sain-et-naturel.com/eau-en-bouteilles-qui-
     possedent-des-polluants.html
260. https://www.servicepublic.fr/particuliers/actualites/
     A12494 – 19/04/2018.
261. SumOfus – 17/10/18 – »Interdiction du plastique«.
262. https://www.coca-cola-france.fr/nos-engagements/notre-
     vision/packaging-durable-the-coca-cola-company-s-
     engage-pour-un-monde-sans-dechets – 19/01/2018.
263. https://www.lemonde.fr/culture/article/2018/09/11/cash-
     investigation-denonce-le-double-discours-des-industriels-
     sur-le-recyclage_5353488_3246.html.
264. https://www.20minutes.fr/planete/2288299-20180612-
     pollution-plastique-projet-ocean-cleanup-peut-vraiment-
     nettoyer-oceans – 11/06/2018.

265. https://www.especes-menacees.fr/actualites/lutte-contre-pollution-plastique-oceans/ – 05/06/2018.

266. https://www.fne.asso.fr/communiques/gaz-à-effet-de-serrel'industrie-de-la-mode-pire-que-le-trafic-aérien-et-maritime – 12/11/2018.

267. Cahier spécial COP24, *Aujourd'hui en France*, 01/12/2018.

268. http://maltraitanceanimale.forumactif.com/t204-combien-de-temps-pour-qu-un-dechet-disparaisse – 07/09/2018.

269. https://www.consoglobe.com/plastiques-petrole-oceans-agonisent-dechets-1733-cg – 11/09/2018.

270. https://www.especes-menacees.fr/actualites/lutte-contre-pollution-plastique-oceans/ – 05/06/2018.

271. *Ibid.*

272. https://www.dynamique-mag.com/article/pollution-oceans-fleau-nombreuses-solutions.10481 – 20/06/2018.

273. http://www.inovell.io/2017/11/06/plastique-3-4/ – 06/11/2017.

274. http://www.septiemecontinent.com/le-gyre-de-latlantique-nord-aussi-connu-sous-le-nom-de-vortex-des-dechets-de-latlantique-nord/ – ß6/05/2015.

275. https://www.especes-menacees.fr/actualites/lutte-contre-pollution-plastique-oceans/ – 05/06/2018.

276. https://france3-regions.francetvinfo.fr/normandie/manche/cherbourg-cotentin/parti-depolluer-ocean-kraken-est-coince-cherbourg-1564752.html – 26/10/2018.

277. https://www.eco-volontaire.com/ils-sengagent/julien-wosnitza-prend-la-depollution-des-oceans-a-bras-le-corps/ – 16/09/2018.

278. https://actu.fr/societe/pollution-oceans-scientifiques-creent-par-hasard-une-enzyme-devoreuse-plastique_16414796.html – 18/04/2018

279. https://www.passeportsante.net/fr/Actions/Plantes-Supplements/Fiche.aspx?doc=agar-agar_nu – sd.

280. https://www.wedemain.fr/Biodegradable-comestible-a-gober-Trois-alternatives-aux-bouteilles-en-plastique-jetables_a3133.html – 10/01/2018.

281. https://forums.infoclimat.fr/f/topic/9666-simulation-du-climat-au-miocène-moyen/ – 15/04/2012.

282. https://www.futura-sciences.com/sante/actualites/biologie-acidification-oceans-vie-marine-risque-etre-gravement-touchee-21692/ – 01/08/2018.

283. https://reseauactionclimat.org/acidification-rechauffement-ocean-dangers-demultiplies/ – 12/05/2018.

284. *Ibid.*

285. https://www.geo.fr/environnement/meme-un-rechauffement-de-2-c-aura-une-incidence-importante-187016 – 02/04/2018.

286. https://www.notreplanete.info/terre/climatologie_meteo/changement-climatique-consequences.php – 04/12/2018.

287. https://www.france24.com/fr/20181008-climat-giec-appelle-transformations-rechauffement-climatique-temperature – 08/10/2018.

288. https://www.lesechos.fr/monde/enjeux-internationaux/0302370846171-climat-le-rapport-alarmant-du-giec-en-quatre-chiffres-2211763.php – 09/10/2018.

289. *Nature*, 11/2005, *Planète Science,* mars 2006.

290. https://www.notreplanete.info/terre/climatologie_meteo/
changement-climatique-consequences.php – 04/12/2018.

291. https://www.maxisciences.com/arctique/des-
scientifiquesimaginent-un-projet-pour-recongeler-l-
arctique-et-lutter-contrela-fonte-des-glaces_art39221.
html – 17/02/2017.

292. https://www.rtl.fr/actu/international/les-scientifiques-
proposent-un-barrage-pour-empecher-la-fonte-des-
glaciers-7794875919 – 21/09/2018.

293. https://www.courrierinternational.com/grand-format/
les-routes-de-larctique-un-raccourci-strategique-de-
4500-km – 09/07/2018.

294. https://www.letelegramme.fr/monde/
etude-l-antarctiquefond-a-un-rythme-
accelere-13-06-2018-11993283.php – 13/06/2018.

295. https://sciencepost.fr/2019/01/une-enorme-cavite-se-
developpe-sous-lantarctique/ – 31/01/2019.

296. https://www.franceculture.fr/ecologie-et-environnement/
en-antarctique-comment-la-fonte-dun-glacier-de-
la-taille-de-floride-pourrait-enclencher-un-effet –
18/02/2019.

297. https://www.futura-sciences.com/planete/actualites/
continent-antarctique-dix-ans-sauver-antarctique-reste-
monde-71621/– 15/06/2018.

298. https://canope.acamiens.fr/edd/docs/fiches_savoir/
climat_antarctique_071121.pdf

299. https://www.futura-sciences.com/planete/actualites/
rechauffement-climatique-fonte-pergelisol-pourrait-
aggraver-rechauffement-climatique-72881/ –
19/09/2018.

300. https://www.usinenouvelle.com/article/la-fonte-du-permafrost-un-cauchemar-pour-la-planete.N749274 – 01/10/201

301. https://www.les-crises.fr/le-budget-carbone-entame-par-le-degel-du-permafrost-par-johan-lorck/ – 23/09/2018.

302. https://www.futura-sciences.com/planete/actualites/climatologie-pergelisol-bombe-climatique-petard-mouille-14120/ – 04/01/2008.

303. https://hommelibre.blog.tdg.ch/archive/2015/11/07/rechauffement-et-pergelisol-le-methane-ne-serait-plus-une-bo-271557.html – 07/11/2015.

304. https://www.consoglobe.com/pleistocene-park-russie-mammouths-cg – 14/01/2018.

305. https://www.indiegogo.com/projects/bison-to-save-the-world--2#/.

306. https://www.goodplanet.info/actu-fondation/en-siberie-des-scientifiques-veulent-recreer-les-ecosystemes-de-lere-glaciere/ – 24/04/2018.

307. https://info.arte.tv/fr/siberie-les-aventuriers-de-lage-perdu – 26/04/2018.

308. https://sciencepost.fr/2017/08/lile-groenland-touchee-enorme-incendie-visible-lespace/ – 14/08/2017.

309. http://www.dominique-bied-cap21.com/article-1375324.html – 11/12/2005.

310. https://www.notre-planete.info/actualites/4249-circulation-thermohaline-ralentissement-climat-Europe – 26/04/2018.

311. *Nature Communications*, février 2017.

312. https://actualite.lachainemeteo.com/actualite-meteo/2018-05-02/affaiblissement-du-gulf-stream-

    quelles-consequences-sur-notre-climat-47123 –
    02/05/2018.

313. https://www.france24.com/fr/20190130-etats-unis-vague-
    froid-brice-lalonde-trump-rechauffement-climatique-
    australie – 30/01/2019.

314. https://www.france24.com/fr/20171031-amazonie-une-
    nouvelle-technique-reforestation-prevoit-planter-73-
    millions-darbres – 31/10/2017.

315. https://www.linfodurable.fr/environnement/japon-cette-
    methode-de-reforestation-permis-de-planter-40-millions-
    darbres-dans-le – 10/07/2018.

316. https://www.geo.fr/environnement/reforestation-un-
    appel-a-projets-pour-planter-un-million-d-arbres-
    189142 – 31/05/2018.

317. https://positivr.fr/pakistan-un-milliard-arbres/ –
    22/12/2018.

318. https://www.consoglobe.com/la-chine-se-lance-dans-la-
    reforestation-cg – 15/01/2018.

319. https://planete-urgence.org/les-activites-de-reforestation-
    enindonesie-et-a-madagascar/2018/07/04/ –
    04/07/2018.

320. *Nature*, 10 octobre 2018.

321. https://www.futura-sciences.com/planete/actualites/
    environnement-europe-forets-ne-pourront-pas-freiner-
    rechauffement-31024/ – 15/10/2018.

322. http://cremtl.qc.ca/publication/entrevues/2007/les-ilots-
    chaleur-urbains-rechauffement-climatique-pollution

323. http://passeurdesciences.blog.lemonde.fr/2012/09/23/
    entre-2000-et-2030-espace-urbain-mondial-geographie-
    biodiversite/– 23/09/2012.

324. https://www.foresteurope.org/docs/MC/MC_lisbon_resolution_annex2.pdf

325. http://www.ecoconso.be/fr/Les-labels-du-bois – 01/07/2018.

326. https://usbeketrica.com/fr/article/energie-renouvelable-record-europe – 01/02/2018.

327. https://www.connaissancedesenergies.org/perspectives-des-energies-renouvelables-dans-lunion-europeenne-180305 – 05/04/2018.

328. https://lenergie-solaire.net/energiea-renouvelables/energie-hydraulique/avantages-desavantages – 31/10/2018.

329. https://www.mtaterre.fr/dossiers/comment-ca-marche-lenergie-hydraulique/les-impacts-de-lhydraulique-sur-lenvironnement

330. https://veganews.eu/les-barrages-relachent-plus-de-methane-dans-latmosphere-que-ce-que-nous-pensions/ – 13/06/2018.

331. http://multinationales.org/EDF-fait-pression-pour-mettre-rapidement-en-service-un-grand-barrage-en – 13/12/2018.

332. https://www.partage-le.com/2017/01/10/les-illusions-vertes-le-cas-des-barrages-non-le-costa-rica-nest-pas-un-paradis-ecologique/.

333. https://www.notre-planete.info/ecologie/energie/hydroelectricite.php – 28/08/2017.

334. https://www.kelwatt.fr/energie.php – sd.

335. https://www.uarga.org/downloads/Documentation/Terres-rares_ARA_2014-11.pdf – sd.

336. https://www.renouvelle.be/fr/debats/lenergie-durable-sedeveloppera-sans-terres-rares – 16/04/2018.

337. https://fr.wikipedia.org/wiki/Ferrite_(céramique_ferro-magnétique)#Le_marché_des_aimants_à_base_de_ferrite
338. https://www.ademe.fr/sites/default/files/assets/documents/impacts-environnementaux-eolien-francais-2015-rapport.pdf
339. https://reporterre.net/Quel-est-l-impact-des-eoliennes-sur-l-environnement-Le-vrai-le-faux – 30/11/2017.
340. https://www.techniques-ingenieur.fr/actualite/articles/developpement-eoliennes-metaux-51386/ – 24/01/2018.
341. https://lenergeek.com/2018/07/25/transition-energetique-eolienne/ – 25/07/2018.
342. https://www.18h39.fr/articles/les-panneaux-solaires-sont-ils-vraiment-ecolos.html – 11/01/2012.
343. https://lenergeek.com/2018/07/25/transition-energetique-eolienne/ –04/02/2013.
344. https://www.livingcircular.veolia.com/fr/industrie/comment-recycler-les-pales-des-eoliennes – 07/06/2018.
345. https://reporterre.net/Les-eoliennes-pourquoi-si-hautes-comment-ca-marche-combien-sont-elles – 28/11/2017.
346. https://lenergie-solaire.net/avantages-inconvenients – 05/10/2018.
347. https://www.greenpeace.fr/impact-environnemental-solaire/.
348. https://www.18h39.fr/articles/les-panneaux-solaires-sont-ilsvraiment-ecolos.html – 26/07/2018.
349. https://www.quelleenergie.fr/magazine/energie-solaire/panneaux-solaires-quel-impact-sur-lenvironnement/ – 21/02/2018.
350. https://www.18h39.fr/articles/les-panneaux-solaires-sont-ils-vraiment-ecolos.html – 26/07/2018.

351. En Chine, la radioactivité mesurée dans les villages de Mongolie-Intérieure proches de l'exploitation de terres rares de Baotou – 16/04/2018.

352. https://www.ecosunenergy.fr/2016/05/panneau-solaire-monocristallin.html

353. https://lenergeek.com/2018/12/26/panneaux-solaires-metaux-rares-transition-energetique/ – 26/12/2018.

354. https://www.planete-energies.com/fr/medias/decryptages/production-d-electricite-et-ses-emissions-de-co2

355. https://www.journaldunet.com/management/expert/68442/l-arnaque-de-la-croissance-verte.shtml – 02/02/2018.

356. https://www.ecologie.gouv.fr/biomasse-energie – 26/03/2018.

357. *Ibid.*

358. https://www.geo.fr/environnement/biomasse-une-source-d-energie-propre-et-precieuse-171761 – 15/03/2017.

359. https://blogue.genium360.ca/article/formation/energie-biomasse-savoir-caracteriser-et-utiliser-efficacement-un-combustible-vert/ – 30/10/2017.

360. https://www.ecologie.gouv.fr/biomasse-energie – 26/03/2018.

361. *Ibid.*

362. https://www.picbleu.fr/page/les-emissions-de-particules-fines-du-chauffage-bois-polluent-l-air – 27/11/2018.

363. https://www.futura-sciences.com/maison/definitions/chauffage-granule-bois-6948/

364. https://www.stuv.com/fr/blog/poele-insert-etiquette-energetique – 01/01/2018.

365. https://www.centreantipoisons.be/monoxyde-de-carbone/le-monoxyde-de-carbone-co-en-d-tail/d-o-provientle-co.

366. https://www.qualit-enr.org/actualites/fin-5-etoiles-flamme-verte – 05/03/2018.

367. https://www.flammeverte.org/decouvrir-flamme-verte/pourquoi-label-qualite.html- sd, post 2015.

368. https://www.lenergietoutcompris.fr/actualites-conseils/chaudiere-a-bois-flamme-verte-pourquoi-choisir-ce-type-de-chauffage-48243 – 20/02/2018.

369. *Ibid.*

370. https://presse.ademe.fr/wp-content/uploads/2018/12/ADEME-BILAN-FONDS-CHALEUR.pdf

371. https://www.ecologie.gouv.fr/biomasse-energie – 26/03/2018.

372. *Ibid.*

373. https://total.direct-energie.com/particuliers/parlons-energie/dossiers-energie/energie-renouvelable/les-avantages-et-les-inconvenients-de-l-energie-biomasse – 19/11/2018.

374. https://geothermie-soultz.fr/guide/avantages-et-inconvenients-de-la-geothermie/ – 23/07/2018.

375. https://www.consoglobe.com/geothermie-avantages-inconvenients-cg/2 – 12/04/2018.

376. https://geothermie-soultz.fr/guide/avantages-et-inconvenients-de-la-geothermie/ – 23/07/2018.

377. https://www.syndicat-energies-renouvelables.fr

378. https://www.jechange.fr/energie/electricite/guides/geothermie-4188 – 31/03/2017.

379. https://www.bfmtv.com/economie/entreprises/energie/

au-maroc-la-plus-grande-centrale-solaire-d-afrique-prend-de-l-ampleur_AN-201704030156.html – 03/04/2017.

380. https://www.enerray.com/fr/blog/photovoltaique-en-cameroun – 04/03/2018.

381. https://www.mediaterre.org/energie/actu,20180307094630,6.html – 07/03/2018.

382. https://www.boursedirect.fr/fr/actualites/categorie/entreprises/edf-le-groupe-edf-s-allie-au-consortium-mene-par-masdar-pour-developper-la-phase-3-du-parc-solaire-mohammed-bin-rash-globenewswire-3f91ef917ba894-4f4753e7a804876c527f818e95 – 22/03/2017.

383. http://les-smartgrids.fr/moyen-orient-investit-energies-renouvelables/ – 18/04/2018.

384. https://www.engie.com/activites/microgrids-energie-decentralisee

385. https://www.futura-sciences.com/planete/actualites/developpement-durable-stockage-electricite-tour-monde-innovations-70689/ – 30/03/2018.

386. http://www.societechimiquedefrance.fr/zinc.html

387. https://www.contrepoints.org/2018/08/11/322136-le-stockage-denergie-en-beton-une-utopie-de-plus – 11/08/2018.

388. https://www.futura-sciences.com/planete/actualites/developpement-durable-stockage-electricite-tour-monde-innovations-70689/ – 30/03/2018.

389. https://www.engie.com/en/activities/infrastructures/power-to-gas – 29/07/2014.

390. https://www.grtgaz.com/nos-actions/gaz-renouvelables-economie-circulaire – post 2016.

391. https://particuliers.engie.fr/pourquoi-choisir-engie/conseils-transition-energetique/conseils-electricite/tarif-achat-electricite-issue-biogaz.html – 12/09/2018.

392. http://www.greenwatt.fr/gaz-vert-biomethane-ou-biogazcomment-ca-marche

393. https://www.valeursactuelles.com/sciences/hydrogene-unmiracle-pour-lenergie-et-le-climat-93145 – 09/02/2018.

394. https://www.edf.fr/entreprises/le-mag/le-mag-entreprises/conseils-energie-competitivite/energie-hydrogene-power-to-gaspiles-a-combustible-un-modele-economique-en-debat – 10/10/2016.

395. https://www.edf.fr/entreprises/le-mag/le-mag-entreprises/conseils-energie-competitivite/electrolyse-et-pile-a-combustibleles-promesses-d-un-hydrogene-vert – 10/10/2016.

396. https://blogs.worldbank.org/fr/voices/import-export-d-nergies-renouvelables-entre-l-europe-et-l-afrique-du-nord-un-commerce-qui-profite – 14/01/2016.

397. Pablo Servigne, Raphaël Stevens, *op. cit.*

398. *The Limits To Growth*, Chelsea Green Publishing, 1972.

399. Graham M. Turner, »*On the cusp of global collapse? Updated comparison of the Limits to Growth with historical data*«, *GAIA-Ecological Perspectives for Sciences and Society*, vol. 21, n° 2, 2012, p. 116–124.4.

400. http://loic-steffan.fr/WordPress3/leffondrement-global-est-il-imminent – 07/06/2016.

401. Pablo Servigne, Raphaël Stevens, *op. cit*

402. *https://alaingrandjean.fr/2017/10/13/ecologie-tragedie-exponentielle/* – 13/10/2017.

403. Voir Pablo Servigne, Gauthier Chapelle, *L'Entraide, l'autre loi de la jungle,* éd. Les liens qui libèrent, 2017.